AF791707

मानव जीवन में संस्कारों का बहुत बड़ा महत्त्व है। संस्कारों के द्वारा सद्‌गुणों का विकास करना तथा समाजोपयोगी बनना है। संस्कार का अर्थ होता है उसे सजाना, संवारना, उच्च और स्वच्छ बनाना। उन्हीं संस्कार में पण्डित मदनमोहन मालवीय जी पले थे।

ऐसे संस्कारों से ही महामना मदनमोहन मालवीय जी अपने त्याग, धर्मरक्षा, भक्ति, सात्विकता, पवित्रता, धर्मनिष्ठा, आत्मत्याग आदि सद्‌गुणों के तो साक्षात् अवतार ही थे। मालवीय जी समाज के प्रति और देश को आजाद कराने में अनेक कष्ट सहन करते हुए अपने कर्तव्य से कभी विमुख नहीं हुए। मालवीय जी की हार्दिक इच्छा थी कि वह भारतीय संस्कृति, हिंदू-मुस्लिम एकता औश्र सभी प्राणियों पर दया करें।

यद्यपि मालवीय जी आज विद्यमान नहीं हैं, परंतु उनकी कीर्ति, उनके द्वारा रोपित पादप, काशी हिन्दू विश्वविद्यालय, आज भी वट वृक्ष का रूप धारण कर समस्त संसार में शिक्षा के रूप में प्रख्यात हैं। बड़े-बड़े राजनीतिज्ञ उनके जीवन से प्रेरणा प्राप्त करते हैं, धर्मध्वजी मालवीयजी प्रति कृतज्ञता प्रकट करते हुए उनके पद-चिह्नों पर चलने की प्रेरणा लेते हैं। इस पुस्तक में मालवीय जी का पूरा विवरण प्रस्तुत है।

भारत के महान स्वतंत्रता सेनानी

मदन मोहन मालवीय

लेखक
अशोक कौशिक

डायमंड बुक्स

प्रकाशक : डायमंड पॉकेट बुक्स (प्रा.) लि.
X-30 ओखला इंडस्ट्रियल एरिया, फेज-II
नई दिल्ली-110020
फोन : 011-40712200
ई-मेल : sales@dpb.in
वेबसाइट : www.diamondbook.in
मुद्रक : रेप्रो (इंडिया)

Bharat Ke Mahan Swatantrata Senani Madan Mohan Malviya
By : Ashok Kaushik

भूमिका

स्वर्गीय पण्डित मदनमोहन मालवीय केवल एक व्यक्ति ही नहीं अपितु वे स्वयं में अनेक संस्थाएं भी थे। ऐसे संस्थारूपी महापुरुष का जीवनचरित्र लिख पाना न तो साधारण-सी बात है और न बहुत सरल ही। फिर भी इस दिशा में प्रयास किया गया है। उनका व्यक्तित्व अपने ढंग का अनूठा ही था। वे जैसे धवल वस्त्रधारी थे, वैसा ही उनका हृदय भी पवित्र था। उनको कभी किसी ने द्वेष और ईर्ष्या के वश में आकर काम करते हुए नहीं देखा। गांधीजी ने उनको सदा ही अपना बड़ा भाई माना और उनके परामर्श का उन्होंने सदा सम्मान किया। मालवीय जी नैतिकता के पुजारी थे। वास्तविकता तो यह है कि उनकी नैतिकता ने ही देशवासियों के हृदय में उनको श्रेष्ठतम स्थान प्रदान किया। वे देश के उन थोड़े से इने-गिने महापुरुषों में से थे जिन्होंने देशवासियों का पथ-प्रदर्शन किया और जिनको देश सदा स्मरण करता रहेगा।

भारत की तत्कालीन राजनीति को विशिष्ट दिशा में ढालने में मालवीय जी का बहुत बड़ा हाथ रहा है। मालवीय जी का अपनी प्राचीन संस्कृति के प्रति विशेष आकर्षण था। अपनी संस्कृति की अभिवृद्धि के लिए वे सदा यत्नशील रहे। मालवीय जी न किसी भाषा के विरोधी थे और न किसी मत अथवा सम्प्रदाय के। उनकी विशेषताओं का ही थोड़ा-बहुत चित्रण इस पुस्तक में किया गया है। वे बिना किसी का विरोध किए अपना कार्य स्वयं करते थे।

मालवीय जी के जीवन काल में हमारे जो राजनीतिक नेता थे वे अनेक प्रकार के और अनेक विचारों के थे। वह ऐसा युग था जब कि हमारे देश में अनेक महापुरुष हुए। उनमें से अधिकांश जन उस समय की एकमात्र संस्था कांग्रेस की ओर खिंच गए थे। यद्यपि कांग्रेस को जन्म देने वाले एक सेवानिवृत्त अंग्रेज अधिकारी सर ए.ओ.ह्यूम थे, किन्तु मालवीय जी जैसे लोगों के कांग्रेस में चले जाने से उस संस्था की अंग्रेजियत धीरे-धीरे कम होती गई और भारतीयता बढ़ती गई। जहां प्रारंभ में कांग्रेस अधिवेशनों में मंगलाचरण के स्थान पर सम्राट की सुख-समृद्धि की कामना के गीत गाए जाते थे वहां मालवीय जी के आने के कारण उसमें 'वन्देमातरम्' का गान होने लगा था। अपनी प्राचीन संस्कृति की ओर कांग्रेस का सदा ध्यान रहे, मालवीय जी इसके

लिए प्रयत्नशील रहते थे। पनपती हुई अंग्रेजियत पर मालवीय जी बहुत अंशों में अंकुश लागने में सफल हो गए थे।

इस संबंध में पण्डित नेहरू ने एक स्थान पर लिखा है-

"मालवीय जी ने अपना सारा वजन हिन्दुस्तानियत पर, भारतीयता पर डाला और तराजू के पलड़े को कुछ बराबर करने पर। उस समय भी बहुत सारे लोग थे, बड़े विद्वान लोग थे, संस्कृति के बड़े पण्डित लोग भी थे, पर जहां तक मेरा विचार है, राजनैतिक नेताओं में, बड़े नेताओं में मालवीय जी ही शायद इस मामले में सबसे आगे थे। वे रोकते थे अंग्रेजियत की बाढ़ को, पर विरोध करके नहीं बल्कि अपने काम से, अपने विचारों से और कोशिश करते थे अपनी संस्कृति को बढ़ाने की।"

काशी हिन्दू विश्वविद्यालय की स्थापना में मालवीय जी का उद्देश्य भारतीयों को भारतीयता की शिक्षा देना और भारतीय संस्कृति की अभिवृद्धि करना था। उनके सम्मुख एक ही लक्ष्य था-आधुनिक युग के विज्ञान और टैक्नोलॉजी तथा औद्योगिक आदि को प्राचीन भारतीय संस्कृति के साथ जोड़ना।

मालवीय जी का जीवन आदर्श जीवन रहा है, इसका उल्लेख आगे के पृष्ठों में स्थान-स्थान पर किया गया है। आजकल के नवयुवक मालवीय जी के जीवन से बहुत कुछ सीख सकते हैं। सबसे बड़ी बात तो यही सीखनी चाहिए कि मनुष्य अपने सम्मुख एक लक्ष्य निर्धारित करे, एक उद्देश्य निर्धारित करे और फिर उसके लिए काम करना आरंभ कर प्राण-पण से लग जाए तथा जब तक सिद्धि प्राप्त न हो जाए तब तक कार्य में लगा रहे। जैसा कि उन्होंने काशी हिन्दू विश्वविद्यालय की स्थापना के अपने लक्ष्य और अपने उद्देश्य के लिए किया।

मालवीय जी ने राजनीति में भी इसी प्रकार अपना लक्ष्य निर्धारित किया और उस ओर चल पड़े। किन्तु एकाकी नहीं अपितु सब को साथ लेकर। केवल स्वयं आगे बढ़ जाना नेतृत्व की कसौटी नहीं है, अपितु सबको साथ लेकर चलना ही श्रेष्ठता की कसौटी है। मालवीय जी ने पुरानी और नई पीढ़ी में सामंजस्य स्थापित किया, इस प्रकार दोनों पीढ़ियों का उन्होंने दिशा निर्देशन किया।

मालवीय जी न केवल स्वयं सम्मान से जिए अपितु उन्होंने अपने देशवासियों को सम्मानित जीवन की कला सिखाई। पत्रकार के रूप में उन्होंने जो गरिमा अर्जित की, वकील के रूप में भी उसी गरिमा को स्थाई रखा तथा राजनीति, जो वारांगना का एक रूप मानी जाती है, में भी वे जल में कमल के

समान निर्लिप्त भाव से कार्य करते हुए अपने उद्देश्य की पूर्ति करते रहे।

मालवीय जी ने कभी स्वार्थ अथवा अपने परिवार आदि के लिए अपने नेतृत्व और वकृत्व का दुरुपयोग नहीं किया। वे यदि चाहते तो अपनी वकालत से ही भारत के धन कुबेरों में से एक हो सकते थे। उनका जो परिवार तिल-तिल और कण-कण के लिए संघर्षरत रहा वह सम्पदा में लोट-पोट हो सकता था। किन्तु अपने उद्देश्य की पूर्ति के लिए उन्होंने अपनी चलती हुई वकालत को ठुकराया और कर्मक्षेत्र में उतरे। ऐसे मालवीय जी का जीवन हमारे पाठकों को अपनी जीवन की शुचिता, कर्तव्य के प्रति निष्ठा और धर्मपरायणता की ओर कुछ भी प्रेरित कर सके तो मेरा यह छोटा-सा प्रयत्न समझा जाएगा।

इस प्रसंग में डायमण्ड पॉकेट बुक्स के संचालक, विशेषतया श्री नरेन्द्र जी का नामोल्लेख करना मैं आवश्यक समझता हूं। श्री नरेन्द्र जी की यह प्रबल आकांक्षा है कि हमारा अतीत गौरव भावी पीढ़ी के लिए प्रेरणा स्रोत बने, इस उद्देश्य से वे इस प्रकार की कृतियों के प्रकाशन में विशेष रुचि लेते हैं। उनकी यह आकांक्षा पूर्ण हो और हमारे पाठक उन कृतियों से लाभान्वित होते रहें, यही हमारी भी कामना है।

शिवरात्रि : 2045 **-अशोक कौशिक**

7-एफ, कमला नगर, दिल्ली-110007

विषय-सूची

1.	आरम्भिक परिचय	11
2.	प्रारंभिक शिक्षा	17
3.	विद्यार्थी जीवन	22
4.	गृहस्थ में प्रवेश	28
5.	पत्रकारिता	33
6.	वकालत	39
7.	अभ्युदय	44
8.	सार्वजनिक जीवन	50
9.	पारिवारिक जीवन	63
10.	सनातन धर्म और हिन्दुत्व	74
11.	हिन्दी सेवा	80
12.	गोभक्ति	86
13.	स्वयं सेवक के रूप में	92
14.	सजग विधायक	97
15.	काशी हिन्दू विश्वविद्यालय	102
16.	काया-कल्प	115
17.	साम्प्रदायिकता के विरोधी	118
18.	कांग्रेस के नेता	122
19.	न मद, न मोह	136

आरंभिक परिचय

मालवीय का अभिप्राय है मालव का रहने वाला। किन्तु महापण्डित मदनमोहन मालवीय जी का परिवार मालव का रहने वाला नहीं था। हां, उनके पूर्वज कभी मालव देश के रहने वाले थे। किसी समय मालव, मध्य प्रदेश में कहीं एक छोटा-सा राज्य था। राज्य तो अब नहीं रहा, हां मालव अब भी है। बहुत प्राचीन काल की बात है कि उस प्रदेश का शासक मुसलमान था किन्तु उस राज्य का राजा कोई हिन्दू ही था। मालवीय जी के पूर्वज श्री गौड़ ब्राह्मण कहलाते थे। उन पूर्वजों ने राजा की किसी बात पर रुष्ट होकर उसकी किसी आज्ञा का पालन नहीं किया। इसके बाद कहीं राजा रुष्ट होकर उन्हें दण्ड न दे, इस आशंका से उन्होंने अपना वह पैतृक स्थान छोड़ दिया। उनमें से कोई कहीं गया, कोई कहीं और। इनमें से कुछ पटना तक भी जा पहुंचे। उन पटना जाने वालों में महामना के पूर्वज भी थे, जो कालांतर में प्रयाग पहुंच गए। उनमें से भी एक परिवार मिर्जापुर चला गया। इस प्रकार प्रयाग और मिर्जापुर में मालवीयों के ये दो परिवार बढ़कर अब सहस्त्रों की संख्या में हो गए हैं।

प्रयाग में जो परिवार आकर बसे वे सब अपनी मूल ब्राह्मणवृत्ति में ही लगे रहे। नौकरी अथवा व्यापार उन्होंने नहीं किया। क्योंकि ये सब ब्राह्मण मूलतया मालवा के निवासी थे अतः इनको प्रयाग की भाषा में 'मलई' अथवा 'मालवी' कहा जाने लगा। कालांतर में इसका ही परिष्कृत रूप 'मालवीय' बना।

मालवीय जी के वंश में प्रयाग में रहने आने वालों में चतुर्वेदी विष्णु प्रसाद तथा उनके बाद की वंशावलि ही प्रचलित रही। ये महामना के प्रपितामह, अर्थात् परदादा थे। इनके पितामह का नाम था पण्डित प्रेमधर। पं. प्रेमधर न केवल संस्कृत के प्रकाण्ड विद्वान ही थे अपितु वे भक्त शिरोमणि भी माने जाते थे।

तत्कालीन प्रयाग और आज के प्रयाग में बहुत अन्तर है। यह तथ्य प्रयाग के प्रसंग में ही नहीं अपितु भारत के किसी भी नगर के विषय में कहा जा सकता है। ज्यो-ज्यों नगरी सभ्यता का विकास होता गया त्यों-त्यों नगरों का भी विस्तार और विकास होता गया। उस समय के छोटे-छोटे से दिखने वाले तथा छोटे-छोटे मकानों वाले नगर आज महान् और उच्च अट्टालिकाओं से भर गए

हैं। तब प्रयाग ही इसका अपवाद क्यों रहता। फिर प्रयाग का अपना विशेष महत्त्व था। न केवल त्रिवेणी अपितु 'अक्षय वट' भी वहां की विशेषता और आकर्षण का केन्द्र रहा है। पर्व के दिनों में भारत के सुदूर प्रदेशों से, पूरब, पश्चित, उत्तर, दक्षिण सभी दिशाओं से तीर्थ यात्री प्रयाग में आकर त्रिवेणी में डुबकी लगाकर और अक्षय वट के दर्शन कर पुण्य लाभ करते। प्रयाग का वह अक्षय वट बहुत पहले ही किले के भीतर आ गया था। सत्रहवीं शती में बादशाह अकबर ने प्रयाग में एक किला बनवाया था। उसी किले की परिधि के भीतर अब यह अक्षय वट है। भारत के कुछ तथाकथित उदारवादी नेता अकबर को उदारता का अवतार मानते हैं। किन्तु हिन्दुओं के पूज्य तीर्थ स्थान पर अपना किला बनवाना और उसकी परिधि में पवित्र अक्षय वट को घेर लेना उसकी किस उदारता का परिचायक है, यह सहज ही अनुमान लगाया जा सकता है? किन्तु आज भी कुछ लोग हैं जो अकबर की उदारता का गुणगान करने में थकते नहीं। अस्तु। विभिन्न पर्वों पर प्रयाग में प्रसिद्ध महात्मा, संत, विद्वान और धर्मध्वजी और साधुओं के एकत्रित होने पर वहां ज्ञान और अध्यात्म का संगम होता है।

चतुर्वेदी विष्णुप्रसाद जी के पुत्र प्रेमधर जी के चार पुत्रों में पण्डित ब्रजनाथ सबसे कनिष्ठ थे। शेष वरिष्ठ तीन पुत्र थे-लालजी, बच्चू लाल और गदाधर। हमने ऊपर लिखा है कि पण्डित प्रेमधर प्रकाण्ड पण्डित और विद्वान व्यक्ति थे। पण्डित ब्रजनाथ भी उनकी ही भांति संस्कृत के विद्वान माने जाते थे। ज्योतिष विद्या का उन दिनों भी आज की ही भांति अत्यधिक प्रचलन था। पण्डित ब्रजनाथ उसमें पारंगत थे। यह साधारण बात नहीं कि चौबीस वर्ष का युवक श्रीमद्‌भगवत गीता की व्याख्या लिख दे। किन्तु पण्डित ब्रजनाथ ने यह भी कर दिखाया था और वे प्रसिद्ध और रोचक कथावाचक के रूप में भी उसी आयु में प्रसिद्ध हो गए थे। भागवत कथा में उनको प्रवीणता प्राप्त थी। ईश्वर की कृपा से उनकी काया जहां बहुत ही भव्य थी वहां उनकी वाणी भी उतनी ही मधुर और प्रेमप्रवाहिनी थी। परिणामस्वरूप उनकी कथाओं में सर्वाधिक जन-समूह एकत्रित होता था।

कथावाचक और ज्योतिषी होने पर भी पण्डित ब्रजनाथ जी बड़े ही स्वाभिमानी पुरुष थे। इसके साथ ही उनके धैर्य और संतोष की भी उतनी ही ख्याति सुनी जाती थी। अपने निजी स्वार्थ साधन के लिए किसी के सम्मुख हाथ पसारना उनको कभी नहीं सुहाया। लोभ तो उनको छू तक नहीं सका था।

पण्डित ब्रजनाथ की कथा का रसास्वादन करने के लिए न केवल

सामान्यजन अपितु बाहर से भी राजा-महाराजा आया करते थे। काशी, रीवां और दरभंगा के महाराज तो समय-समय पर आपकी कथा का रसास्वादन करने के लिए पधारते रहते थे। इससे ही स्पष्ट है कि यदि पण्डित जी में तनिक भी लोभ वृत्ति होती अथवा स्वार्थ परायणता होती तो इन राजा महाराजाओं के आश्रय वे क्या नहीं कर सकते थे। और कुछ नहीं तो अपनी निर्धनता को तो दूर कर ही सकते थे। किन्तु नहीं, उनको तो पूजा की मेवा से ही संतोष हो जाता था। न उन्होंने कभी किसी राजा महाराजा के सम्मुख हाथ फैलाया और न कभी उनको यह अनुभव ही होने दिया कि वे विपन्नावस्था में हैं। नियति के सम्मुख सदा उन्होंने स्वयं को नत पाया और उसी में प्रसन्नता का अनुभव किया।

उन्हीं पण्डित ब्रजनाथ की धर्मपत्नी ने छः पुत्र और दो कन्याओं को जन्म दिया। पण्डित जी का पैतृक आवास बहुत ही छोटा था। छोटे से आंगन में तीनों ओर छोटी-छोटी कोठरियां-सी बनी थीं और द्वार के बिल्कुल सामने श्री कृष्ण जी का मन्दिर बना हुआ था। जिसमें पण्डित प्रेमधर और कालान्तर में पण्डित ब्रजनाथ नित्य नैमित्तिक पूजा करने के उपरांत ही कुछ अन्य कार्य करते थे। ऊपर के खण्ड में भी कोठरियां बनी थीं जिनको खपरैल से छाया गया था। इसी घर में नीचे की एक कोठरी में पण्डित ब्रजनाथ का परिवार रहता था।

यह था मालवीय जी से पूर्व का उनका पारिवारिक परिवेश और वातावरण। उस समय की देश-दशा का वर्णन करना भी इस प्रसंग में उपयुक्त ही होगा। हमारे चरित्र नायक पण्डित मदनमोहन मालवीय जिस युग में उत्पन्न हुए थे वह युग अंग्रेजों की दमन नीति के चरम उत्कर्ष का युग था। मालवीय जी के जन्म से कुछ ही वर्ष पूर्व सन् 1857 की सामाजिक क्रांति एक प्रकार से असफल हो चुकी थी और सन् 1858 में लार्ड केनिंग का सज-धज के साथ दिल्ली में स्वागत हो चुका था। लार्ड केनिंग अपनी ही भांति का अत्यन्त दमनकारी शासक था। प्रयाग नगर भी उसके आतंक और दमन से कैसे अछूता रह सकता था? क्रांतिकारी कहीं भी जन्म ले किन्तु प्रयाग उसके लिए भी एक प्रकार से तीर्थस्थल ही होता था और सदैव ही प्रयाग में क्रान्तिकारियों का जमावड़ा रहा करता था। वहां रात्रि की तो बात ही दूर दिन में भी सड़क पर चलना भय से रहित नहीं समझा जाता था। यह आशंका बनी रहती थी कि न जाने कब, किसको, अंग्रेज सिपाही पकड़कर हवालात में डाल दें। अंग्रेज सिपाही हिन्दी नहीं जानते थे और भारतीय नागरिक अंग्रेजी नहीं जानते थे। इस स्थिति में कोई भारतीय यदि पकड़ा जाता तो उसको अपनी यथार्थ-स्थिति बखान करने में

कठिनाई होती थी। इससे अंग्रेजों को तो कोई हानि होती नहीं थी, भारतीय बेचारा व्यर्थ में अपराधी और दोषी घोषित कर दिया जाता था और उसे दण्ड भुगतना पड़ता था।

क्रान्तिकारियों और स्वतंत्रताप्रेमियों के अतिरिक्त भी भारत में एक वर्ग था, यह वह वर्ग था जो अंग्रेजों का दास बना हुआ था। इस प्रकार का वर्ग सब कालों में सब स्थानों पर सब राजाओं के राज्य में पनपता रहा है। देशद्रोहिता के आधार पर अपनी आजीविका चलाना अथवा ऐश लूटना उसका परमधर्म होता है। ऐसी स्थिति में उस काल में जहां एक ओर महारानी लक्ष्मीबाई, तांत्या टोपे और नाना साहब फड़नवीस जैसे लोग देश को स्वतंत्र कराने के लिए अपने प्राणपण की बाजी लगाए हुए थे, उसी समय वह देशद्रोही वर्ग इन स्वातंत्र्य सेनानियों के दमन में अंग्रेज शासन का हाथ बटा रहा था।

प्रयाग के स्थानीय महत्त्व के विषय में, जैसा कि हमने ऊपर लिखा है, लॉर्ड केनिंग भी उस महत्त्व को जानता था। अत: वायसराय पद पर अधिष्ठित होने के उपरांत उसने अपना पहला दरबार प्रयाग में ही किया। उसमें उसने उन देशद्रोही ब्रिटिश सरकार के पिछलग्गू पुछल्लों को अनेक पद और पुरस्कार से सम्मानित किया था। उनमें पदक बांटे, पदवियां बांटी। इसके साथ ही उसी वर्ष कलकत्ता, बम्बई तथा मद्रास में विश्वविद्यालयों की स्थापना की गई। इन विश्वविद्यालयों की स्थापना का मुख्य उद्देश्य भारतीयों को सुशिक्षित करना नहीं अपितु काले भारतीयों को काले अंग्रेज बनाना था। विदेशी शिक्षा और विदेशी वेश-भूषा से भारतीयता को समाप्त करने के उद्देश्य से ही इन विश्वविद्यालयों की स्थापना की गई थी। देश के शिक्षित समाज पर अपना पूर्ण प्रभुत्व स्थापित करने के प्रयास में अंग्रेज शासकों ने ऐसी शिक्षा-पद्धति, जिसमें संस्कृत भाषा को कोई महत्त्व नहीं दिया गया था, सारा महत्त्व अंग्रेजी रहन-सहन, परम्परा आदि प्रचलन पर ही दिया गया था। इसका परिणाम यह हुआ कि इन विश्वविद्यालयों में पढ़कर प्रतिवर्ष ऐसे छात्र निकलने लगे जिनकी हिन्दुत्त्व में से आस्था लुप्त हो चुकी थी। और वे उसमें दोष की दोष देखने लगे थे। यहां तक कि कलकत्ता में स्थापित हिन्दू कॉलेज के विद्यार्थियों ने तो 'पार्थिनन' नाम का एक पत्र भी प्रकाशित करना आरंभ कर दिया, जिसका एकमात्र उद्देश्य हिन्दी, हिन्दू, हिन्दुस्तान की निन्दा करना था। किन्तु इसका एक परिणाम यह भी हुआ कि जो देशभक्त युवक अथवा अन्य जन थे उनमें इसके विरुद्ध रोष बढ़ने लगा। धीरे-धीरे राष्ट्रीयता की लहर सिर उठाने लगी।

उसी युग में जहां एक ओर बंगाल में राजा राममोहन राय और केशव चन्द्र

सेन जैसे अर्द्ध अंग्रेज और भारतीय प्रकार के नेता हुए, वहीं स्वामी दयानन्द सरीखे प्रखर राष्ट्रवादी संन्यासी भी हुए। रामकृष्ण परमहंस के शिष्य स्वामी विवेकानन्द ने भी देशभक्ति एवं राष्ट्रवाद की कुछ भूमि तैयार की हुई थी।

उसी काल में एक और दुर्घटना भारत के दुर्भाग्य से घटित हुई। सन् 1860-61 में संयुक्त प्रांत, जिसे आज उत्तर प्रदेश कहा जाता है, में भयंकर अकाल पड़ा। उस अकाल में 5 लाख हिन्दू भोजन के अभाव में तड़प-तड़प कर परलोक सिधार गए। गोरी अंग्रेज सरकार को न तरस आया और न तकलीफ हुई। पराधीन देश के वासियों का यही दुर्भाग्य माना जाता है। न कहीं गुहार, न कहीं पुकार।

उसी सन् 1861 के दिसम्बर की 25वीं तारीख, को, यह वह तारीख है जिसे संसार भर के ईसाई अपने प्रभु ईसा का जन्म दिन कहते हैं, पण्डित ब्रजनाथ जी के घर में 'कानी कन्या' का जन्म हुआ। आप कहेंगे कानी कन्या के जन्म से हमारे इस कथानक का क्या संबंध? जी, संबंध है। भारतवासी भ्रम के लिए प्रसिद्ध हैं। यह मुहावरा भी इस भ्रम का शिकार है। यदि किसी के घर में पुत्र का जन्म हो तो सीधी प्रकार से नहीं बताया जाता है कि 'पुत्र उत्पन्न हुआ है।' क्योंकि पुत्रोत्पत्ति की बात सुनकर न जाने पुत्र को किसकी नजर लग जाए। इसलिए दाई आकर यही सूचना देती है 'कानी कन्या' का जन्म हुआ है। इससे समझ लिया जाता है कि पुत्र जन्मा है।

यह पण्डित ब्रजनाथ जी की पांचवीं सन्तति थी और यह पांचवीं सन्तान ही हमारे चरित नायक महामना पण्डित मदनमोहन मालवीय थे।

इनके जन्म के विषय में एक अन्य रोचक कथा का वर्णन भी सुनने में आता है। कहते हैं कि कभी किसी काल में पण्डित ब्रजनाथ जी अपने पितरों का श्राद्ध करने के लिए गया तीर्थ गए हुए थे। उस समय पुरोहित जी ने उनसे पूछा, "पण्डित जी, कहिए आप क्या आशीर्वाद चाहते हैं?" पण्डित ब्रजनाथ जी ने कहा, "मैं ऐसा पुत्र चाहता हूं जैसा न पहले कभी किसी के यहां हुआ और न ही भविष्य में होगा।" पुरोहित जी को तो आशीर्वाद देना था, उन्होंने यही आशीर्वाद दे दिया। किन्तु प्रयाग के उस मालवीय परिवार को यही विश्वास रहा कि मदनमोहन मालवीय जी का जन्म उसी आशीर्वाद का प्रतिफल था।

मालवीय जी के बड़े भाइयों के नाम थे लक्ष्मी नारायण और जयकृष्ण। दोनों बहनें भी इनसे बड़ी थीं। उनके नाम थे सुखदेई और सुभद्रा। बड़ी बहिनें विवाह के उपरांत अपने घर चली गई। बड़े भाई लक्ष्मी नारायण ने महाजनी का कार्य सीखा और कुछ वर्ष एक स्थान पर नौकरी करने के उपरांत अपना ही

व्यवसाय आरंभ कर दिया। 51 वर्ष की आयु में वे बद्रीनाथ धाम की यात्रा पर गए। खान-पान में न जाने क्या गड़बड़ हुई कि वहां से उनको संग्रहणी रोग लग गया जो उनके लिए प्राणघातक सिद्ध हुआ। दूसरे बड़े भाई जयकृष्ण ने संस्कृत और अंग्रेजी शिक्षा ग्रहण की और दैववशात उनको रेल विभाग में नौकरी मिल गई। उनके विषय में यह भी सुना जाता है कि वे कुश्ती के शौकीन होने के साथ-साथ बहुत अच्छे सितार वादक भी थे। इसे संयोग ही मानना चाहिए कि 51 वर्ष की अल्प आयु में उनका भी प्राणान्त हो गया।

बड़े भाइयों के बाद मालवीय जी के छोटे भाई श्यामसुन्दर आदि की कथा भी इसी प्रसंग में पूर्ण कर लेना उचित होगा। श्यामसुन्दर ने कुछ अंग्रेजी पढ़ी और 25 वर्ष की आयु में उनको बोर्ड ऑफ रेवेन्यू में नौकरी मिल गई। इस प्रकार सन् 1921 तक वे सरकारी नौकरी करते रहे और अब नौकरी से अवकाश प्राप्त करने के उपरांत आजीवन भगवत्भजन में लीन रहे। उनसे छोटे मनोहर लाल ने भी संस्कृत और अंग्रेजी शिक्षा प्राप्त की थी किन्तु दैव ने उनको दीर्घ आयुष्य प्रदान नहीं किया। विवाह के कुछ दिनों बाद ही उनका आकस्मिक निधन हो गया। कनिष्ठतम भ्राता बिहारीलाल ने भी प्रथानुसार थोड़ी-बहुत संस्कृत, अंग्रेजी पढ़ी और व्यापार में प्रविष्ट हुए। उन्हें अपने परिवेश का सफलतम ठेकेदार माना जाता था। किन्तु अधिक आयु उनको भी नहीं मिली। सन् 1921 में संग्रहणी रोग के कारण ही उनकी इहलीला पूर्ण हुई। इसी प्रकार उनकी बहनों का जीवन भी विशेष सुखद नहीं कहा जा सकता। सुभद्रा तो छोटी आयु में ही विधवा हो गई थीं।

इस प्रकार देखा जाय तो केवल पण्डित मदनमोहन मालवीय ही पण्डित ब्रजनाथ की सन्ततियों में ऐसे व्यक्ति थे जिनको न केवल सुदीर्घ आयु प्राप्त हुई अपितु उनको व्यापक प्रसिद्धि भी प्राप्त हुई। शिक्षा भी उन्होंने पूर्ण पाई। वे मानसिक और बौद्धिक गुणों से परिपूर्ण थे। पैतृक उत्तराधिकार में उनको सुमधुरवाणी प्राप्त हुई थी। सत्यता, तत्परता, कर्तव्य परायणता तथा सच्चरित्रता आदि गुण उनको माता के दूध से प्राप्त हुए थे। इस प्रकार वे पण्डित जी के योग्यतम पुत्र सिद्ध हुए। पण्डित ब्रजनाथ जी के ही क्यों, महामना मदनमोहन मालवीय तो भारत माता के सच्चे सपूत सिद्ध हुए।

प्रारंभिक शिक्षा

पण्डित ब्रजनाथ जी भले ही किसी स्कूल कॉलेज में न पढ़ें हों किन्तु वे शिक्षा और विद्या के महत्त्व को भली-भांति समझते थे क्योंकि वे स्वयं भी विद्वान व्यक्ति थे। अपनी आठों संतानों को उन्होंने शिक्षित किया। भले ही वे सबको उच्च शिक्षा न दिला पाएं हों किन्तु उन्होंने सबको उचित शिक्षा अवश्य दिलाई। वे इन बातों को भी भली-भांति जानते थे कि उस युग में अंग्रेजी शिक्षा ही अर्थकारी शिक्षा भी हो सकती थी, अत: थोड़ी बहुत अंग्रेजी शिक्षा उन्होंने सब पुत्रों को दिलाने का यत्न किया था।

अपने बच्चों को किसी भी स्कूल अथवा पाठशाला में भेजने से पूर्व पण्डित ब्रजनाथ जी कुछ दिनों तक उन्हें स्वयं घर पर शिक्षा देते थे। इस प्रकार अक्षर ज्ञान आदि कराने के उपरांत ही वे बच्चों को पाठशाला में प्रविष्ट कराते थे। इस शिक्षा के साथ-साथ वे बच्चों को श्लोक, स्तोत्र तथा भजन आदि भी कण्ठस्थ करा दिया करते थे। इसका परिणाम यह हुआ कि कुशाग्र बुद्धि और तीव्र स्मृति के धनी मदनमोहन मालवीय ने बाल्यकाल में अनेक श्लोक, स्तोत्र और गीत कण्ठस्थ कर लिए थे। इतना हो जाने पर पण्डित ब्रजनाथ जी ने अपने पुत्र मदनमोहन को अपने मोहल्ले की ही आचार्य हरिदेव की पाठशाला में प्रविष्ट करा दिया। इस पाठशाला का नाम -श्रीमदक्षर पाठशाला' था जो कालांतर में 'श्री धर्म ज्ञानोपदेश पाठशाला' के नाम से ख्यात हुई। किन्तु जन साधारण इसको आचार्य हरिदेव की पाठशाला के नाम से जानती और संबोधन करती थी।

आरंभिक शिक्षा आचार्य हरिदेव की पाठशाला में प्राप्त करने के उपरांत बालक मदनमोहन को विद्यावर्द्धिनी सभा की ओर से संचालित पाठशाला, जिसका नाम विद्या-धर्म प्रवर्द्धिनी पाठशाला था, उसमें प्रविष्ट करा दिया गया। हमने पहले कहा कि बालक मदनमोहन ने अपने पिता से श्लोक, गीत और भजन कण्ठस्थ कर लिए थे और वे बड़े सुमधुर स्वर के भी धनी थे। उस विद्यालय के आचार्य पण्डित देवकीनन्दन को उनकी वाणी बड़ी मनोहर लगी तो उन्होंने उनको अपनी इच्छानुसार प्रशिक्षित करना आरंभ कर दिया। इसके साथ ही प्रतिवर्ष लगने वाले माघ मेले में वे मदनमोहन को ले जाते। वहां एक

मंच बनाकर उस पर उनको खड़ा करके उनसे धार्मिक विषयों पर व्याख्यान दिलवाया करते थे। इस प्रकार 7 वर्ष से भी कम आयु में उनको व्याख्यान का प्रशिक्षण मिलने लगा था। जब तक मदनमोहन का यज्ञोपवीत संस्कार नहीं हुआ तब तक वे उसी पाठशाला में पढ़ते रहे थे।

उन दिनों अंग्रेजी शिक्षा की महत्ता को न केवल माता-पिता अपितु जो बालक थोड़ा बहुत भी ज्ञान पा लेते थे, वे भी इसकी महत्ता को समझते थे। माता-पिता तो, जिनका बालक एंट्रेन्स परीक्षा उत्तीर्ण कर लेता था, वे स्वयं को धन्य समझते थे। इस प्रकार अंग्रेजी शिक्षा का प्रचार-प्रसार बढ़ने लगा था और भारतीयों का उसके प्रति मोह भी बढ़ गया। लोग अधिकांशतया अपने बालकों को अंग्रेजी पाठशाला में भेजने लगे थे। बालक मदनमोहन उन बालकों को स्कूल से आते-जाते देखते, उनके मुख से इतिहास, भूगोल, अंग्रेजी और गणित आदि की चर्चा भी सुनते, तो इससे उनके मन में इस शिक्षा के प्रति उत्सुकता और आकर्षण जैसा उत्पन्न होने लगा था। उनके मन में भी लालसा उठने लगी कि कदाचित वे भी अंग्रेजी शिक्षा ग्रहण करते। किन्तु उनके पिता के लिए यह कठिन समस्या थी। अंग्रेजी की शिक्षा व्यय साध्य थी और पण्डित ब्रजनाथ के लिए वह व्यय जुटा पाना कठिन था। तदपि उन्होंने बालक की इच्छा को पूर्ण करने का निश्चय किया और उन्हें इलाहाबाद जिला स्कूल में दसवीं कक्षा में प्रविष्ट करा दिया। उन दिनों की दसवीं कक्षा आजकल की तीसरी कक्षा के समकक्ष मानी जाती है।

बालक मदनमोहन ने जिला स्कूल, जो उस समय प्रयाग के चौक घंटाघर पर जहां पर अब म्युनिसिपल्टी का कार्यालय है, उसमें जाना आरंभ कर दिया। बालक मदनमोहन ने पढ़ने-लिखने में खूब मन लगाया और लगभग सभी विषयों पर रुचि ली। किन्तु गणित का विषय उनके लिए कठिन लगने लगा, फिर उन्होंने साहस नहीं छोड़ा। थोड़े समय में उनकी वह कमी भी पूरी कर ली।

हम पहले ही लिख आए हैं कि पण्डित ब्रजनाथ के घर में बहुत कम स्थान था। बालक मदनमोहन को इस स्थान की कमी के कारण पढ़ाई में असुविधा होने लगी तो उसने अपने मित्र, पड़ोसी तथा सहपाठी पं. गंगाप्रसाद के घर पर जाकर पढ़ना आरंभ कर दिया। रात को वहीं सोते और प्रात: उठकर अपने घर आते। नित्य कर्म से निवृत्त हो छाछ के साथ बासी रोटी खाकर फिर स्कूल को चल देते।

स्कूल में प्रविष्ट होने के कुछ दिनों बाद ही बालक मदनमोहन की विभिन्न रुचियों का ज्ञान होने लगा। पढ़ने में बालक की रुचि थी, किन्तु उसको

पुस्तक कीट नहीं कहा जा सकता था। उन्हें मल्ल विद्या और व्यायाम में विशेष रुचि थी, यह रुचि आजीवन बनी रही। उन्होंने अपने संगी साथियों का एक दल बना रखा था, जिसके नेता वे स्वयं थे। यह दल गुन्डों और असामाजिक तत्त्वों से समय-समय पर भिड़कर उन्हें राह दिखाने का काम करता था। इस दल के सदस्यों में लोक सेवा की प्रबल भावना थी। इसके फलस्वरूप सार्वजनिक मेलों, उत्सवों, सभाओं आदि में वे भीड़ नियन्त्रित करने का काम करते। समय-समय पर होली, दीवाली, कृष्ण जन्माष्टमी, रामनवमी आदि त्योहार और पर्वों का स्वयं भी आयोजन कर उन्हें सफल बनाते। यहां तक कि एक बार तो उन लोगों ने अपने पड़ोस के मकान में लगी आग को स्वयं बुझा कर उस परिवार को राहत पहुंचाई थी।

बालक मदनमोहन ने एक वाग्वर्धिनी सभा का गठन किया था। समय-समय पर उस सभा में विभिन्न विषयों पर वाद-विवाद हुआ करता था। इससे सभा के सदस्यों के ज्ञान की वृद्धि होती थी। अंग्रेजों का राज था, इस कारण ईसाई पादरियों को खुली छूट थी। वे धर्मान्तरण के लिए भांति-भांति के छल प्रपंच करते थे। इन सब का ज्ञान तो बालक मदनमोहन को नहीं था। किन्तु वे यह जानते थे कि अंग्रेजी और अंग्रेजों का स्कूल होने के कारण वे पादरी स्कूल में आकर भी तथाकथित धर्मोपदेश करते थे। बालक मदनमोहन यह भी जानते थे कि उनकी बात धर्मोपदेश तक ही सीमित नहीं रहती थी। वे पादरी धर्मोपदेश की आड़ में हिन्दू धर्म की बड़ी छीछालेदर करते थे। बालक मदनमोहन को यह सब सुहाता नहीं था। हिन्दू धर्म और भारतीय संस्कृति के प्रति उनका यह अनर्गल प्रचार उन्हें बहुत खलता था। अत: जहां कहीं संभव होता मदनमोहन और उनके वक्ता साथी इस सब दुष्प्रचार का प्रत्याख्यान करने से नहीं चूकते थे। यहां तक कि कभी-कभी इस प्रकार के वाद-विवाद में मार-पीट तक की नौबत आ जाती थी।

समय पर बालक मदनमोहन का उपनयन संस्कार हुआ। तदुपरांत संध्यावंदन इनका नित्य नैमित्तिक कर्म हो गया। इसके लिए भी इनका एक दल बन गया, जो नित्य ही यमुना के तीर पर जाकर एक सुनिश्चित स्थान पर बैठकर देर तक संध्या वन्दन करता। पैतृक संस्कार हों अथवा पूर्व जन्म के संस्कार हों किसी भी कारण से बालक मदनमोहन में गायत्री शक्ति में अपार विश्वास जम गया था, इसलिए यमुना तट पर बरगद घाट पर बैठकर इनका दल घंटों ही गायत्री का जाप किया करता था। मदनमोहन की माता ने जब इनका इस प्रकार गायत्री के निमित्त घंटों यमुना तट पर बैठे रहने का वृत्तान्त जाना तो उनको चिन्ता होने

लगी कि कहीं बालक साधु बनने की ओर अग्रसर नहीं हो रहा है। किन्तु यह भय अधिक दिन तक नहीं रहा। क्योंकि मदनमोहन इसके अतिरिक्त सभी कार्य तथा पठन नियमित रूप से करते रहे थे।

बालक मदनमोहन की पढ़ाई भी आगे बढ़ती रही और सभा-संगठन भी उसी प्रकार आगे बढ़ते रहे तथा उनका गायत्री अनुष्ठान भी उसी अनुपात में चलता रहा। ज्यों-ज्यों बालक मदनमोहन किशोर वय की ओर अग्रसर हुए उनमें साहित्य के प्रति भी रुचि होने लगी। घर में गायन वादन का वातावरण था। उनके पिता बहुत अच्छी बंसी बजाया करते थे। भजन गाया करते थे, उन भजनों में भी रस और भाव की प्रबलता होती थी जो किशोर मदनमोहन के हृदय पर अपना स्थान बनाने लगे थे। धीरे-धीरे उनकी रुचि कविता की ओर बढ़ने लगी और वे छोटे-मोटे पद तथा दोहा लिखने लगे। शृंगार रस के प्रति उनकी विरक्ति उनके 15 वर्ष की आयु में रचित इस दोहे से स्पष्ट लक्षित होती है-

यह रस ऐसा है बुरौ; मन को देत बिगारि।
याते पास न आवहु, चेते अहौ अनारि।।

इससे यह स्पष्ट परिलक्षित होता है कि चरित्र पर मदनमोहन ने आरंभ से ही ध्यान रखा था। इसी प्रकार वे अपनी कविता के माध्यम से भी भगवत भक्ति के भजनों की ही रचना करते रहते थे।

मदनमोहन स्कूल में नियमित रूप से उपस्थित रहते थे। अकारण अवकाश लेना उन्हें अच्छा नहीं लगता था। स्कूल की प्रत्येक गतिविधियों में वे बढ़कर भाग लेते थे। नेतृत्व और वक्तृत्व में उनको प्रवीणता प्राप्त थी। उनके वक्तृत्व कुशलता की एक घटना का उल्लेख करना नितांत आवश्यक है। मदनमोहन के चाचा पण्डित गदाधरप्रसाद गवर्नमेंट स्कूल मिर्जापुर में अध्यापक थे। मदनमोहन एक बार अपने चाचा के पास मिर्जापुर गए हुए थे। पण्डित गदाधरप्रसाद संस्कृत के प्रकाण्ड विद्वान थे। मदनमोहन की अपने चाचा के प्रति अगाध श्रद्धा के साथ-साथ उनके प्रति लगाव भी अधिक था।

यह संयोग की बात है कि जब मदनमोहन अपने चाचा के पास मिर्जापुर गए हुए थे उन्हीं दिनों वहां किसी धार्मिक व्यवस्था के संबंध में विद्वानों की एक सभा का आयोजन भी हो रहा था। उस समय मदनमोहन की अवस्था पन्द्रह वर्ष की थी। वे बड़े ध्यान से उन विद्वानों की वक्तृता सुनते रहे, किन्तु उनको कहीं कुछ खटक रहा था। इससे उनको बोलने की ललक लगने लगी। जब स्वयं पर नियंत्रण न रख सके तो उन्होंने अपने पितृव्य से अपनी इच्छा

व्यक्त की।

आज्ञा प्राप्त होने पर मदनमोहन मंच पर बोलने लगे। एक तो दैवी विधान के अनुसार उनका स्वर बहुत ही मधुर था और दूसरे उन्होंने अपने भाषण में इस प्रकार तर्क प्रस्तुत किए कि वहां उपस्थित विद्वान दांतों तले अंगुली दबाने लगे। इतना छोटा-सा किशोर और ऐसे प्रामाणिक तर्क। सभा में तो जो हुआ सो हुआ किन्तु सभा में विद्यमान मिर्जापुर के ही एक पण्डित नन्दराम जी उन पर ऐसे रीझे कि सभा समाप्त होने के उपरांत वे सीधे पण्डित गदाधर जी से मिलने के लिए जा पहुंचे। गदाधर जी उनके अकस्मात आने से विस्मित थे। नन्दराम जी ने अधिक भूमिका न बांधते हुए स्पष्ट शब्दों में बात करते हुए कहा कि उनकी तृतीय पुत्री कुन्दनदेवी का मदनमोहन से विवाह की अनुमति प्रदान की जाए। यह सभा सन् 1879 में थी, उसके दो वर्ष बाद 1881 में बीस वर्ष की आयु में पण्डित मदनमोहन मालवीय का पण्डित नन्दराम जी की सुकन्या कुन्दनदेवी के साथ विवाह सम्पन्न हो गया। हां, तब तक मदनमोहन कॉलेज के विद्यार्थी हो गए थे।

मालवीय परिवार वैष्णव परिवार था। उनके घर में श्रीकृष्ण जन्माष्टमी का पर्व बड़ी सज-धज और धूमधाम के साथ मनाया जाता था। श्रीकृष्ण के जीवन से संबंधित झांकियां तैयार की जाती थीं, जिसमें मदनमोहन बड़े उत्साह और मनोयोग से भाग लिया करते थे। इसके साथ ही उनके समवयस्क अपितु उनकी प्रतिभा से प्रभावित होकर नगर के वृद्धजन भी उनके प्रति आदर भाव रखने लगे। उन्हें मदनमोहन में भावी नेता का रूप दिखाई देने लगा था।

विद्यार्थी जीवन

मालवीय जी ने जब एंट्रेंस अर्थात हाईस्कूल परीक्षा उत्तीर्ण कर ली तो उन्होंने आगे की पढ़ाई के लिए म्मारे सैन्ट्रल कॉलेज में प्रवेश लिया। उस समय प्रदेश में कोई विश्वविद्यालय नहीं था। एंट्रेंस परीक्षा भी कलकत्ता विश्वविद्यालय द्वारा ली जाती थी। एंट्रेस परीक्षा उत्तीर्ण कर लेने के उपरान्त यद्यपि मदनमोहन आगे पढ़ना चाहते थे किन्तु अपने पिता की आर्थिक स्थिति का ध्यान कर उन्होंने अपने इस विचार को अधिक महत्त्व नहीं दिया था तदपि पुत्र वत्सल पिता सब कुछ जानते थे, और उन्होंने उसकी इच्छा पूर्ण की। उन दिनों म्योर सैन्ट्रल कॉलेज तत्कालिन दरभंगा कैसल में चलता था। कॉलेज के प्रिंसिपल थे प्रसिद्ध अंग्रेज एवं अंग्रेजी के विद्वान हैरिसन। उन दिनों किसी भारतीय का किसी कॉलेज का प्रिंसिपल होना संभव नहीं था। अत: सभी कॉलेजों के प्रिंसिपल अंग्रेज ही होते थे और सबका उद्देश्य लगभग एक ही होता था, भारतीयों में से भारतीयता को नष्ट करना । अत: उसी प्रकार की शिक्षा उन कॉलेजों में दी जाती थी।

कॉलेज में प्रविष्ट होने के उपरान्त मदनमोहन की अतिरिक्त गतिविधियां भी उसी अनुपात में बढ़ने लगी। उन्होंने वाद-विवाद समाज स्थापित किया और उसमें सभी विचारों को विद्यार्थियों को अमन्त्रित कर उनसे अपने-अपने विचार रखने को कहते रहते थे। अनेक विद्यार्थी जो बोलने से बचना चाहते थे उनको वे बलात इसके लिये प्रेरित करते थे। वाद-विवाद के अतिरिक्त उनकी कविता भी चलती रहती थी। अंग्रेजियत पर अपनी कविता के माध्यम से वे प्राण छोड़ते थे। संगीत का अभ्यास भी यथावत चालू रख और अब उसके साथ नाट्य कला में भी रुचि लेनी आरम्भ कर दी।

नाट्यकला में अभिरुचि का परिणाम यह हुआ कि स्वयं नाटकों में भाग लेने लगे और सामान्यतया वे स्त्री-पात्र का अभिनय करते। उन दिनों स्त्री-पात्र का अभिनय पुरुषों को ही करना पड़ता था। यह प्रथा सिनेमा संसार में भी प्रचलित थी। सिनेमा क्षेत्र में बाल गन्धर्व इसके लिए प्रख्यात रहे हैं। कॉलेज सोसाइटी द्वारा खेले गए 'मर्चेन्ट ऑफ वेनिस' में मदनमोहन ने मुख्य स्त्री-पात्र

'पोर्शिया' की भूमिका की थी। उन्होंने पोर्शिया की भूमिका का जिस सौन्दर्यपूर्ण कौशल से निर्वाह किया दर्शक उसकी प्रंशसा करते थके नहीं थे। लोगों का कहना था कि कोई अंग्रेज महिला भी यदि इस ढंग से अपना अभिनय नहीं कर पाती। इसी प्रकार जब कालिदास के प्रसिद्ध नाटक 'अभिज्ञान शाकुन्तलम' का मंचन किया तो उसमें मदनमोहन ने शकुन्तला की भूमिका की। उस अभिनय में भी उनकी खूब प्रशंसा की गई। कालिदास के इस नाटक का मंचन उन दिनों प्रयाग नगर में स्थापित 'आर्य नाटक मण्डली' ने किया था। नगर के प्राय: प्रमुख नागरिक इस मण्डली के सदस्य थे। इस प्रकार नाटक के क्षेत्र में भी उन्होंने प्रसिद्धि प्राप्त की।

कालान्तर में हमने पण्डित मदनमोहन मालवीय जी की जो वेशभूषा देखी है उसका प्रारम्भ उन्होंने कॉलेज जीवन से ही कर लिया था। वे सामान्यतया श्वेत वस्त्र धारण करते थे, सिर पर पगड़ी बांधते थे और गले में दुपट्टा डालते थे, जो घुटनों तक पहुंचता था। इसके साथ सफेद चूड़ीदार पाजामा अथवा कभी-कभी धोती भी बांधते थे। पैरों में साधारण देशी जूता और हाथ में छड़ी होती थी। दुपट्टा सामान्यतया सफेद ही होता था, किन्तु कभी केसरिया भी डाल लेते थे। इस प्रकार उनकी वाणी के समान ही उनकी वेशभूषा भी अत्यन्त धवल और निष्कलंक होती थी। अपनी वाणी एवं वेश को उन्होंने कभी धब्बा नहीं लगने दिया।

कॉलेज के दिनों में वे जो कविताएं करते थे उसमें वे अपना नाम फक्कड़ सिंह रखते थे। उन्हीं दिनों अपनी तथा अपने साथियों की वेशभूषा पर उन्होंने जो पद्य रचना की उसका एक अंश निम्नोद्धृत है

गरे जूही के हैं गजरा पड़ा रंगी दुपट्टा तन।
भला क्या पूछिये, धोती तो ढाका से मंगाते हैं।।
कभी हम वारनिश पहने, कभी पंजाब का जोड़ा।
हमेशा पास डंडा है, यह फक्कड़सिंह गाते हैं।।

नव अंग्रेजियत के कायल लोगों पर उन्हीं दिनों उनके द्वारा रचित व्यंग्य पद्य के कुछ अंश निम्नोद्धृत है

अहले योरप पूरा जेन्टिलमैन कहलाता है हम।
'डोन्ट से बाबू टु मी' मिस्टर कहा जाता है हम।।
गंगा जाना पूजा जप तप, छोड़ो ये पाखण्ड सब।
घूरने में मुंह को गिरजाघर में नित जाता है हम।।
भांग गांजा चरस चंडू, घर में छिप-छिप पीते थे।

अब तो बेखटके हमेशा 'वाइन' डकारता है हम।।
हिन्दुओं का खाना-पीना हमको कुछ नहीं भाता।
'बीफ' चमचे से कटे होटल में जाता है हम।।
बाबू व चाचा का कहना 'लाइक' हम करता नहीं।
'पापा' कहना अपने बच्चों को भी सिखाता है हम।।

म्योर सैन्ट्रल कॉलेज में उन दिनों पण्डित आदित्यराम भट्टाचार्य संस्कृत के प्राध्यापक थे। मदनमोहन का संस्कृत के प्रति अगाध प्रेम था। पण्डित भट्टाचार्य ने उसको इसके लिये अधिक प्रोत्साहित किया। इसके साथ ही उन्होंने मदनमोहन की साहित्यिक और कलात्मक प्रवृत्तियों को बढ़ावा दिया। इस प्रकार गुरु शिष्य का प्रगाढ़ सम्बन्ध बनता गया। उसका परिणाम यह हुआ कि पण्डित मदनमोहन अपने गुरु आचार्य भट्टाचार्य का इतना आदर करने लगे कि यदि वे कहीं सड़क पर भी चलते हुए मिल जाएं तो तुरन्त अपने पैरों से जूते उतारकर साष्टांग दण्डवत प्रणाम करते। उस समय तक गुरुजनों को प्रणाम करने की यह परम्परा थोड़ी बहुत बची हुई थी।

पण्डित आदित्यराम भट्टाचार्य न केवल संस्कृत के उद्‌भट विद्वान थे, वे केवल प्रतिभावान छात्रों को प्रोत्साहित करने वाले थे, अपितु सरकारी कॉलेज में प्राध्यापक होने के बाद भी उनमें हिन्दुत्व की भावना यथावत स्थिर थी। इनके प्रयास से सन् 1880 में प्रयाग में 'हिन्दू समाज' नामक एक संस्था की स्थापना की गई थी। इसे सामाजिक सेवा संघ माना गया और पण्डित मदनमोहन मालवीय इस संस्था के प्रमुख कार्यकत्ताओं में सम्मिलत हुए। परिणामस्वरूप इस संस्था की गतिविधियां निरन्तर बढ़ने लगी और थोड़े ही दिनों में इस संस्था को अखिल भारतीय स्वरूप प्रदान करना पड़ा। तब इसका नाम 'केन्द्रीय हिन्दू समाज' रखा गया। इसका समारम्भोत्सव काशी नरेश के प्रयाग स्थित भवन में किया गया। इस संस्था का काम गिरे हुए हिन्दू समाज को उठाकर उसे संगठित करना था। इस प्रारम्भोत्सव सभा में देशभर के जो प्रमुख हिन्दू नेता एकत्र हुए उनमें कालाकांकर के रामपाल सिंह भी थे, वे उन्हीं दिनों इग्लैंड से शिक्षा प्राप्त करके लौटे थे।

यद्यपि कालान्तर में कालाकांकर के राजा रामपाल सिंह पण्डित मदनमोहन मालवीय के परममित्र बन गए थे, तदपि प्रयाग के उस सम्मेलन में इन दोनों में परस्पर बड़ा वाद-विवाद उठ खड़ा हुआ था। पण्डित मदनमोहन मालवीय उस सभा के प्रमुख व्यवस्थापकों में से थे। एक बार किसी के भाषण के मध्य राजा साहब सभा के अध्यक्ष से बात करने लगे तो मालवीय जी ने उनको टोक

दिया। राजा साहब को उनके इस व्यवहार पर बड़ा क्षोभ हुआ। वे उन दिनों 'हिन्दुस्थान' नामक एक पत्र का संचालन करते थे। उन्होंने अपने उस पत्र में तुरन्त मालवीय जी के इस व्यवहार की कटु आलोचना छाप दी।

मालवीय जी यदि सिद्धान्तवादी थे तो राजा कालाकांकर को गुणग्राही कहा जाता था। सभा की बात और उनके क्षोभ में हिन्दुस्थान में प्रकाशन की बात आई गई हो गई। राजा साहब मालवीय जी के उस सभा के प्रबन्ध से भी बड़े सन्तुष्ट थे। केवल स्वयं उनको रोका जाना उन्हें क्षुभित कर गया था, तदपि वे मालवीय जी को प्रबन्ध पटुता, व्यवस्थापन कुशलता, उनकी देशभक्ति, उनकी सच्चरित्रता और उनके आकर्षक व्यक्तित्व से प्रभावित हुए बिना नहीं रह सके। उसका सुफल यह हुआ कि कुछ ही दिनों बाद उन्होंने मालवीय जी को हिन्दुस्थान के सम्पादक के लिए कालकांकर बुलाने का निश्चय कर लिया।

सभा सोसाइटियों में रहते हुए भी मालवीय जी ने अपना फक्कड़पना नहीं छोड़ा था। किसी की कभी कोई परवाह नहीं की, जो ठीक समझा वह किया और वह कहा। उन्हीं दिनों लॉर्ड रिपन को भारत का वायसराय बनाकर भेजा गया था। भारत में लॉर्ड रिपन के स्वागत की तैयारी होने लगी। इंग्लैण्ड में लॉर्ड रिपन को भारत का हितैषी समझा जाता था, यही कारण था कि भारत के अंग्रेज लोग इनके प्रति अच्छा दृष्टिकोण नहीं रखते थे। इसका परिणाम यह हुआ कि परम अंग्रेज, म्योर सैन्ट्रल कॉलेज के प्रिंसिपल हैरिसन ने यह घोषणा कर दी कि यहां लॉर्ड रिपन का किसी प्रकार का कोई स्वागत नहीं किया जाएगा। मालवीय जी तो देशभक्त थे। उस समय भारत की जो दशा अंग्रेजों ने कर रखी थीं, उसमें उनको लॉर्ड रिपन एक आशा की किरण-सा दिखाई दिया तो उन्होंने उसके स्वागत की तैयारी कर ली। किन्तु उनके प्रिंसिपल को इसकी कानों-कान खबर भी नहीं लगी और दूसरे दिन प्रातः लॉर्ड रिपन का स्वागत हो गया। उसको मान पत्र भी भेंट कर दिया गया। रिपन विरोधी एवं प्रिंसिपल सभी मुंह ताकते रह गए।

इस घटना से तो उनकी धाक और भी जम गई। मदनमोहन के प्रति कॉलेज विद्यार्थियों में ही नहीं अध्यापक गणों में भी सम्मान की भावना दिखाई देने लगी। इसके बाद तो वे किसी भी सभा सोसाइटी में देखे जाने लगे। वें स्वयं भी समय -समय पर अनेक जलसे-जुलूसों का आयोजन करते रहते थे। इस प्रकार वे प्रकारान्तर से राजनीति में भाग लेने लग गए थे। उनको अपनी चिन्ता नहीं थी। दूसरों की भलाई में अपना समय व्यतीत कर देते। इसका दुष्परिणाम उनकी पढ़ाई पर हुआ। इन गतिविधियों के कारण वे अपनी पढ़ाई के लिए

समय ही नहीं निकाल पाते थे।

उन दिनों प्रयाग में कोई विश्वविद्यालय नहीं था। कलकत्ता विश्वविद्यालय के अन्तर्गत सारे कॉलेज थे और स्थान-स्थान पर उनके परीक्षा केन्द्र बने थे। उत्तर भारत में उस समय शायद आगरा ही एक केन्द्र था। सन् 1883 में मालवीय जी बी.ए. की परीक्षा देने के लिए आगरा गए, किन्तु कुछ मास बाद जब परिणाम प्रकाशित हुआ तो मालवीय जी ने पाया कि वे अनुत्तीर्ण हो गए हैं। बुरा तो लगा किन्तु साहस नहीं छोड़ा। अगले वर्ष खूब परिश्रम किया, परीक्षा में बैठे और उत्तीर्ण हो गए।

बी.ए. उत्तीर्ण करने के उपरान्त उनकी इच्छा एम.ए. करने की तो थी किन्तु पारिवारिक स्थिति उनको इसकी आज्ञा नहीं देती थी। एम.ए. करना काफी व्ययसाध्य था, तब उन्होंने पढ़ाई छोड़कर, आजीविका के लिए दौड़-धूप आरम्भ कर दी। एक बार हिन्दू समाज की बैठक में बातचीत के प्रसंग में उनके किसी मित्र ने उन्हें संस्कृत में एम.ए. करने का परामर्श दिया। यह बात तो उनके अपने ही मन की थी, उन्होंने एम.ए. में प्रवेश ले भी लिया। नाम लिखा लिया है तो पढ़ना भी चाहिए, यह विचार कर उन्होंने संस्कृत के विद्यार्थी की भांति धोती पहनकर सप्ताह में तीन दिन अपने गुरुजी से पढ़ने जाना आरम्भ कर दिया किन्तु यह पढ़ाई अधिक दिन तक नहीं चल सकी। परिवार की आर्थिक स्थिति उनको इसकी आज्ञा और अधिक नहीं दे पाई। उनके मन की मन में ही रह गई।

संस्कृत का अध्ययन छोड़ने की भी एक मार्मिक घटना थी। मालवीय जी की माता जी किसी को कह रही थीं, 'हम तो सोचते थे कि मदनमोहन ने बी.ए. पास कर लिया है, अब हमको उसके खर्चे के लिए अपना एक समय का भोजन नहीं छोड़ना पड़ेगा, दोनों समय भोजन मिलने लगेगा, किन्तु अब तो जब तक उनका एम.ए. नहीं हो जाता तब तक सबको एक बार के भोजन में ही सन्तोष करना पड़ेगा। जैसी भगवान की इच्छा।' यह बात मालवीय जी ने सुन ली और उन्होंने उसी दिन से पढ़ाई छोड़कर आजीविका ढूंढ़ने का यत्न आरम्भ कर दिया।

संस्कृत का जब मालवीय जी ने अध्ययन आरम्भ किया तो उन्होंने अपने 'मल्लयी' उपनाम का भी परिष्कार किया और वे अपने नाम के आगे 'मालवीय' लिखने लगे। उनके व्यक्तित्व और उनकी विद्वत्ता से प्रभावित होकर श्रीगौड़ ब्राह्मणों ने तब से अपने को 'मालवीय' लिखना आरम्भ कर दिया।

उस दिन से उनका नाम पण्डित मदनमोहन मालवीय प्रसिद्ध होने लगा।

मालवीय जी ने अपनी वेशभूषा में किसी प्रकार का परिर्वतन नहीं किया। केवल पाजामा और धोती में ही परिर्वतन होता रहता था। अवसर के अनुसार वे कभी पाजामा पहनते तो कभी धोती धारण करते।

अपनी एम.ए. की पढ़ाई न कर पाने और प्रयाग में कोई विश्वविद्यालय न होने तथा भारतीयों में जातीयता आदि का जड़ तक प्रवेश होने की बात कदाचित मालवीय जी के मन को कचोट गई होगी और इन सब अभावों की पूर्ति का ध्यान उनके मन में आता रहा होगा। उसी युग में उनके मन में किसी एक ऐसे विश्वविद्यालय की स्थापना का विचार आया जहां जाति, धर्म और देश आदि का विभेद किये बिना सभी शिक्षार्थियों को ज्ञान-विज्ञान की सभी शाखाओं की शिक्षा सुलभ हो सके। उत्तर भारत में उस समय किसी विश्वविद्यालय का न होना उन्होंने अनुभव किया और उसके कारण अनेक छात्रों का जीवन उन्नति न कर पाने का विचार भी उनके मन में आया। इसी विचार ने कालान्तर में संकल्प का रूप धारण कर लिया। अस्तु, यह बाद की कहानी है।

गृहस्थ में प्रवेश

आजीविका अर्जन की समस्या न्यूनाधिक सब समय एक समान ही रही है। मालवीय जी के समय में भी ऐसी ही समस्या थी। जनसंख्या अधिक बढ़ने से यह विकराल रूप धारण कर लेती है। मालवीय जी के परिवार में पूर्व पुरुषों का कार्य व्यासपीठ पर बैठकर प्रवचन अथवा कथा करना था। किन्तु पण्डित मदनमोहन मालवीय इसको पूर्ण रोजगार नहीं मान सके। अत: इस कामचलाऊ रोजगार के प्रति उनकी प्रवृत्ति नहीं हुई। इस विषय में एक स्थान पर उन्होंने स्वयं ही लिखा है-

"बी.ए. उत्तीर्ण करने के अनन्तर मेरी प्रबल इच्छा थी कि मैं अपने पिता और पितामह की भांति व्यासपीठ पर विराज कर धार्मिक प्रवचन करूं। किन्तु मेरा परिवार बड़ा ही निर्धन था और उसके प्रति मेरा कुछ कर्तव्य भी था। यह संयोग की बात थी कि जिस विद्यालय में अध्ययन किया था, उन्हीं दिनों उस विद्यालय में एक अध्यापक का स्थान रिक्त था। उस समय वहां मेरे चचेरे भाई पण्डित जयगोविन्द जी प्रमुख पण्डित थे। उन्होंने मुझे परामर्श दिया कि मैं उस पद के लिए आवेदन पत्र दे दूं। किन्तु मेरे मन में तो धर्म प्रचार की लालसा प्रबल थी, अत: मैंने उनका वह प्रस्ताव स्वीकार नहीं किया।

"मेरे चचेरे भाई साहब ने यह बात मेरी माता जी को जाकर बता दी। माता जी मुझे समझाने के लिए आई। मैंने जब उनकी ओर देखा तो उनकी आंखों से अश्रुधारा बह रही थी। आज मैं उन आंखों को जो करुणा से लबालब भरी हुई थीं, भली-भांति स्मरण कर सकता हूं। बस, फिर क्या था मेरी सारी आकांक्षाएं मेरी माता जी के उन आंसुओं में डूब गई। मैंने उनसे कहा अब आप अधिक कुछ मत कहिए, मैं आपकी आज्ञानुसार उस नौकरी के लिए आवेदन कर देता हूं। इस प्रकार मैंने चालीस रुपए मासिक की वह नौकरी स्वीकार कर ली। कार्य आरंभ करने के दो मास उपरांत मेरा वेतन चालीस से बढ़ाकर साठ कर दिया गया।"

तब एक निश्चित प्रक्रिया की भांति मालवीय जी का जीवन आरंभ हो गया। नित्य प्रात:काल उठकर नित्यकर्म से निवृत्त हो, पूजा पाठ एवं भोजन कर स्कूल जाना और शाम को घर लौटना। किन्तु घर लौटकर विश्राम करने की

उनकी प्रवृत्ति नहीं थी। उन्होंने अपने मोहल्ले के बच्चों को शिक्षित करने का कार्य अपने जिम्मे ले रखा था। स्कूल से आते ही उन बच्चों को घेर कर उन्हें विद्याध्ययन कराते। इस प्रकार एक साथ वे दो पाठशालाओं में कार्य करने लगे। मालवीय जी के अपने चरित्र, उनकी विद्वत्ता और उनके सहानुभूति पूर्ण व्यवहार से उनके छात्र उनका अत्यधिक आदर और सम्मान करते थे। उनके विद्यार्थी उनकी शुद्ध प्रभावशील वाणी और उनके शिक्षण कौशल से इतने प्रभावित थे कि कालान्तर में स्कूल छोड़ने पर भी वे आजीवन उनके इन गुणों की प्रशंसा करते नहीं थकते थे।

अध्यापकों का भांति-भांति के छात्रों से पाला पड़ता है। उनमें कुछ सुशील और सभ्य होते हैं तो कुछ उच्छृंखल और उद्दण्ड भी होते हैं। उन सबसे कैसे व्यवहार किया जाए और उच्छृंखल छात्रों को किस प्रकार सुमार्ग पर लाया जाए, इसकी कला में मालवीय जी प्रवीण थे। एक सामान्य सी घटना का यहां उल्लेख कर देना उपयुक्त होगा।

एक बार मालवीय जी ने परीक्षा के समय देखा कि एक छात्र किसी अन्य छात्र की कापी से नकल कर रहा है। मालवीय जी ने उस नकल करने वाले छात्र को तुरंत परीक्षा भवन से बाहर जाने के लिए कह दिया। वह नकल करने वाला छात्र विद्यालय के उद्दण्ड छात्रों में से था। मालवीय जी के कहने पर वह परीक्षा भवन से बाहर हो गया। परीक्षा समाप्त होने पर मालवीय जी के सहयोगियों ने उनको कहा कि वह छात्र बड़ा उद्दण्ड और उच्छृंखल है, आप आज अकेले घर न जाएं। किन्तु मालवीय जी ने इसको साधारण बात माना और जिस प्रकार घर जाते थे उसी प्रकार चले गए। उस उद्दण्ड छात्र ने मालवीय जी के साथ तो कुछ नहीं किया किन्तु जिसकी कापी में से वह नकल कर रहा था, उसने उसको पकड़ कर अपने घर में बन्द कर दिया। मालवीय जी को जब इसका पता लगा तो वे वहां गए और किसी प्रकार कह सुनकर उन्होंने उस छात्र को मुक्त कराया। उन्होंनें उस उद्दण्ड छात्र को उस समय इस प्रकार समझाया कि वह अभिभूत हो गया। मालवीय जी के भव्य व्यक्तित्व और उनके स्नेहपूर्ण व्यवहार से वह इतना प्रभावित हुआ कि उसने उनके पैरों में पड़कर उनसे क्षमा मांगी। न केवल इतना अपितु भविष्य में उसने उद्दण्डता करनी छोड़ दी और वह सभ्य सुशील बन गया।

मालवीय जी के चचेरे भाई पण्डित जयगोविन्द मालवीय, जिनके कहने पर उन्होंने उस स्कूल में आवेदन किया था, संस्कृत के प्रकाण्ड पण्डित माने जाते थे। यद्यपि वे उनके चचेरे भाई थे किन्तु दोनों भाइयों में प्रगाढ़ मित्रता थी।

किन्तु मालवीय जी को लगता था कि पण्डित जयगोविन्द जैसे व्यक्ति के संस्कृत विभाग के प्रमुख होने और अध्यापको में वरीयता का स्थान प्राप्त होने पर भी विद्यालय में धार्मिक शिक्षा का कोई प्रावधान नहीं है। जब कि ईसाई और मुस्लिम छात्रों को यह सुविधा मिल जाती थी। विद्यालय में भी और विद्यालय से बाहर भी। उसका दुष्परिणाम यह हो रहा था कि ऐसे सरकारी स्कूलों में पढ़ने वाले हिन्दू छात्रों में धर्म के प्रति अज्ञान और अनास्था बढ़ती जा रही थी। मालवीय जी को इस स्थिति में बड़ा क्षोभ होता था। उनके मन में उठता था कि इसके लिए कुछ करना चाहिए। कम-से-कम अपने विद्यालय में तो इसकी कुछ व्यवस्था की जानी ही चाहिए। किन्तु वे कुछ कर सकने में असमर्थ रहे।

इलाहाबाद में केवल एक ही कॉलेज था 'म्योर सैन्ट्रल कॉलेज' यह उन दिनों पाश्चात्य शिक्षा का प्रमुख केन्द्र माना जाता था। इस विद्यालय में उच्च घरानों के छात्र ही अधिकांश शिक्षा प्राप्त करने के लिए आते थे, सामान्य जन की पहुंच यहां तक नहीं हो सकती थी। ये उच्च घरानों के युवक यहां से अंग्रेजी शिक्षा प्राप्त करके ब्रिटिश सरकार में उच्च पदों पर प्रतिष्ठित हो जाया करते थे।

इलाहाबाद में 'इलाहाबाद विश्वविद्यालय' की स्थापना का श्रेय भी इस म्योर सैन्ट्रल कॉलेज को ही है। इसकी ख्याति से प्रभावित होकर अंग्रेज सरकार ने उत्तर भारत में भी एक विश्वविद्यालय की स्थापना का निश्चय किया और इसके लिए इलाहाबाद उपयुक्त स्थान प्रतीत हुआ। म्योर सैन्ट्रल कॉलेज को आधार बनाकर सन् 1887 में इलाहाबाद विश्वविद्यालय की स्थापना हुई। क्योंकि उत्तर भारत का यही एकमात्र विश्वविद्यालय था, इसलिए यहां पढ़ने वाले छात्रों की भीड़ बढ़ने लगी। उनके आवास की समस्या सम्मुख आई। यह अभाव सभी को खटकने लगा। मालवीय जी ने बहुत विचार किया और अन्त में निश्चय किया कि एक 'हिन्दू छात्रावास' बनाया जाए। इसके लिए मालवीय जी ने प्रान्त भर का दौरा किया, उसके लिए धन एकत्रित किया और तत्कालीन गवर्नर एन्टोनी मैकडोनल से मिलकर स्थान इत्यादि की व्यवस्था की। मैकडोनल मालवीय जी से प्रभावित था, उससे जितना सहयोग हो सका उसने किया। अन्त में छात्रावास बन गया। उसका नाम 'मैकडोनल हिन्दू छात्रावास' रखा गया। किन्तु बोलचाल में इसको कभी इसके वास्तविक नाम से नहीं जाना गया। सब इस छात्रावास को 'मालवीय जी का बोर्डिंग हाउस' ही कहते रहे। यह आज भी अपने स्थान पर स्थित है और प्रयाग के दर्शनीय भवनों में एक भवन यह भी

माना जाता है।

मालवीय जी को सफल अध्यापक माना जाता था। कदाचित उसका प्रमुख कारण यही था कि जिस दिन जिस विषय का उनको अभ्यास कराना होता था उसके लिए वे पूर्णतया तैयारी करके जाया करते थे। वे अपना विषय भली-भांति घर पर तैयार कर लिया करते थे। इसके साथ ही न केवल हिन्दी, संस्कृत अपितु अंग्रेजी, फारसी का भी उनका उच्चारण शुद्ध और स्पष्ट होता था। भाषाओं पर अधिकार होना भी महत्त्व की बात होती है। इससे जहां स्वयं को सहायता मिलती है वहां छात्रों पर भी उनकी विद्वत्ता का प्रभाव पड़ता है।

उनके एक शिष्य ने उनके अध्यापकत्त्व के विषय में एक बार लिखा था-"मैंने ऐसे बहुत अध्यापक देखें हैं, जो अपने विषयों के दिग्गज विद्वान माने जाते थे। उनमें श्रेष्ठ अध्यापक के भी सभी गुण विद्यमान होते थे। किन्तु इतना महान और सभी छात्रों का व्यापक रूप से सम्मान और आदर का पात्र कोई भी अन्य अध्यापक नहीं था जितने कि पण्डित मदनमोहन मालवीय जी थे। उन्होंने बोलते हुए सुनने में भी और शुद्ध उच्चारण, स्पष्ट स्वर तथा शुद्धता के साथ-साथ किसी पद की व्याख्या करते हुए सुनना भी इतना आनन्दप्रद होता था कि हम सभी छात्र उस समय यही सोचते थे कि मालवीय जी बोलते रहें और हम सब उनको सुनते रहें। छात्रों पर उनकी स्नेहपूर्ण कृपा, मधुर व्यवहार, उनकी वाणी का रस और उनके आकर्षक व्यक्तित्व का हम सभी लोग सम्मान करते थे। वे महान अध्यापक ही नहीं महान व्यक्तित्व के भी धनी थे।

मालवीय जी स्कूल में अध्यापन करते थे, गली-मोहल्ले के निर्धन, असहाय छात्रों को भी अवशिष्ट समय में पढ़ाते थे। इसके बाद भी वे सामाजिक तथा राजनीतिक कार्यों में बढ़-चढ़ कर भाग लेते थे। प्रयाग की कोई भी सामाजिक व राजनीतिक गतिविधि उनकी उपस्थिति के बिना नहीं चलती थी। धीरे-धीरे उनकी सामाजिकता, राजनीतिक जागरूकता प्रयाग की सीमा को पार कर देशव्यापी बनती गई।

प्रयाग का भारती भवन पुस्तकालय अपनी विशिष्टता के कारण प्रसिद्ध है। मालवीय जी के किसी धनी हिन्दी प्रेमी पड़ोसी ने साहित्य और दर्शन की पुस्तकों का अच्छा संग्रह किया हुआ था। मालवीय जी की प्रेरणा से उन्होंने अपने उस संग्रह को सार्वजनिक पुस्तकालय का रूप दे दिया। मालवीय जी ने उस पुस्तकालय के विकास के लिए प्रयत्न करना आरंभ किया तो उसका परिणाम यह हुआ कि न केवल जिला परिषद ने अपितु प्रान्तीय सरकार ने भी उसके लिए अनुदान राशि निर्धारित कर दी। कालान्तर में कुछ अन्य लोगों ने

भी अपनी अमूल्य पुस्तकें और हस्तलेख इस पुस्तकालय को समर्पित कर दिए। इस प्रकार यह 'भारती भवन पुस्तकालय' प्रयाग का प्रमुख केन्द्र बन गया। यह सब मालवीय जी के ही प्रयास का परिणाम था।

पत्रकारिता

सन् 1884-85 का समय था। देश भर में बड़ा उफान, तूफान और परिवर्तन-सा दिखाई देने लगा था। तदपि देश की दशा निरन्तर बिगड़ती जा रही थी। पण्डित मदनमोहन मालवीय इससे बड़े चिन्तित रहने लगे थे। तभी एक घटना घटित हुई। भारत की सिविल सर्विस में एक अंग्रेज था। उसका नाम था सर ए.ओ. ह्यूम। भारतवासियों को यह नहीं भूलना चाहिए कि ब्रिटिश शासनकाल में भारत में कार्यरत प्रत्येक अंग्रेज, ब्रिटिशराज का प्रतिनिधि ही नहीं अपितु उसका दलाल था। प्रत्येक अंग्रेज अपना कर्तव्य समझता था कि भारत में ब्रिटिश राज की जड़ें सुदृढ़ करना उसका परम-धर्म है।

ह्यूम सन् 1984 में सिविल सर्विस से कार्यमुक्त हुआ तो उसने ब्रिटिश राज की सुदृढ़ता के लिए एक अन्य कार्य अपने ऊपर ले लिया। उसने एक संस्था को जन्म दिया, जिसका नाम 'इंडियन नेशनल कांग्रेस' रखा। जिसे आज लोग 'भारतीय राष्ट्रीय कांग्रेस' के नाम से जानते हैं। इस कांग्रेस में उन सुपठित लोगों को लिया जाता था जो चाहते थे कि अंग्रेज सरकार तो रहे किन्तु उसके रहते हुए भारतीयों को कुछ अधिक अधिकार भी मिल जाएं। इस प्रकार अनेक काले अंग्रेज इस संस्था से जुड़ गए। सन् 1985 में पूना में इसका वार्षिक अधिवेशन होना निश्चित था किन्तु भारतीयों के दुर्भाग्य से वहां महाभयंकर प्लेग रोग फैल गया। इस कारण वहां कांग्रेस का अधिवेशन करना संभव नहीं हो पाया।

दुर्भाग्य इसलिए नहीं कि वहां कांग्रेस का अधिवेशन नहीं हो सका अपितु यह दुर्भाग्य की बात इसलिए मानी गई कि उस भयंकर रोग से सहस्त्रों असहाय भारतीयों की जान गई और ब्रिटिश सरकार उसकी मौन द्रष्टा बनी रही। कांग्रेस के कर्ताधर्ता ह्यूम को तो अपने अधिवेशन की पड़ी थी। उसको भारतीयों के मरने-जीने से कोई सरोकार नहीं था। न उसने अपने अधिवेशन की गतिविधियों को स्थगित कर रोगग्रस्त क्षेत्र में राहत कार्य किया और न वह अपने स्वामियों को ही इसके लिए प्रेरित-प्रोत्साहित कर सका।

कांग्रेस को तो अपना अधिवेशन करना था। पूना न सही कोई अन्य नगर सही। अत: सन् 1885 के दिसम्बर मास में यह अधिवेशन पूना की अपेक्षा बम्बई में सम्पन्न किया गया।

ऐसे थे कांग्रेस के जन्मदाता और यह थी भारतीय राष्ट्रीय कांग्रेस की नींव। ऐसी नींव पर जो संस्था खड़ी की गई हो वह भविष्य में कैसी होनी चाहिए इसका अनुमान इससे सहज ही लगाया जा सकता है। और आज जो लोग कांग्रेस के कार्यकलाप पर सूक्ष्मता से दृष्टि डाल सकते हैं वे सहज ही इस परिणाम की कल्पना भी कर लेते हैं। तदपि उस समय इस कांग्रेस में सुपठित भारतीयों के सम्मिलित होने की होड़-सी लग गई थी। बड़े-बड़े राजा और रईस भी इसके सदस्य बनने लगे थे। राजा साहब कालाकांकर रामपाल सिंह भी इसके सदस्य बन गए थे। यों तो राजा साहब 99 प्रतिशत अंग्रेज बन चुके थे, उनका यदि वश चलता तो अपना कुत्ता भी अंग्रेज ही रखते। उनकी सारी शिक्षा-दीक्षा भी इंग्लैंड में ही हुई थी। न्यूनाधिक भारत के सभी राजा महाराजाओं अथवा नवाबों की यही स्थिति थी। भारतीय और भारतीयता से उनको घृणा होती थी। राजा कालाकांकर में जो एक प्रतिशत भारतीयता बची रही थी, वह उनमें देशप्रेम उत्पन्न कर रही थी और यही कारण था कि वे भी इस 'कांग्रेस' के इसलिए सदस्य बन गए थे कि कदाचित वे इसकी दिशा बदल सकें।

ह्यूम की कांग्रेस का द्वितीय अधिवेशन कलकत्ता में होना निश्चित हुआ। उस समय तक कांग्रेस की देशभर में धूम मच गई थी। कुछ देशभक्त नागरिक भी इसकी ओर आकर्षित होने लगे थे, क्योंकि यह एक प्रकार का नया प्रयोग था। यद्यपि इसके अधिवेशनों के प्रारंभ में इंग्लैंड के राजा अथवा रानी के दीर्घायुष्य की कामना की जाती थी। कलकत्ता अधिवेशन की जोर-शोर से तैयारियां होने लगी। मालवीय जी के गुरु पण्डित आदित्यनाथ भट्टाचार्य भी अधिवेशन में सम्मिलित होने के लिए जब तैयार हुए तो उनके साथ पण्डित मदनमोहन मालवीय भी जाने के लिए तैयार हो गए। यदि देखा जाए तो एक प्रकार से कलकत्ता कांग्रेस का यह अधिवेशन मालवीय जी के जीवन की दिशा बदलने में बहुत बड़ा कारण बन गया। इसे उनके जीवन की अत्यंत महत्त्वपूर्ण घटना माना जाता है। उस अधिवेशन से मालवीय जी की भारत भर में प्रसिद्धि हो गई। उस प्रसिद्धि का कारण था अधिवेशन में दिया गया मालवीय जी का भाषण।

अधिवेशन के सभापति दादाभाई नौरोजी थे। अधिवेशन में जैसा कि होता है, अनेक लोगों के भाषण होते रहे। मालवीय जी भी स्वयं को नहीं रोक सके। जब उन्होंने भाषण देने की इच्छा व्यक्त की तो उनको अनुमति मिल गई। ह्यूम भी उनके व्यक्तित्व से प्रभावित हो गया। कहा जाता है कि जब मालवीय जी

बोलने के लिए मंच पर आए तो सर ह्यूम ने स्वयं उनके लिए स्थान ऊंचा बनवा दिया, जिससे कि पण्डाल में उपस्थित जन-समुदाय उनको भली-भांति सुनने के साथ-साथ देख भी सके।

मालवीय जी ने भाषण दिया और गजब का भाषण दिया। चारों ओर से तालियों और वाह! वाह! की ध्वनि निकलने लगी। स्वयं राजा रामपाल सिंह जिन्होंने हिन्दू समाज की गतिविधि से चिढ़ कर अपने साप्ताहिक पत्र में मालवीय जी को 'उद्धत' उपाधि से विभूषित किया था वे भी उनकी वक्तृता पर मोहित हो गए।

अपने उस एक ही भाषण से अथवा यों कहा जाए कि प्रथम सार्वजनिक भाषण से पण्डित मदनमोहन मालवीय सहसा राष्ट्रीय नेता की पंक्ति में आ गए और वहां से उनके नए जीवन का अध्याय आरंभ हो गया।

उस समय तक मालवीय जी स्कूल के अध्यापक ही थे। किसी प्रकार साठ रुपए मासिक में जीवन यापन हो रहा था।

राजा साहब कालाकांकर जब इंग्लैंड में अपना अध्ययन समाप्त कर वापस भारत आए तो लौटने के कुछ दिन बाद उन्होंने 'हिन्दुस्तान' नामक साप्ताहिक पत्र प्रकाशित करना आरंभ कर दिया था। उस पत्र को वे किसी प्रकार चला रहे थे। अब वे चाहते थे कि पत्र को दैनिक पत्र कर दिया जाए, किन्तु उसके लिए उनको कोई योग्य सम्पादक नहीं मिल पा रहा था, इसलिए उन्हें सम्पादक की तलाश थी। कलकत्ता अधिवेशन में मालवीय जी की विद्वत्तापूर्ण वक्तृता सुनकर वे उनपर मुग्ध हो गए और उन्होंने अपने मन में निश्चय किया कि वे मालवीय जी पर यह भार डालेंगे।

राजा रामपाल सिंह अवसर पाकर मालवीय जी के पास पहुंचे और अपने पत्र को सम्पादकत्व के लिए निवेदन किया। राजा साहब को पता था कि पण्डित जी को साठ रुपया मासिक वेतन मिलता है। उन्होंने मालवीय को दो सौ रुपया मासिक देने का प्रस्ताव दिया। यह बहुत बड़ा प्रलोभन था। मालवीय जी को स्वीकार करते हुए संकोच हो रहा था। उसका कारण यह था कि सुपठित और अंग्रेजी स्कूल में पढ़े होने पर भी मालवीय जी के संस्कार शुद्ध सनातनी संस्कार थे। वे धर्मनिष्ठ ब्राह्मण थे और कठोर वैष्णव जीवन पद्धति में उनका पालन-पोषण हुआ था जो कि राजा रामपाल सिंह के इंग्लैंड में शिक्षित और जमींदारी की जीवन पद्धति से सर्वथा भिन्न ही नहीं अपितु विपरीत भी था।

मालवीय जी यह मानते थे कि सरकारी स्कूल की साधारण अध्यापिकी से पत्रकारिता का जीवन कहीं व्यापक और उच्चस्तर का है। पत्रकार बनने की

उनकी लालसा भी थी। किन्तु राजा कालाकांकर के साथ पटरी बैठने के विषय में उनका मन शंकालु था। उधर राजा साहब का आग्रह भी बढ़ता जा रहा था। अन्त में मालवीय जी ने बहुत सोच-विचार कर राजा साहब को सन्देश भिजवाया कि वे इस शर्त पर हिन्दुस्तान का सम्पादकीय स्वीकार करेंगे जिस समय राजा साहब शराब पिए हुए हों उस समय किसी भी प्रकार के विचार-विमर्श अथवा वार्तालाप के लिए पण्डित जी को अपने पास न बुलवाएं। यदि इस अवस्था में किसी दिन उन्होंने उनको बुलवा लिया तो उसी दिन से वे अपना कार्य छोड़कर वापस अपने घर को चल देंगे।

राजा साहब पर मालवीय जी की मोहिनी छा गई थी। वे किसी भी शर्त पर उन्हें सम्पादक बनाने के लिए उद्यम थे। राजा साहब ने पण्डित जी की शर्त को स्वीकार कर लिया। इस प्रकार जुलाई सन् 1887 में पण्डित मदनमोहन मालवीय ने अपने पद से त्यागपत्र दे दिया और 'हिन्दुस्थान' का सम्पादकीय पद संभाल लिया।

हमने पहले लिखा कि मालवीय जी अपने स्कूल में नैतिक एवं धार्मिक शिक्षा के लिए छटपटा रहे थे और उसके लिए कुछ करना चाहते थे, किन्तु तभी उनको राजा साहब का प्रस्ताव मिला और उन्होंने उसको स्वीकार कर अध्यापक पद से त्यागपत्र दे दिया और स्कूल में धार्मिक शिक्षा का विषय यों ही पड़ा रह गया।

'हिन्दुस्थान' के दैनिक संस्करण का कार्य मालवीय जी देखते थे और रविवासरीय परिशिष्ट का कार्य राजा साहब स्वयं ही देख रहे थे। इस प्रकार सोमवार से शनिवार तक मालवीय जी कालाकांकर में रहते और रविवार को प्रयाग में। कालाकांकर में प्रयाग केवल तीन मील पर था। दैनिक हिन्दुस्थान की सम्पादकीय टिप्पणियों की सर्वत्र चर्चा होने लगी थी। जो भी पढ़ता उसी के हृदय में उसकी बात घर कर जाती। इस प्रकार पाठकों की संख्या निरंतर बढ़ने लगी।

'हिन्दुस्थान' की एक विशेषता यह भी थी कि उसमें शासक और शासित दोनों को समान आदर दिया जाता था। तदपि जनता के विरुद्ध सरकार कोई कार्य करती तो उसकी नीतियों और कार्य प्रणाली की आलोचना में पण्डित जी कभी नहीं चूके। ऐसा माना जाता है कि मालवीय जी सत्यनिष्ट और निष्पक्ष आलोचक थे। सत्य के पक्ष का समर्थन करने में कभी नहीं चूकते थे। उनकी आलोचना का सबसे बड़ा गुण यही था कि उन्होंने कभी किसी व्यक्ति, वर्ग या संस्था के विरुद्ध किसी भी प्रकार के अपशब्द, व्यंग्य या अशिष्ट भाषा का

प्रयोग नहीं किया था। उनके सम्पादकीय लेख शालीनता से परिपूर्ण होते थे, उन्होंने उसका स्तर कभी गिरने नहीं दिया। वे केवल व्यावहारिक और उपयुक्त तथा प्रयोजनीय सुझाव ही दिया करते थे। यही उनकी आलोचना और टिप्पणी की विशेषता थी। न ही उन्होंने पत्र को किसी दल विशेष या सम्प्रदाय विशेष का पोषक बनने दिया था। इस विषय में वे सदा सतर्क रहा करते थे। परिणाम स्वरूप उनके सम्पादकत्व में पत्र ने बहुत प्रगति और उन्नति की।

दैनिक 'हिन्दुस्थान' दो भाषाओं में प्रकाशित होता था-अंग्रेजी और हिन्दी। पण्डित मदनमोहन मालवीय ही दोनों के सम्पादक थे। मालवीय जी का हिन्दी भाषा पर जितना अधिकार था उतना ही अंग्रेजी पर भी था। दोनों भाषाओं की साहित्यकता को उन्होंने पूर्णता प्राप्त कर लिया था। हिन्दी में तो उन्होंने ऐसी सरल शैली का अनुसरण किया था कि कालान्तर में हिन्दी के इतिहासकारों ने उस भाषा को 'मालवीय जी की हिन्दी' नाम से स्मरण किया है।

पत्रकारिता को मालवीय जी ने सदा कला माना। इसके साथ ही उन्होंने भारतीय पत्रकारिता के क्षेत्र में नई परिपाटियों का प्रचलन किया। यद्यपि उस समय देश में बहुत कम पत्र-पत्रिकाएं प्रकाशित होती थीं, फिर भी उनकी संस्था नगण्य भी नहीं थी। जनमानस में चेतना आ गई थी और स्थान-स्थान पर पत्र-पत्रिकाएं निकलनी आरंभ हो गई थीं। मालवीय जी ने हिन्दी प्रैस की स्थापना कर उसे भारतीय जनता की सेवा का माध्यम बनाया। इसके साथ ही वे सदा पत्र की स्वतंत्रता के लिए संघर्ष करते रहे। मालवीय जी ही वह व्यक्ति थे जिन्होंने अखिल भारतीय सम्पादक सम्मेलन की स्थापना का सूत्रपात किया था। अपने पत्रकारिता के जीवन काल में उन्होंने अनेक व्यक्तियों को पत्रकारिता के क्षेत्र में प्रशिक्षित किया था। भाषा एवं लिपि की अशुद्धि उनको सहन नहीं होती थी। यदि पत्र मशीन पर चढ़ा हो और उनको उसमें कहीं अशुद्धि दिखाई दे जाए तो तुरंत उसे उतरवा कर उस अशुद्धि को ठीक करवा कर ही वे पत्र को छपने की अनुमति देते थे।

मालवीय जी मानते थे कि पत्र का उद्देश्य केवल समाचार का प्रसार करना मात्र नहीं है अपितु उसे उचित भावना के अनुरूप शुद्ध तथा सरल एवं सबकी समझ में आने वाली भाषा में प्रसार करना है। उनके मतानुसार पत्र का यह धर्म होना चाहिए कि वह बिना किसी प्रकार के भय और पक्षपात के पाठकों को समुचित रूप से उपदेश प्रदान करें, उन्हें प्रशिक्षित करें और इसके साथ ही उनका पथ-प्रदर्शन भी करें। मालवीय जी जिस पत्र का भी सम्पादन अथवा उसकी व्यवस्था करते। उनकी नीति से न तो वे स्वयं विपथ हो और न उसमें

कार्य करने वाले किसी अन्य व्यक्ति को ही विपथ होने देते।

ढाई वर्षों तक कालाकांकर से निकलने वाला वह हिन्दुस्थान दैनिक पण्डित मदनमोहन मालवीय के सम्पादकत्व में देश की सेवा करता रहा। इससे न केवल मालवीय जी ने लोकप्रियता अर्जित की अपितु स्वयं हिन्दुस्थान देश भर में लोकप्रिय पत्र माना जाने लगा था। ढाई वर्ष बीतते-बीतते एक घटना हो गई। राजा रामपालसिंह को पण्डित जी से किसी महत्त्वपूर्ण विषय पर विचार-विमर्श करना था। वे सामान्यतया मालवीय जी से समय-समय पर परामर्श कर लिया करते थे। किन्तु आज उन्होंने मद्यपान किया हुआ था और वे भूल गए कि मालवीय जी के साथ उनकी शर्त थी कि उस अवस्था में वे कभी मालवीय जी को वार्तालाप आदि के लिए नहीं बुलवाएंगे। मालवीय जी को संदेश मिला तो वे आए और आते ही उन्हें वातावरण में दुर्गन्ध मिली। वे समझ गए कि राजा साहब मद-मस्त हैं।

राजा साहब ने मद्यपान किया हुआ है, यह जानते हुए भी मालवीय जी वहां बैठे, राजा साहब ने जिस विषय पर परामर्श करना था वह किया बातचीत को निपटा कर मालवीय जी वहां से अपने कक्ष में आए और तुरंत अपना त्याग पत्र लिख दिया। किन्तु उस समय तो त्यागपत्र देना उपयुक्त नहीं था, अत: दूसरे दिन उन्होंने अपना त्यागपत्र राजा साहब को देते हुए कहा, "राजा साहब आपकी हमारी एक शर्त थी, वह शर्त कल आपने तोड़ दी है। यह लीजिए मेरा त्याग पत्र। मैं अब यहां से जा रहा हूं।"

राजा साहब को स्मरण हो आया। उन्हें इस आकस्मिक संकट से बड़ा आघात भी लगा। इसलिए उन्होंने मालवीय जी की अनुनय-विनय की। किन्तु मालवीय जी टस-से-मस नहीं हुए। उनका परिवार किस प्रकार पलेगा, इसकी चिन्ता किए बिना उन्होंने कालाकांकर से विदाई ली।

ऐसे दृढ़ निश्चयी थे मालवीय जी। यह सन् 1889 की घटना है।

मालवीय जी कालाकांकर से प्रयाग लौट आए। यह संयोग की ही बात थी कि उन्हीं दिनों पं. अयोध्यानाथ ने अंग्रेजी में 'इंडियन ओपीनियन' पत्र निकालना आरंभ किया था। पण्डित अयोध्यानाथ जी भी निर्भीक पत्रकार थे जितने कि मालवीय जी। पं. अयोध्यानाथ जी को जब मालवीय जी के कालाकांकर छोड़ने और प्रयाग लौटने का समाचार मिला तो वे उनके पास गए और उनके पत्र का सह सम्पादक पद स्वीकार करने का आग्रह किया। मालवीय जी ने स्वीकार कर लिया और उनके इस पत्र में पहुंच जाने से इसकी भी उसी प्रकार प्रसिद्धि होने लगी जैसी कि 'हिन्दुस्थान' की हुई थी।

वकालत

मालवीय जी ने जब कालाकांकर छोड़ा था तो उस समय राजा रामपालसिंह ने उनकी आजीविका को ध्यान में रखते हुए उनको परामर्श दिया था कि वे वकालत पढ़ लें। इसका सारा व्यय वे स्वयं देंगे। उस समय तो मालवीय जी ने तुरंत वकालत पढ़ी नहीं, किन्तु इंडियन ओपीनियन' में रहते हुए उन्होंने इस पर विचार किया और उन्होंने वकालत पढ़नी आरंभ कर दी। दो वर्ष वकालत पढ़ने पर सन् 1891 में वे वकील बन गए। इसी बीच उनके बड़े भाई का आकस्मिक निधन भी हुआ। किन्तु किसी प्रकार मालवीय जी परीक्षा में बैठ ही गए और उत्तीर्ण भी हो गए।

मालवीय जी ने वकालत आरंभ कर दी। पहले तो जिला कोर्ट में ही वकालत करते रहे, वहां जब सफलता के चरम पर पहुंचे तो फिर उच्च न्यायालय में वकालत करना आरंभ कर दी। वहां भी वह उसी प्रकार सफल होते गए जिस प्रकार कि जिला कोर्ट में हुए थे।

सन् 1886 में कलकत्ता कांग्रेस के अधिवेशन में मालवीय जी ने अपनी मधुर और ओजस्विनी वाणी से जिस प्रकार लोगों को चमत्कृत किया था उसको लोग भूले नहीं थे। अब उनको वकालत में चमत्कार करते देख उनके अनेक मित्रों और शुभचिन्तकों ने उनको परामर्श दिया कि वे वकालत के साथ-साथ राजनीतिक कार्यों में भी कुछ अधिक समय लगाएं तो यह देश और उनके स्वयं के लिए भी लाभदायक होगा। राजा साहब कालाकांकर भी उनको इसी प्रकार का परामर्श समय-समय पर देते रहते थे। उनको प्रारंभ से ही यह विश्वास था कि मालवीय जी में राजनेता के सभी गुण विद्यमान हैं।

जब मालवीय जी वकालत पढ़ रहे थे उस समय उन्होंने 'कांस्टिटयूशनल लॉ' पर एक ऐसी व्याख्या लिखी कि वह सर्वत्र चर्चा का विषय बन गई। उस व्याख्या में वे जो सूत्र तैयार किए थे वे इतने विस्तृत और प्रामाणिक थे कि लोगों को यह विश्वास हो गया कि विषय पर अधिकार करने, जटिल समस्या का विश्लेषण करने तथा उसकी व्याख्या करने की मालवीय जी की शैली बहुत ही अनुपम और उत्तम है। वह व्याख्या पढ़ने वालों को तभी विश्वास हो गया था कि मालवीय जी निश्चय ही सफल वकील सिद्ध होंगे।

वकील को अनेक प्रकार के जोड़-तोड़ तथा झूठ और सच का आश्रय लेना पड़ता है इसलिए यह पेशा आरंभ से ही बदनाम पेशा माना जाता है। जब मालवीय जी ने वकालत आंरभी की तो लोगों ने दांतों तले अंगुली दबा ली। 'मालवीय जी और वकालत?' किन्तु लोगों का तुरंत ही एक बार फिर दांतों तले अंगुली दबानी पड़ी जब उनको पता चला कि मालवीय जी कोई झूठा मुकदमा नहीं लेते। वादी-प्रतिवादी के पक्ष पर भली-भांति विचार करके जो सत्य का पक्ष होता था वे उसकी ही पैरवी करते थे, असत्य पक्ष वाले का मुकदमा लड़ना वे अस्वीकार कर देते थे, चाहे वह कितनी फीस क्यों न दे रहा हो।

यह भी उनकी वकालत चमकाने का एक बहुत बड़ा कारण बन गया था। मालवीय जी अब बहुत व्यस्त रहने लगे थे। यहां तक कि अपने दैनिक कार्यों के लिए समय नहीं मिलता था। वकालत से खूब पैसा मिल रहा था। किन्तु फिर भी मालवीय जी में किसी प्रकार का लोभ-लालच नहीं था। वे दीन-हीनों तथा मित्र परिचितों के मामले बिना फीस लिए ही कर दिया करते थे। अपने व्यावसायिक कर्तव्य के प्रति वे बहुत ही निष्ठावान थे।

वकालत करते हुए मालवीय जी का संबंध कांग्रेस से जुड़ा रहा और उसके साथ ही सर ह्यूम से भी। किसी चुगलखोर ने सर ह्यूम के कान में कहा, 'मालवीय जी वकालत में इतने रम गए हैं कि देश सेवा अथवा कांग्रेस के लिए अब उनके पास समय ही नहीं बचा है।' उसका उत्तर देते हुए सर ह्यूम ने कहा वे ठीक कर रहे हैं, उन्हें अपना सारा समय और शक्ति अपने व्यवसाय की सिद्धि में ही लगाना चाहिए।' उन्होंने मालवीय जी से भी कहा था, 'मालवीय जी। ईश्वर ने आपको तीव्र बुद्धि प्रदान की है। यदि आप इस व्यवसाय में दस वर्ष तक निष्ठापूर्वक काम करते रहे तो आप अपने सब सहयोगियों को परास्त कर देंगे और तब तक आप जो आदर एवं यश अर्जित कर चुके होंगे उसके फलस्वरूप आप अपने देश और देशवासियों की सेवा के लिए अधिक समर्थ और योग्य बन जाएंगे। मैं यही परामर्श आपको दे सकता हूं।

तेज बहादुर सप्रू जो कालान्तर में 'सर' की उपाधि से विभूषित किए गए थे और देश के श्रेष्ठतम वकीलों में जिनकी गणना होने लगी थी, मालवीय जी से छोटे थे और कानपुर में वकालत करते थे। मालवीय जी ने उनमें प्रतिभा को परखा तो उनको इलाहाबाद उच्च न्यायालय में आकर वकालत करने का परामर्श दिया। सप्रू उनके परामर्श पर इलाहाबाद आ गए और यहां उनकी वकालत भी चमकने लगी। उन्हीं सप्रू ने मालवीय जी की वकालत के विषय में एक स्थान पर लिखा है-'वकालत आरंभ करने के थोड़े ही वर्षों में दीवानी

पक्ष में मालवीय जी की वकालत बहुत अच्छी चमक उठी थी। तब वे इलाहाबाद के चोटी के चार वकीलों में गिने जाने लगे। अन्य तीन थे-पण्डित सुन्दरलाल, पण्डित मोतीलाल नेहरू और श्री चौधरी। न केवल इतना अपितु एक के बाद एक मुख्य न्यायाधीश जौन स्टेनली, हेनरी रिचर्ड आदि उनकी योग्यता के कारण ही नहीं अपितु उनके निष्कलंक चरित्र के कारण भी उनका बड़ा सम्मान करते थे। थोड़े दिनों की वकालत में ही उन्होंने इतना धन अर्जित किया कि इलाहाबाद में अपने पुरखों के घर ठीक कराने के अतिरिक्त, उसके समीप ही एक घर और खरीद लिया तथा दो नए घर भी बनवा लिए।

'सफल वकील होने के तीन मुख्य गुण होते हैं-मुकद्दमे की पक्की तैयारी, प्रभावशाली वाणी, और अपने मुकदमे को ऐसे ढंग से प्रस्तुत करने की कला कि सुनने वाले को उनकी बात माननी ही पड़ जाए। मालवीय जी पुराने निर्णयों के उद्धरण तथा वैधानिक एवं तथ्यात्मक पक्ष को एक ऐसी उत्तम और प्रामाणिक रीति से प्रस्तुत करते थे कि उनके विरोधी वकीलों के लिए उनका उत्तर देना नितान्त कठिन हो जाता था। उन तथ्यों का वे किसी प्रकार खण्डन कर ही नहीं पाते थे।'

वकालत करना मालवीय जी का लक्ष्य नहीं था। उन्होंने वकालत इसलिए आरंभ की कि किसी प्रकार आजीविका चलती रहे। उनकी प्रतिभा की प्रखरता से वह ऐसी चमकी कि किसी को भी उस पर गर्व होना स्वाभाविक है। किन्तु मालवीय जी को तो इसका तनिक भी गर्व नहीं रहा। वे जैसे पहले थे वैसे ही तब भी रहे। मालवीय जी महत्त्वाकांक्षी व्यक्ति थे, किन्तु स्वार्थी नहीं। उनकी आकांक्षाएं देश और समाज के उद्धार की आकांक्षाएं थीं। उन आकांक्षाओं में बहुत बड़ी आकांक्षा थी यथार्थ भारतीय विश्वविद्यालय की स्थापना करना। अर्थात जिस विश्वविद्यालय में भारतीयता को प्रमुख माना जाए। समय-समय पर वे अपने घर में अपने पिता आदि से इसकी चर्चा करते रहते थे। तब एक बार उनके पिता ने उनसे कहा था, मैं तुम्हारी इस भावना का सम्मान करता हूं। किन्तु विश्वविद्यालय की स्थापना में लगने पर तुम्हें अपनी इस चमकती हुई वकालत को छोड़ना पड़ेगा। तुममें इसकी सिद्धता होनी चाहिए, तभी यह काम हाथ में लेना।

पिताश्री का परामर्श मालवीय जी को जच गया। उन्होंने विश्वविद्यालय की स्थापना का संकल्प लिया और वकालत को तिलाजंलि दे दी।

जिसने भी यह सुना वही स्तब्ध रह गया। उस समय उच्च न्यायालय के एक न्यायाधीश ने उनके इस निश्चय पर टिप्पणी करते हुए कहा था, "गेंद

मालवीय जी के पैरों के सामने पड़ी थी, किन्तु उन्होंने उसे ठोकर लगाना अस्वीकार कर दिया।" न्यायाधीश के कथन का अभिप्राय था कि मालवीय जी अपनी चलती-चमकती हुई वकालत को छोड़कर अथवा लात मारकर चल दिए। सम्पत्ति उनके चरणों में दासी बन रही थी, किन्तु मालवीय जी ने उसका मोह त्याग दिया।

श्री गोपालकृष्ण गोखले उन दिनों कांग्रेस मंच पर उभरते हुए नेता थे। कुछ लोग उनको महान त्यागी-तपस्वी कह कर उनकी प्रशंसा किया करते थे। इसी प्रकार जब एक दिन उनके प्रशंसक उनके त्याग की प्रशंसा कर रहे थे तो उस समय उन्होंने कहा था-'तुम लोग मुझको महात्यागी किस प्रकार कहते हो? मैंने कौन-सा ऐसा त्याग किया है जिसकी कि इतनी प्रशंसा की जाए? मैं निर्धन परिवार में उत्पन्न हुआ और फिर किसी प्रकार अध्यापक बन गया। राजनीति में प्रविष्ट हुआ तो यहां तक पहुंच पाया। मैं पहले जैसा निर्धन था आज तक भी वैसा ही निर्धन हूं, मेरे पास त्यागने के लिए है ही क्या? त्याग तो वास्तव में मालवीय जी महाराज का है। वे निर्धन परिवार में उत्पन्न हुए और उन्नति करते-करते प्रसिद्ध वकील बन गए और सहस्त्रों रुपया मासिक की आस करने लगे। उन्होंने वैभव का भरपूर स्वाद चखा और जब मातृभूमि की सेवा की पुकार उठी तो उन्होंने वह सब कुछ त्याग कर पुन: निर्धनता स्वीकार कर ली। वास्तव में इसे कहते हैं त्याग। त्याग तो उनका है मेरा नहीं।'

मालवीय जी ने वकालत छोड़ दी और विश्वविद्यालय की स्थापना तथा देश सेवा के अन्य कार्यों में अपना जीवन लगा दिया। कुछ वर्षों बाद अर्थात 5 फरवरी 1922 को देश में एक महान घटना हो गई। कुछ देशभक्तों ने सरकार के कारनामों से उत्तेजित होकर गोरखपुर जिले में चौरीचौरा पुलिस थाने को आग लगा दी। इस घटना में उस थाने में 21 पुलिस सिपाही जीवित ही अग्नि में भस्म हो गए। फलत: उस काण्ड में उस क्षेत्र के दो सौ पच्चीस लोगों को बन्दी बनाकर उन पर अभियोग चलाया गया।

यह देश का दुर्भाग्य था कि कोई भी वकील उन अभियुक्तों की ठीक से पैरवी नहीं कर सका। फलत: गोरखपुर के सत्र न्यायाधीश ने पुलिस की जांच और अन्यान्य तथ्यों के आधार पर दो सौ पच्चीस लोगों में से एक सौ सत्तर लोगों को फांसी का दण्ड दे दिया। सत्र न्यायाधीश के निर्णय के विरुद्ध प्रयाग उच्च न्यायालय में इसकी अपील की गई। कांग्रेस की ओर से पण्डित मोतीलाल नेहरू को कहा गया कि वे इस अभियोग में दण्डितों की ओर से बहस करें। पण्डित नेहरू ने कागजात देखे और फिर कहा, 'इस अपील में उच्च न्यायालय

से यदि कोई भी लाभ इन दण्डितों को दिला सकता है तो वह एकमात्र व्यक्ति पण्डित मदनमोहन मालवीय ही हो सकते हैं अन्य कोई नहीं।'

फलतः पण्डित मालवीय जी से प्रार्थना की गई और उन्होंने उस प्रार्थना को स्वीकार कर वर्षों बाद पुनः एक बार वकील का चोगा पहना और चौरीचौरा काण्ड में दण्डित अभियुक्तों की ओर से उच्च न्यायालय में बहस की। उस बहस का सुफल यह हुआ कि एक सौ सत्तर में से एक सौ पचास लोगों की फांसी का दण्ड रद्द कर दिया गया। यह बहस उन्होंने मानवता के नाते और देशहित में बिना पारिश्रमिक लिए की थी।

वकालत और न्यायालयों के इतिहास में एक अद्वितीय घटना जो इस अपील की अवधि में घटित हुई, वह यह थी कि बहस के मध्य मालवीय जी की वक्तृता और तर्क शक्ति से प्रभावित होकर उच्च न्यायालय के न्यायमूर्ति तीन बार बीच-बीच में उठकर मालवीय जी के प्रति श्रद्धा व्यक्त करते रहे थे।

बहस समाप्त हुई। निर्णायकों ने अपना निर्णय दिया और अन्त में मुख्य न्यायाधीश ने पुनः उठकर मालवीय जी को सम्बोधित करते हुए कहा-

"जिस विस्मयकारक योग्यता से आपने इस मुकद्दमें में बहस की है उसके लिए ये सभी अभियुक्त और इनके परिवार सदा आपके कृतज्ञ रहेंगे। मैं अपनी ओर से और अपने सहयोगी न्यायमूर्ति पिगट की ओर से भी इस सुन्दर रीति से इस मुकदमे की बहस पर आपको बधाई देता हूं। आपके अतिरिक्त कोई भी अन्य व्यक्ति इस मुकद्दमे को इतने अच्छे ढंग से प्रस्तुत नहीं कर सकता था।"

वकालत के व्यवसाय में यह अन्यत्तम घटना थी। सम्भवतया न्यायालय के मध्य में न्यायाधीश द्वारा इस प्रकार की प्रशंसा आज तक किसी अन्य वकील की नहीं हुई होगी। यह कीर्ति तथा सम्मान पण्डित मदनमोहन मालवीय जी को ही प्राप्त रहे हैं।

अभ्युदय

जीवन में कुछ करने की आकांक्षा लिए पंडित मदनमोहन मालवीय ने नौकरी छोड़कर स्वतंत्र व्यवसाय के रूप में वकालत की और उसमें यथेष्ट धन के साथ-साथ कीर्ति भी अर्जित की। और जब वे जीवन में सुस्थिर हो गए तो विश्वविद्यालय स्थापना की अपनी महत्त्वाकांक्षा को कार्यरूप देने के लिए उन्होंने कीर्ति के चरमशिखर पर पहुंची हुई अपनी वकालत को त्याग कर भिक्षा पात्र हाथ में लिया और विश्वविद्यालय की स्थापना में एकरूप हो गए।

विश्वविद्यालय की भावना को प्रचारित करने के लिए मालवीय जी ने एक हिन्दी साप्ताहिक पत्र प्रकाशित करने का विचार किया और सन् 1907 की वसन्त पंचमी को अपने हितैषियों के साथ कुछ विचार-विमर्श किया तथा उसी पूर्णिमा को 'अभ्युदय' साप्ताहिक पत्र प्रारंभ कर दिया। दो वर्ष तक मालवीय जी स्वयं इसका सम्पादन करते रहे। किन्तु उसके उपरांत जब मालवीय जी को अनुभव हुआ कि वे न तो पत्र को पूरा समय दे पा रहे हैं और न ही विश्वविद्यालय के कार्य को, तो उन्होंने 'अभ्युदय' के सम्पादन का भार पुरुषोत्तमदास टण्डन के कंधों पर डाल दिया। कुछ दिनों तक टण्डन जी इसका सम्पादन करते रहे और फिर सत्यानन्द जोशी ने किया और अन्त में सन् 1910 में कृष्णकान्त मालवीय ने इसका सम्पादन अपने हाथ में लिया। बीच-बीच में पं. गणेशशंकर विद्यार्थी और पं. वेंकटेश्वर नारायण तिवारी का भी सहयोग इनको प्राप्त होता रहा।

विचारों में स्पष्टता और निर्भीकता के कारण 'अभ्युदय' को अनेक बार ब्रिटिश सरकार का कोपभाजन भी बनना पड़ा। जिसमें अर्थ दण्ड तथा कई मास तक प्रकाशन स्थगित रखना आदि-आदि सम्मिलित हैं। इस प्रकार सन् 1915 तक यह पत्र साप्ताहिक के रूप में प्रकाशित होता रहा और फिर इसको दैनिक के रूप में परिणत कर दिया गया। किन्तु इसकी गति में स्थिरता नहीं आ पाई। कभी साप्ताहिक और कभी दैनिक रूप में यह प्रकाशित होता रहा।

समय-समय पर सरकार की ओर से 'अभ्युदय' पर जो प्रहार होते रहे उन सबके परिप्रेक्ष्य में मालवीय जी के मन में एक विचार उठा और प्रैस की स्वतंत्रता की रक्षा के लिए सम्मिलित प्रयास करने के विचार से उन्होंने अखिल

भारतीय सम्पादक सम्मेलन की स्थापना का निश्चय किया। इस विचार को कार्यान्वित करने के लिए उन्होंने अथक प्रयास किया और सम्मेलन स्थापित होने पर सन् 1908 के अप्रैल मास में राजा रामपालसिंह की अध्यक्षता में इसका प्रथम अधिवेशन प्रयाग में सम्पन्न हुआ। मालवीय जी उसके स्वागताध्यक्ष थे। अपने स्वागताध्यक्षीय भाषण में मालवीय जी ने कहा था, "ब्रिटिश सरकार अपनी दमन-नीतियों को अधिक प्रभावकारी बनाने के लिए प्रैस एक्ट और न्यूज़पेपर एक्ट जैसे विधान बना रही है। इससे हमारे देश के पत्रों की स्वतंत्रता पूर्णतया समाप्त हो जाएगी। यदि संपूर्ण भारत के सम्पादक और पत्रकार वीरतापूर्वक इस घातक वृत्ति का विरोध नहीं करेंगे तो भारतीय पत्रों का भविष्य संकट में पड़ जाएगा।"

पण्डित अयोध्यानाथ ने 'इंडियन ओपीनियन' के अतिरिक्त एक अन्य अंग्रेजी पत्र निकाला था 'इडियन हैराल्ड' किन्तु किन्हीं कारणों से वे उसको स्थायी नहीं बना सके और फिर शीघ्र ही उनका देहावसान भी हो गया। उधर लॉर्ड कर्जन की भारत विरोधी नीति के कारण देशवासियों में भयंकर क्रांति की ज्वाला भड़कने लगी थी। कर्जन ने बंग-भंग तो कर ही दिया था तथा वह ऐसा ही कुछ और भी करने की योजना बना रहा था। उसके विरोध में सारा भारत मानों ब्रिटिश सरकार को उखाड़ फेंकना चाहता हो, इस प्रकार की भावना प्रबल होती जा रही थी। इस स्थिति में भारतीयों में देशभक्ति की प्रबल भावना को भरने के लिए हिन्दी के साथ अंग्रेजी पत्र की भी नितांत आवश्यकता अनुभव की जा रही थी।

इस आवश्यकता का अनुभव करते हुए उसी वर्ष मालवीय जी के प्रयास से 24 अक्टूबर को विजय दशमी के शुभ अवसर पर इलाहाबाद से दैनिक 'लीडर' का प्रकाशन आरंभ हुआ। 'लीडर' के साथ अपने संबंधों की चर्चा करते हुए कालांतर में मालवीय जी ने अपने एक भाषण में कहा था-

"स्वर्गीय पण्डित अयोध्यानाथ जी ने 'इंडियन हैराल्ड' पत्र के प्रकाशन में बहुत व्यय कर दिया था। तीन वर्ष निरन्तर चलकर अन्त में धनाभाव के कारण पत्र बन्द करना पड़ा। यह भी एक कारण था कि जिससे 'लीडर' प्रारंभ करना पड़ा। मैंने तो निश्चय किया था कि मैं वकालत और सार्वजनिक सेवा कार्य छोड़कर काशी हिन्दू विश्वविद्यालय के लिए अपना सारा समय लगाऊंगा। उस समय मैंने विचार किया था कि यदि मैं जनता की भावना को अभिव्यक्त करने वाले किसी उपर्युक्त दैनिक पत्र की स्थापना करने से पूर्व ही सार्वजनिक सुवा कार्य छोड़ता हूं तो अपने प्रांत के प्रति मैं अपने कर्तव्य से विमुख हो जाऊंगा।"

"मैंने इस विषय में अपने सहयोगियों, अपने मित्रों और साथियों से बातचीत की तो वे तत्परतापूर्वक इसमें धन लगाने के लिए उद्यत हो गए। प्रारंभ में हम लोगों ने इस कार्य के लिए 24 हजार रुपए एकत्रित किए थे। सुविधापूर्वक दैनिक पत्र चलाने के लिए यह राशि पर्याप्त नहीं थी किन्तु मुझे अपने मित्रों के आश्वासन पर पूर्ण विश्वास था और मेरा विश्वास फलदायी सिद्ध हुआ।

"आप लोगों को स्मरण होगा कि हमारे मित्र मोतीलाल जी ने अपने विचार और मत का प्रचार करने के लिए असहयोग आंदोलन के दिनों में 'इण्डिपेंडैंस' नामक पत्र चलाया था। इसके विचार 'लीडर' के विचारों से मिलते नहीं थे। उस पत्र में ढाई लाख रुपए का घाटा हुआ था, जिसमें से एक लाख पण्डित मोतीलाल जी ने और पचास श्री जयकर जी ने दिए थे। सरकार ने भी यह स्वीकार किया है कि 'लीडर' ने सदा सत्य पक्ष का ही समर्थन किया और वह किसी प्रकार के पक्षपात या आग्रह से प्रभावित नहीं रहा। बहुत से मित्र इसके भविष्य के संबंध में संदेह करते थे। यहां तक कि 'पायनियर' ने तो यह कह दिया था-"लीडर इतना भला है कि थोड़े दिनों में वह समाप्त हो जाएगा।" किन्तु इन सब कठिनाइयों के होते हुए भी 'लीडर' सब विपत्तियां झेलता रहा और बड़े सम्मान तथा विश्वास के साथ जनता की सेवा करता रहा है।"

'लीडर' को चलते हुए डेढ़ वर्ष हो गया था। अब उसमें घाटा होने लगा था। ऐसी स्थिति में संचालकों ने यही उचित समझा कि इसको बन्द कर दिया जाए। उन दिनों मालवीय जी काशी हिन्दू विश्वविद्यालय के लिए धन एकत्रित करने में लगे हुए थे। संचालकों ने फिर भी यह उपयुक्त समझा कि कम-से-कम मालवीय जी को इस स्थिति से अवगत तो करा ही देना चाहिए। मालवीय जी ने जब संकटापन्न स्थिति के विषय में सुना और यह भी सुना कि उसे बन्द करने का विचार किया जा रहा है तो उनके मुख से सहसा निकल पड़ा, "मैं लीडर को मरने नहीं दूंगा।" उन्होंने तुरंत उसकी सहायता की व्यवस्था की। वे अपनी पत्नी के पास पहुंच कर बोले, "देखो, चार पुत्रों के अतिरिक्त यह 'लीडर' तुम्हारा पांचवा पुत्र है। अर्थाभाव के कारण यह मृत्यु के मुख में जा रहा है। पिता होने के नाते क्या मैं इसे मरता हुआ देख सकता हूं?" पति के ऐसे वचन सुनकर उनकी पत्नी रो पड़ीं। उन्होंने अपने सब आभूषण निकाले और उनको बेच कर जो पैंतीस सौ रुपया मिला वह उन्होंने मालवीय जी के हाथ में दे दिया।

इसके अतिरिक्त मालवीय जी अपने अन्य मित्रों के पास भी सहायता के

लिए गए और उनसे कहा-

मर जाऊं मांगू नहीं, अपने तन के काज।
परमारथ के कारनै, मोहि न आवे लाज।।

मालवीय जी की इस सामाजिक सहायता ने मरते हुए 'लीडर' को बचा लिया और तब से वह अपने पैरों पर खड़ा हो गया। सन् 1925 में तो लीडर का अपना भवन भी बन गया था, विदेशों से नए-नए मुद्रण यंत्र और अन्यान्य उपकरण आ गए। उसके साथ ही उसी प्रैस से हिन्दी दैनिक 'भारत' भी निकलने लगा।

'लीडर' का प्रकाशन 'न्यूज़पेपर्स लिमिटेड' नाम्नी संस्था करती थी जिसके प्रथम अध्यक्ष पण्डित मोतीलाल नेहरू रहे। तदनन्तर दस वर्ष तक पण्डित मदनमोहन मालवीय इसके अध्यक्ष रहे और फिर बाद में सर तेजबहादुर सप्रू और सच्चिदानन्द सिन्हा इसके अध्यक्ष पद को सुशोभित कर रहे थे। पत्र के सम्पादक मण्डल में श्री सी.वाई. चिन्तामणि तथा श्री नगेन्द्रनाथ गुप्तस दृश विख्यात पत्रकार सम्मिलित थे।

'लीडर' की स्थापना के एक वर्ष बाद मालवीय जी ने हिन्दी भाषी जनता के लिए 'मर्यादा' नामक एक पत्र निकाला था। 'मर्यादा' में तत्कालीन राजनीतिक, सामाजिक और साहित्यिक गतिविधियों की चर्चा होती थी।

उन्हीं दिनों कुछ लोगों के प्रयत्न से दिल्ली से अंग्रेजी दैनिक 'हिन्दुस्तान टाइम्स' का प्रकाशन होने लगा। किन्तु इसकी व्यवस्था भी गड़बड़ाने लगी। तब सन् 1924 में मालवीय जी ने इसको भी अपने हाथ में लिया और उसको सुव्यवस्थित कर चलाया। मालवीय जी उसकी प्रबंध समिति के अध्यक्ष रहे। कालान्तर में इसका सहयोगी हिन्दी दैनिक 'हिन्दुस्तान' भी प्रकाशित होने लगा। वर्षों बाद इन दोनों पत्रों को बिड़ला बन्धुओं ने क्रय कर लिया और तब से वे निरन्तर प्रकाशित हो रहे हैं।

सन् 1899 में बिहार के श्री सच्चिदानन्द सिन्हा ने 'इंडियन रिव्यू नामक एक पत्र आरंभ किया था। इस पत्र के प्रकाशन में भी मालवीय जी ने भरपूर सहयोग दिया था। और जब सन् 1903 में उन्होंने अपना दूसरा पत्र 'इंडियन पीपुल' आरंभ किया तो तब भी मालवीय जी ने उनकी सहायता की थी। यह भी उल्लेखनीय है कि श्री सी.वाई. चिन्तामणि को पहले सच्चिदानन्द बाबू ने ही अपने पत्र इंडियन पीपुल के लिए प्रयाग बुलाया था, किन्तु कालान्तर में वे 'लीडर' में चले गए थे। इस प्रकार मालवीय जी न केवल स्वयं पत्र प्रकाशित करते रहे अपितु अपने विचारों के अन्य पत्रों के संचालकों को भी यथाशक्ति

सहायता और सहयोग करते रहे थे।

सन् 1909 में प्रयाग से 'स्वराज्य' नामक एक उर्दू पत्र प्रकाशित होने लगा। किन्तु दस मास की अवधि में ही उसके आठ सम्पादकों को राजद्रोह के अपराध में सरकार ने दण्डित कर दिया था। उस समय भी मालवीय जी ने ही उनकी आर्थिक सहायता की और पुरुषोत्तमदास टण्डन को उसकी वकालत करने के लिए कहा। इसके साथ ही वे जेल में पड़े हुए 'स्वराज्य' के सम्पादकों के परिवारों का पोषण भी करते रहे।

मालवीय जी के अनेक मित्रों को उर्दू पत्र और उसके सम्पादकों के प्रति उनकी यह सहानुभूति अच्छी नहीं लगी। किन्तु उनको समझाते हुए मालवीय जी ने उनसे कहा था, 'मैंने जो कुछ किया है वह भारत में प्रैस की स्वतंत्रता को दृढ़ करने के लिए ही किया है। यदि मैं ऐसा न करता तो फिर मैं विचार स्वातंत्र्य समाप्त करने के दोष का भागी बन जाता। और फिर इन युवकों की सहायता करना तो मेरा पैतृक कर्म था। क्या कोई पिता अपने पुत्रों को केवल मतभेद के कारण छोड़ देता है? ये तो मेरे देशभक्त पुत्र हैं। मैं द्रोणाचार्य के समान अभिमन्यु की हत्या का दोषी बनकर पाप का भागी नहीं बनना चाहता।

मालवीय जी नितान्त धर्मपरायण व्यक्ति थे। हिन्दू संस्कृति के तो वे साक्षात मूर्तिमान उदाहरण स्वरूप थे। हम पहले भी बता चुके हैं कि जब वे अध्यापन कार्य करते थे तब भी छात्रों के लिए धार्मिक शिक्षा के अभाव से वे बड़े क्षुब्ध रहा करते थे। अब जब उनको सामर्थ्य और अवसर मिला तो उन्होंने इस ओर ध्यान देना आवश्यक समझा। अपने धार्मिक विचारों को चाला देने और देशवासियों को नैतिकता की शिक्षा देने के लिए उन्होंने 20 जुलाई सन् 1933 को गुरुपूर्णिमा के उत्तम दिन काशी हिन्दू विश्वविद्यालय से साप्ताहिक 'सनातनधर्म' का प्रकाशन प्रारंभ किया। पण्डित गणेशदत्त आचार्य इसके प्रबंधक बने और श्री भुवनेश्वर प्रसाद मित्र इसके सम्पादक।

श्री भुवनेश्वरप्रसाद मिश्र केवल छः मास तक ही इसके सम्पादक रहे। कालान्तर में पण्डित सीताराम चतुर्वेदी इसके सम्पादक नियुक्त हुए और उन्होंने सात वर्ष तक इसका सम्पादन किया। 'सनातनधर्म' में केवल धार्मिकता का ही प्रचार-प्रसार नहीं होता था अपितु इसमें दर्शन, साहित्य के साथ-साथ विज्ञान, कला, राजनीति, इतिहास अर्थशास्त्र और समाजशास्त्र आदि विषयों पर गंभीर लेख प्रकाशित किए जाते थे।

'अभ्युदय' से आरंभ कर 'सनातनधर्म' तक की इस शृंखला में समय-समय पर अनेक उतार-चढ़ाव मालवीय जी को देखने पड़े। सरकारी कोप के भाजन

लोगों की सहायता भी उनको करनी पड़ी, स्वयं संकट झेले, अपनी पत्नी के आभूषणों तक को बिकवा डाला, किन्तु मालवीय जी अपने मिशन पर अडिग रहते हुए आगे बढ़ते ही रहे।

सार्वजनिक जीवन

हम बता चुके हैं कि अपने अध्यापन काल में ही मालवीय जी ने कलकत्ता कांग्रेस में अपनी वक्तृता द्वारा जन-समुदाय को मुग्ध कर लिया था। कांग्रेस का तृतीय अधिवेशन सन् 1888 में मद्रास में होने वाला था। बहुत दूर और व्यय-साध्य भी होने के कारण उत्तर भारत से उसमें बहुत कम प्रतिनिधि सम्मिलित हुए। मालवीय जी को जब विदित हुआ कि युक्त प्रान्त से वहां कोई नहीं जा रहा है तो उन्होंने स्वयं जाने का निश्चिय किया। मालवीय जी को अधिवेशन में उपस्थित देख सर ह्यूम को बड़ी प्रसन्नता हुई और उसने उनको युक्तप्रान्तीय एसोसिएशन तथा स्थायी कांग्रेस कमेटी का मंत्री नियुक्त कर दिया। सन् 1888 से 1892 तक मालवीय जी ने कांगेस के लिए जीतोड़ परिश्रम किया और सन् 1862 में वे प्रयाग में इसका अधिवेशन बुलाने में सफल हो गए। उसके बाद होने वाले सभी कांग्रेस अधिवेशनों में मालवीय जी की गूंज सुनाई देती रही।

सन् 1905 में गोपालकृष्ण गोखले के सभापतित्व में काशी में कांग्रेस का अधिवेशन हुआ। इस अधिवेशन में अनेक प्रस्ताव पारित किए गए। तब तक ईस्ट इंडिया कंपनी और अंग्रेजों का दमन आरंभ ही नहीं अपितु अपने चरम पर पहुंचने लगा था। इस अधिवेशन में विदेशी माल के बहिष्कार पर अधिक बल दिया गया। तदपि इसको कांग्रेस के विस्तृत कार्यक्रम में नहीं लिया गया। इसके बाद कलकत्ता अधिवेशन के लिए लोकमान्य तिलक का नाम प्रस्तावित हुआ किन्तु अंग्रेजों की सांठ-गांठ से उनके स्थान पर दादाभाई नौरोजी को अधिवेशन का सभापति नियुक्त किया गया, क्योंकि तिलक महाराज उग्रवादी विचारों के थे और कांग्रेस अधिवेशनों में तब तक भी सम्राट के दीर्घ जीवन की शुभकामना व्यक्त की जाती थी। यही कारण था कि पहले गोखले और बाद में गांधी जैसे ब्रिटिश समर्थकों का वर्चस्व कांग्रेस में रहा। यहां तक कि स्वतंत्रता के उपरांत भी भारत को राष्ट्रमण्डल बनाने में गांधी और नेहरू की मुख्य भूमिका रही।

जैसा कि हम आरंभ से ही कहते आए हैं कि कांग्रेस की स्थापना ह्यूम ने की थी। इसका प्रकट उद्देश्य भले ही भारतीयों में जागृति लाने का दिखाई देता

तो आन्तरिक उद्देश्य भारतीय जनमानस को अंग्रेजों का दास बनाना ही था और आज तक वह इसी कार्य में संलग्न है। आज उसको सत्ता का दास बनाया जा रहा हैं यदि कलकत्ता अधिवेशन के लिए लोकमान्य तिलक का नाम स्वीकार कर लिया जाता और वे कांग्रेस के अध्यक्ष बन जाते तो कदाचित देश में क्रान्ति हो जाती। अंग्रेजों को और उनके कांग्रेसी पिट्ठुओं को यह स्वीकार नहीं था अत: समझौता किया गया और दादाभाई नौरोजी को अध्यक्ष बना दिया गया।

कलकत्ता अधिवेशन में यह स्वीकार किया गया कि कांग्रेस का ध्येय ग्रेट ब्रिटेन के उपनिवेशों तथा आयरलैंड सरीखा स्वतंत्र शासन अर्थात स्वराज पाना है। सन् 1907 का कांग्रेस अधिवेशन डा. रासबिहारी बोस के सभापतित्व में सूरत में हुआ। सूरत में गोखले का जोर था, परिणामस्वरूप अधिवेशन नरम और गरम दल के सदस्यों में मार-पीट तक की नौबत आ गई। और तब से नरम तथा गरम दल प्रकट रूप में अस्तित्व में आ गए। गोखले नरम दल का नेतृत्व करते थे और तिलक गरम दल का। उसी समय कांग्रेस की नियमावली बनाई गई और उसमें डोमिनियन स्टेटस अर्थात् औपनिवेशक स्वतंत्रता को अपना लक्ष्य निर्धारित किया। किन्तु मालवीय जी न तो गरम दल में थे और न नरम दल में। उन दिनों वे कौंसिल के सदस्य बन गए थे। इस प्रकार सरकार में रहते हुए तथा सरकार से बाहर जनमंच से देश की सेवा में सलंग्न रहे। काशी विश्वविद्यालय अपना कार्य कर रहा था।

बंगाल के विख्यात नेता विपिनचन्द्र पाल देशभर में घूम-घूमकर भारतीयों में राष्ट्रीयता का प्रचार कर रहे थे। स्वदेशी आंदोलन ने जोर पकड़ लिया था। सरकार का दमन चक्र उनसे भी तेज होने लगा। सरकार ने बंगाल के नौ नेताओं समेत लाला लाजपत राय और सरदार अजीतसिंह को देश से निष्कासित करने की आज्ञा प्रसारित कर दी। इससे भारतीय जनता भड़क गई और बंगाल में क्रान्ति का सूत्रपात हो गया। वहां नित्य ही कितने ही अंग्रेजों को मौत के घाट उतारा जाने लगा। 30 अप्रैल 1908 को बिहार के गवर्नर पर बम फेंकने के अभियोग में बंगाल का एक 18 वर्षीय युवक बन्दी बना लिया गया। यह गवर्नर का सौभाग्य था कि वह तो बच गया किन्तु कुछ अन्य अंग्रेज स्त्री-पुरुष मौत के मुख में चले गए।

इसी प्रकार लन्दन में भी भारतीय विद्यार्थियों ने धांय-धांय और ठांय-ठांय मचा रखी थी। इस स्थिति में सन् 1909 में लाहौर कांग्रेस अधिवेशन के लिए सर फिरोजशाह मेहता को सभापति बनाने का निश्चय किया गया। क्योंकि मेहता भी दादाभाई की भांति अंग्रेज समर्थक थे और जब उन्हें लगा कि लाहौर

में कुछ और भी हो सकता है तो अधिवेशन आरंभ होने से ठीक 6 दिन पूर्व उन्होंने इसका अध्यक्ष बनना अस्वीकार कर दिया। तब विवश होकर मालवीय जी को उसका अध्यक्ष बनाया गया। कांग्रेस कितनी अंग्रेज सरकार की भक्त रही है, इसका एक अन्यतम उदाहरण कांग्रेस के बांकीपुर अधिवेशन में लॉर्ड हार्डिंग पर फेंके गए बम की निन्दा करना है।

सन् 1912 में सरकार ने प्रैस एक्ट लागू किया तो सन् 1913 में कांग्रेस ने इसका विरोध तो किया किन्तु उसके हाथ कुछ नहीं लगा। सन् 1914 में जर्मनी ने ब्रिटेन के विरुद्ध युद्ध छेड़ा तो भारत की जनता ने कांग्रेस के नेतृत्व में जन तथा धन से अंग्रेजों की भरपूर सेवा की। किन्तु जब युद्ध समाप्त हुआ तो ब्रिटिश सरकार ने जन-धन से उसकी सेवा करने वाले भारतीयों के साथ जो दुर्व्यवहार किया वह निकृष्टता की चरम सीमा थी।

उन्हीं दिनों श्रीमती एनी बेसेन्ट ने अपना होम रूल आन्दोलन चलाया। जब उस आन्दोलन ने जोर पकड़ा तो ब्रिटिश सरकार ने 16 जून 1917 को नजरबन्द कर दिया। अब वे किसी भी सभा और जुलूस में भाग नहीं ले सकती थी। तब मालवीय जी ने उस आन्दोलन को आगे बढ़ाया। जिन्ना भी उस आन्दोलन में सम्मिलित हुआ था।

सन् 1916 में पण्डित मोतीलाल नेहरू के निवास स्थान पर कांग्रेस तथा होमरूल लीग की संयुक्त बैठक हुई यह एक प्रकार से नरम दल तथा गरम दल की संयुक्त बैठक थी। उस समय तो ऐसा लग रहा था कि कांग्रेस एकता के पुराने दिन फिर लौट आए हैं। किन्तु यह एकता अधिक दिन तक स्थायी नहीं रह पाई। इंग्लैंड में भी परिवर्तन हुए वहां भारत-मंत्री के स्थान पर मांटेग्यू चेम्सफोर्ड को नियुक्त किया गया। यह 1917 के आरंभ की बात है। सितम्बर मास में एनीबेसेन्ट की नजर बन्दी समाप्त कर दी गई और उनको रिहा कर दिया गया। 1917 में कलकत्ता में कांग्रेस का अधिवेशन एनी बेसेन्ट की अध्यक्षता में ही सम्पन्न हुआ।

इसके बाद कांग्रेस का एक विशेष अधिवेशन बम्बई में हुआ और फिर 1918 में पण्डित मदनमोहन मालवीय जी की अध्यक्षता में दिल्ली में कांग्रेस का पूर्ण अधिवेशन हुआ। उन दिनों प्रतिनिधियों को टिकट दिया जाता था और उसके आधार पर प्रतिनिधि अधिवेशन के पाण्डाल में प्रविष्ट होते थे। भारत के किसान इतने समर्थ नहीं थे कि वे यह प्रतिनिधि शुल्क दे सकें। मालवीय जी ने इसका अनुभव किया और वे किसानों का प्रतिनिधित्व भी चाहते थे अत: उन्होंने किसान प्रतिनिधियों पर से शुल्क हटा दिया। इस प्रकार उस बार दो सौ

से अधिक किसानों ने अधिवेशन में भाग लिया।

इस अधिवेशन से कुछ दिन पूर्व ही प्रथम महायुद्ध समाप्त हुआ था, जिसका उल्लेख हम विगत पृष्ठों में कर आए हैं। भारतवासियों ने उस युद्ध में अपने जन-धन को झोंका और आशा की थी कि ब्रिटिश सरकार इससे भारतीयों पर प्रसन्न होगी, किन्तु हुआ उसके विपरीत था। अत: इस अधिवेशन में सरकार के दमनकारी कानूनों को उठाने तथा राजनीतिक बन्दियों को मुक्त करने के संबंध में प्रस्ताव पारित किए गए। इसके साथ ही ब्रिटिश सरकार ने रौलेट एक्ट पारित कर दिया जिसके आधार पर क्रान्तिकारियों पर तीन न्यायाधीशों के न्यायालय में अभियोग चलाना और उनके अन्तिम निर्णय मानकर उस पर किसी प्रकार की दलील अपील की सुनवाई न करने का प्रावधान था। एक अन्य कानून द्वारा किसी प्रकार की राजद्रोही सामग्री के प्रकाशन-वितरण पर प्रतिबंध लगाकर उसके अपराधी को दण्डित करने का प्रावधान था।

जब उक्त बिल कांउसिल में विचारार्थ उपस्थित किए गए तो मालवीय जी ने इनका घोर विरोध तो किया, किन्तु अल्पमत में होने से उनकी नहीं सुनी गई और विधेयक पारित कर दिए गए। तब तक गांधी जी कांग्रेस के नेता के रूप में प्रतिष्ठित हो चुके थे। उन्होंने इन बिलों के विरोध में पत्र व्यवहार किया, किन्तु उनकी कहीं सुनवाई नहीं हुई। तब गांधी ने अपना सत्याग्रह का अस्त्र उठा लिया।

उन दिनों पंजाब का गवर्नर माइकेल ओ डायर था। वह सैनिक अधिकारी रह चुका था और उसका स्वभाव भी उसी प्रकार का कठोर था। सरकार ने राजनीतिक नेताओं की बन्दी का आदेश दिया तो इसके परिणामस्वरूप अमृतसर के जिला मजिस्ट्रेट ने पंजाब के कांग्रेसी नेता डॉ. किचालू, तथा डॉक्टर सत्यपाल को धोखे से अपने बंगले पर बुलाकर उन्हें बन्दी बनाया और किसी अज्ञात स्थान को भेज दिया। जब जनता को यह पता चला तो वह विरोध प्रकट करने के लिए मजिस्ट्रेट के बंगले की ओर उमड़ पड़ी। भीड़ को तितर-बितर करने के लिए सरकार की ओर से गोली चलाई गई, जिसने जले पर नमक का का कार्य किया। फलत: उत्तेजित भीड़ ने पांच-छ: अंग्रेजों को मार डाला। यह उत्तेजना अमृतसर अथवा पंजाब तक ही सीमित नहीं रह सकी। जहां-जहां इसकी सूचना होती गई वहां-वहां उपद्रव होते गए।

गांधी जी स्वयं पंजाब में शांति स्थापना के लिए चले तो उनको मार्ग में ही रोककर बन्दी के रूप में वापस बम्बई भेज दिया गया। उनके बन्दी बनाए

जाने पर उत्तर और पश्चिमी भारत के अन्य नगरों में भी उपद्रव होने लगे। फलत: गांधी जी को अपना सत्याग्रह स्थगित करना पड़ा। उन्होंने अनुभव किया कि अनुशासन रहित जनता द्वारा इस प्रकार का सत्याग्रह कराना उनकी भूल थी। सत्याग्रह तो स्थगित हो गया किन्तु ओ डायर की सरकार प्रतिकार की ज्वाला में जल रही थी।

10 अप्रैल 1919 को सरकार ने फौजी कानून लागू कर दिया किन्तु उसकी घोषणा 13 अप्रैल को की। पंजाब में 13 अप्रैल बैसाखी का दिन होता है, जो पंजाब का सबसे महत्त्वपूर्ण त्यौहार माना जाता है। इस घोषणा के विरोध में अमृतसर के जलियांवाला बाग में लगभग 20 हजार स्त्री-पुरुष सभा करने के लिए एकत्रित हुए। ओ डायर अपने साथ पचास गोरे और सौ भारतीय सैनिकों को लेकर सभास्थल पर उपस्थित हुआ और उसने एकत्रित भीड़ को तितर-बितर होने का आदेश दे दिया। उन दिनों ध्वनि विस्तारक यंत्र की व्यवस्था नहीं होती थी। जिन-जिन लोगों तक डायर की आवाज पहुंची वे वापस जाने लगे। बाग में आने-जाने का छोटा-सा और एक ही मार्ग था, उस पर डायर के सैनिकमार्ग रोककर खड़े थे, अत: लोगों को बाहर निकलने में कठिनाई होने लगी। यह सुनियोजित ढंग से किया गया था।

इस स्थिति में एक प्रकार से कोलाहल-सा मचने लगा तो ड्वायर तो निश्चय करके आया ही हुआ था, उसे पांच-छ: अंग्रेजों की हत्या का बदला लेना था। अत: उसने उसी समय गोली चलाने का आदेश दे दिया। गोली के डर से लोग इधर-उधर भागने लगे किन्तु कहीं मार्ग तो था नहीं तब स्त्री-पुरुष दीवार लांघकर बाहर जाने का यत्न करने लगे। अंग्रेजी सैनिकों को अवसर मिल गया, उन्होंने दीवार फांदने वालों पर निशाना बांध कर गोली चला दीं। कुछ लोग भागते हुए बाग के कुएं में गिरे तो कुछ गोली से बचने के लिए कूद पड़े किन्तु उनमें से जीवित किसी को नहीं रहने दिया।

सरकारी रिपोर्ट के अनुसार कुल 1600 गोलियां चलीं। इससे सिद्ध है कि कम-से-कम 1600 व्यक्ति तो गोलियों से ही मर गए होंगे। कुछ आहतों ने रातभर प्यास से तड़प-तड़पकर प्राण त्याग दिए। बिजली के तार काट दिए थे। अंग्रेज सिपाहियों ने लोगों को गलियों में पेट के बल चलाया इससे अनेक लोग घायल हुए, इस दण्ड में बालक, वृद्ध अथवा स्त्री किसी को भी छूट नहीं दी गई। पेट के बल चलते हुए लोगों पर सरकारी सैनिक बन्दूकों के कुन्दों से प्रहार करते थे।

माइकेल ओ ड्वायर अपने इस कुकृत्य के लिए फूला नहीं समाता था।

किन्तु भारत का प्रत्येक नागरिक तब से लेकर आज तक उसकी आत्मा को कोसता ही रहता है। भारत से इंग्लैंड चले जाने के बाद भी यहां और वहां उसकी भर्त्सना ही होती रही। भारतवासी उससे बदला लेने के लिए तड़प उठे। भारत के एक सिख युवक मोहनसिंह को एक दिन बीच लन्दन में अवसर मिल ही गया और उसने डायर पर गोली चलाकर उसका काम तमाम कर दिया।

वायसराय ने पंजाब के उपद्रव और जलियांवाला बाग के हत्याकाण्ड की जहां जांच के आदेश दिए वहां साथ ही अंग्रेज अधिकारियों को दण्ड मुक्त कराने का बिल भी प्रस्तुत कर दिया। जब यह बिल काउंसिल में उपस्थित हुआ तो पण्डित मदनमोहन मालवीय जी ने इसका घोर विरोध किया। उनकी आवाज नक्कारखाने में तूती की आवाज सिद्ध हुई और बिल पारित कर दिया गया।

कांग्रेस ने अपनी जांच समिति गठित की और मालवीय जी तथा पण्डित मोतीलाल नेहरू इस जांच के लिए पंजाब गए। स्वामी श्रद्धानन्द और महात्मा गांधी इस समिति में थे। इन्हीं दिनों मिन्टो-मार्ले सुधारों की घोषणा हुई और नेताओं को रिहा कर दिया गया। उस वर्ष अमृतसर में कांग्रेस का अधिवेशन हुआ, मोतीलाल नेहरू इसके सभापति थे।

अंग्रेजों और जर्मनों के युद्ध में टर्की ने जर्मनों का साथ दिया था अतः ब्रिटिश सरकार ने टर्की के खलीफा को अधिकारच्युत कर दिया। भारत में भी मुस्लिम साम्प्रादायिकता उभर कर सामने आई और टर्की के खलीफा को अधिकारच्युत किए जाने पर भारत के मुसलमानों ने 'खिलाफत आन्दोलन' आरंभ कर दिया। भारत में मुसलमानों के मसीहा महात्मा ने इस आन्दोलन में पूर्ण सहयोग देने का वचन ही नहीं दिया अपितु तदनुरूप ही सहयोग दिया और दिलाया।

31 जुलाई 1920 को लोकमान्य बालगंगाधर तिलक का देहावासन हो गया। विगत दशाब्दों में तिलक को क्या-क्या कष्ट और संकट झेलने पड़े, वह इस पुस्तक का विषय न होने के कारण लिखना न संभव है और न उचित। किन्तु वह भी एक बड़ी ही करुण और दारुण कहानी होने के साथ बड़ी ही प्रेरणाप्रद भी है।

1 अगस्त 1920 को महात्मा गांधी ने असहयोग आन्दोलन की घोषणा कर दी। इस आन्दोलन में भाग लेने वाले विद्यार्थी स्कूल-कॉलेज नहीं गए, वकील न्यायालयों में नहीं गए सरकारी कर्मचारी सरकारी कार्यालयों में नहीं गए, बहुतों ने नौकरी से त्याग पत्र दिया। किन्तु यह आन्दोलन पूर्णतया अहिंसक नहीं रह सका। स्थान-स्थान पर सभाएं होती रहीं, कहीं-कहीं हिंसा भी भड़क उठती।

स्थान-स्थान पर उपद्रव होते रहे और सरकारी सैनिकों की गोलियां भी चलती रहीं।

पण्डित मदनमोहन मालवीय इस प्रकार के असहयोग आन्दोलन के पक्ष में नहीं थे। कम-से-कम वे नहीं चाहते थे कि छात्र अपनी पढ़ाई छोड़कर आन्दोलन में कूदें। उनका कहना था कि छात्रों के पढ़ने से सरकार को कोई लाभ नहीं होता। विपरीत इसके हमारे नागरिक सुशिक्षित होते हैं। इससे देश में साक्षरता बढ़ती है।

इन्हीं दिनों ब्रिटेन के युवराज प्रिंस ऑफ वेल्स के भारत आने की घोषणा की गई। भारतीय राष्ट्रीय कांग्रेस के बम्बई अधिवेशन में एक प्रस्ताव पारित कर युवराज के स्वागत समारोहों का बहिष्कार करने का निर्णय किया गया। मालवीय जी इससे सहमत नहीं थे। यहां तक कि युवराज के भारत आने पर उन्होंने उसको काशी हिन्दू विश्वविद्यालय में आमन्त्रित कर उसको मानद उपाधि से विभूषित किया। मालवीय जी के सुपुत्र गोविन्द मालवीय इस असहयोग आन्दोलन में सम्मिलित हुए और उन्होंने कॉलेज जाना बन्द कर दिया। यहां तक की काशी विश्वविद्यालय भी बन्द होने की नौबत आने लगी, किन्तु मालवीय जी के बुद्धिकौशल से यह संभव नहीं हो पाया।

गांधी एक प्रकार से कांग्रेस के बहुमान्य नेता हो गए थे। लॉर्ड रीडिंग उन दिनों भारत के वायसराय थे। मालवीय जी के रीडिंग से अच्छे संबंध थे। उन्होंने वायसराय को गांधी से मिलने का परामर्श दिया तो लॉर्ड रीडिंग दिसम्बर सन् 1921 में गांधी जी से मिला। वार्तालाप तो लम्बा-चौड़ा हुआ किन्तु उसके परिणामस्वरूप सरकारी नीति में कोई परिवर्तन दिखाई नहीं दिया।

गांधी जी ने सरकार को चुनौती दी कि यदि एक सप्ताह के भीतर सरकारी दमन नीति में किसी प्रकार का परिवर्तन नहीं हुआ तो हमें विवश होकर 'अवज्ञा आन्दोलन' आरंभ करना पड़ जाएगा। गांधी ने तो केवल लिखकर ही दिया था किन्तु गोरखपुर के निकट चौरी-चौरा थाने में भारतीय जनता ने आग लगा दी और उसमें पुलिस के अनेक सिपाही जल कर भस्म हो गए। गांधी उन दिनों बारदोली में थे। मालवीय जी को इस घटना से आघात पहुंचा। उन्होंने गांधी को बारदोली में सब समाचार लिखकर भेज दिया। गांधी ने स्थिति को समझा और उन्हें अपना 'अवज्ञा आन्दोलन' वापस लेना पड़ा।

गांधी के नेतृत्व में अनेक न्यूनताएं थीं। उन्होंने सत्याग्रह आन्दोलन, खिलाफत आन्दोलन, असहयोग आन्दोलन और अब अवज्ञा आन्दोलन वापस लिया था। यह अपरिपक्व मस्तिष्क का सूचक था। फिर वे नेता बने हुए थे।

इन सभी आन्दोलनों में भारतीयों को मुंह की खानी पड़ी थी। चौरी–चौरा में 170 जनों को मृत्युदण्ड सुनाया गया था किन्तु मालवीय जी की वकालत ने उनमें से 150 को मृत्यु के मुख से बचा लिया। अवज्ञा आन्दोलन स्थगित कर दिया तो, हो गया किन्तु सरकार ने गांधी को बन्दी बना लिया उन्हें फरवरी सन् 1922 में बन्दी बनाकर 5 वर्ष के लिए कारागार में भेज दिया गया।

गांधी के बन्दी बनाए जाने पर कुछ नेताओं ने मिलकर 'स्वराज्य पार्टी' की स्थापना कर डाली। उधर सन् 1923 में कांग्रेस ने निर्वाचनों में भाग लेने का निश्चय कर लिया। अगले वर्ष सन् 1924 में कोहाट में हिन्दू-मुस्लिम दंगे आरंभ हो गए। यह दंगे हिन्दुओं अथवा मुसलमानों के परस्पर मतभेद के कारण नहीं अपितु अंग्रेज सरकार की भेद नीति के कारण हुए थे। दंगों की बात सुनकर मालवीय जी चुप नहीं बैठे। वे कोहाट जा पहुंचे और दोनों सम्प्रदाय के लोगों को वास्तविक स्थिति से अवगत कराया। उधर गांधी ने जेल में 29 दिन का अनशन आरंभ कर दिया।

सन् 1924 का वर्ष कई प्रकार से भारतवासियों के लिए अशुभ रहा। हिन्दू और मुसलमानों में वैमनस्य उत्पन्न होने के साथ–साथ बंगाल के दो महान नेता श्री चितरंजन दास और श्री सुरेन्द्रनाथ बैनर्जी का निधन हो गया। ये दोनों ही नेता कांग्रेस के प्राण समझे जाते थे। दोनों को बंगाल का सिंह माना जाता था।

सन् 1924 में भारत के पश्चिमी कोने, कोहाटे, में आरंभ हिन्दू मुस्लिम दंगे पूर्वी कोने कलकत्ता तक जा पहुंचे। सन् 1926 में कलकत्ता में दंगे हो गए। मालवीय जी वृद्ध हो चले थे। फिर भी वे स्वयं को रोक नहीं सके और कलकत्ता जाने का निश्चय कर लिया। लोगों ने उनको रोकना चाहा और कहा भी कि आपके शरीर को कुछ हो सकता है, सरकार आपको बन्दी बना सकती है। किन्तु मालवीय जी किसी भी भय से भयभीत नहीं हुए। उन्होंने कहा, "मरण अथवा बन्दी बनाए जाने के भय से डरकर मैं अपनी कीर्ति को मलिन नहीं होने दूंगा।" फलस्वरूप मालवीय जी कलकत्ता पहुंचे और अनेक स्थानों पर जनसभाएं आयोजित कर शांति स्थापना में योग दिया।

स्वराज्य पार्टी अनुभव कर रही थी कि सरकार उनकी किसी बात को सुनती ही नहीं है तो फिर उस सरकार की व्यवस्थापिका सभाओं में बने रहने का क्या लाभ? अत: उन्होंने उस ओर से अपना हाथ खींच लिया।

ब्रिटिश सरकार की ओर से भारत की स्थिति को समझने के लिए, एक आयोग की नियुक्ति की गई। साइमन इस आयोग का मुखिया था, इससे यह साइमन कमीशन कहलाया। सन् 1928 में यह आयोग भारत आया। यह विचित्र

बात थी कि इस आयोग में एक भी भारतीय सदस्य नहीं था।

भारतीयों की ओर से इस आयोग के बहिष्कार की घोषणा की गई। जहां कहीं भी यह कमीशन जाता, लोग इसके विरोध में काले झण्डे लेकर खड़े हो जाते। 31 अक्टूबर 1928 को यह आयोग लाहौर पहुंचा तो पण्डित मदनमोहन मालवीय और लाला लाजपतराय इसके विरोध के लिए लाहौर स्टेशन पर पहुंच गए। उपद्रवी भीड़ पर पुलिस ने लाठी बरसाई। उस अवसर पर लाला लाजपत राय को जो लाठी लगी वह उनके लिए प्राणघातक सिद्ध हुई।

24 अप्रैल 1929 को सरदार भगत सिंह और बटुकेश्वरदत्त ने केन्द्रीय असेंबली में बम विस्फोट किया। उससे कोई हताहत नहीं हुआ। किन्तु उससे समस्त देश में उपद्रव हो गए। उत्तेजना फैली। अंग्रेज सरकार बौखला गई।

उस समय मदनमोहन मालवीय जी ने तत्कालीन वायसराय लॉर्ड इरविन को परामर्श दिया कि इस स्थिति के समाधान के लिए भारतीय जनता के प्रतिनिधियों की एक गोलमेज कांफ्रेंस बुलाकर वार्तालाप किया जाए। इरविन ने उनके परामर्श को स्वीकार कर लिखा-पढ़ी आरंभ की और परिणामस्वरूप 31 अक्टूबर 1929 को लन्दन में कांफ्रेंस बुलाई गई।

इसी वर्ष अर्थात सन् 1929 में लाहौर में कांग्रेस का अधिवेशन हुआ जिसका अध्यक्ष जवाहरलाल नेहरू को बनाया गया। नेहरू को अध्यक्ष बनाना भी एक नाटकीय प्रक्रिया थी, उसका उल्लेख यहां करना समुचित न होने के कारण हम उस पर विस्तार से चर्चा नहीं करेंगे। वह एक प्रकार से गांधी की पराजय और मोतीलाल नेहरू की विजय थी।

इतना ही नहीं उस अधिवेशन के बाद गांधी नेहरू परिवार के हाथों में खेलकर ही देश की राजनीति करते रहे। लाहौर अधिवेशन में कांग्रेस ने 'पूर्ण स्वराजय' को अपना ध्येय घोषित किया। इसके बाद कांग्रेस के सदस्यों ने असेम्बली को अलविदा कह दिया।

उस समय केन्द्रीय असेम्बली में मालवीय जी सहित अन्य सात सदस्यों ने असेम्बली से विदा ले ली। मालवीय जी कांग्रेस दल के नेता थे। पेशावर काण्ड भी उसी वर्ष हुआ। वहां सरकारी सैनिकों की गोलियों से अनेक लोगों की मृत्यु हो गई। मालवीय जी स्थिति का आकलन करने के लिए पेशावर जाना चाहते थे किन्तु सरकार ने उनके पेशावर प्रवेश पर प्रतिबंध लगा दिया। मालवीय जी ने सरकार के आदेश की अवहेलना की तो उनको बन्दी बना लिया गया। किन्तु बन्दी बनाने के उपरांत भी उनको बन्दीगृह में न डालकर दूसरी गाड़ी से वापस भेज दिया।

उन दिनों केन्द्रीय असेम्बली के अध्यक्ष पद पर विट्ठलभाई पटेल विराजमान थे।

25 अप्रैल 1930 को उन्होंने भी अपने पद से त्याग-पत्र दे दिया। इससे पूर्व 6 अप्रैल को गांधी ने दांडी मार्च किया था और समुद्र के तट पर एकत्रित होकर नमक कर कानून को भंग किया। सरकार ने 2 मई को गांधी जी को बन्दी बना लिया। नवयुवकों में अत्यधिक उत्तेजना फैल गई थी, स्थान-स्थान पर उपद्रव होने लगे और परिणामस्वरूप 5 मई को शोलापुर और 16 अगस्त को पेशावर में मार्शल लॉ लागू कर दिया गया।

1 अगस्त को देशवासियों ने लोकमान्य तिलक की निधन तिथि मनाने के निश्चय के अनुसार बम्बई में एक जुलूस निकाला गया। जुलूस आधे मार्ग तक गया था कि पुलिस ने निषेधाज्ञा लगा दी। जुलूस को आगे बढ़ने से रोकने के लिए सशस्त्र पुलिस बुला ली गई थी।

मालवीय जी जुलूस का नेतृत्व कर रहे थे, उन्होंने निषेधाज्ञा मानने से इनकार कर दिया और जब पुलिस ने जुलूस को आगे बढ़ने से रोक दिया तो मालवीय जी की आज्ञानुसार जुलूस में सम्मिलित लोग उसी स्थान पर धरना देकर बैठ गए। पुलिस ने लाठी के बल पर जुलूस को तितर-बितर करना चाहा किन्तु उसका सभी प्रयत्न व्यर्थ सिद्ध हुआ।

पुलिस अधीक्षक बड़ा परेशान था। क्या करे। उसने मालवीय जी से बात करनी चाही। इस वार्तालाप में काफी नोक-झोंक हुई। किन्तु मालवीय जी टस-से-मस नहीं हुए। पुलिस ने किसी को बन्दी भी नहीं बनाया, बड़ा संघर्ष चल रहा था। अन्त में पुलिस ने मालवीय जी तथा सरदार पटेल आदि चालीस प्रमुख व्यक्तियों को बन्दी बना लिया।

सारे देश में मालवीय जी के बन्दी बनाए जाने के समाचार से सनसनी फैल गई। स्थान-स्थान से लोग सत्याग्रही जत्था बनाकर बम्बई की ओर प्रस्थान करने की योजना बनाने लगे। बनारस का जत्था तो बम्बई पहुंच भी गया। किन्तु उसके बम्बई पहुंचने से पूर्व ही मालवीय जी आदि को मुक्त कर दिया गया था। इस काण्ड में मालवीय जी पर एक सौ रुपया आर्थिक दण्ड और पन्द्रह दिन के साधारण कारावास का दण्ड दिया गया। किसी ने मालवीय जी का आर्थिक दण्ड भर दिया, मालवीय जी को इसका ज्ञान ही नहीं हुआ, इससे उनका मन खिन्न रहा।

इसी वर्ष दिल्ली में डॉक्टर अंसारी के घर पर कांग्रेस कार्य समिति की बैठक हो रही थी, अचानक पुलिस ने छापा मारा और मालवीय जी सहित

सबको बन्दी बना लिया। प्रत्येक व्यक्ति को छः-छः मास का कारावास दिया गया। मालवीय जी को नैनी जेल भेज दिया गया। बन्दी गृह में मालवीय जी का स्वास्थ्य बिगड़ गया। उनको अस्पताल ले जाया गया और कुछ दिनों बाद वहीं से उनको कारा मुक्त कर दिया गया।

23 मार्च 1931 को अंग्रेज सरकार ने क्रान्तिवीर सरदार भगतसिंह को फांसी पर लटकाया। उसके छः दिन बाद 29 मार्च को कराची में कांग्रेस का अधिवेशन हुआ। उस अधिवेशन में मालवीय जी का जो भाषण हुआ वह कांग्रेस के इतिहास में अविस्मरणीय कहा जाता है। देश में उत्तेजना का वातावरण था। तभी 31 दिसम्बर 1931 को कांग्रेस के सभी राजबन्दियों को कारा मुक्त कर दिया गया।

उन दिनों गांधी ही कांग्रेस के सर्वमान्य नेता बन गए थे। जब पहली गोलमेज कांफ्रेंस हुई थी तो मालवीय जी भी गांधी के साथ लन्दन गए थे। वहां कांफ्रेंस में मालवीय जी ने अपना प्रभाव प्रकट किया। इसके साथ ही लन्दन के वासियों तथा वहां के प्रवासी भारतीयों में भारतीय संस्कृति, धर्म और ईश्वर के अस्तित्व पर भी अनेक स्थानों पर उन्होंने भाषण देकर प्रभाव स्थापित किया।

लन्दन से स्वदेश लौटने पर मालवीय जी ने देखा कि सारे देश में पुलिस राज स्थापित है। इससे मालवीय जी को बड़ा दुःख हुआ। उन्होंने इसके विरोध में भारत सरकार की आलोचना करते हुए इंग्लैंड की सरकार को एक तार भेजा, किन्तु उसको अपने गन्तव्य तक पहुंचने ही नहीं दिया। उसी वर्ष दिल्ली में कांग्रेस का अधिवेशन होने वाला था।

किन्तु सरकार ने उस पर भी प्रतिबंध लगा दिया। इस अधिवेशन का अध्यक्ष मालवीय जी को मनोनीत किया गया था। मालवीय जी को जब इसका पता चला तो उन्होंने इस आज्ञा का उल्लंघन करने के विचार से दिल्ली के लिए प्रस्थान कर दिया।

सरकार को मालवीय जी के मन्तव्य एवं गन्तव्य का ज्ञान हुआ और पता चला कि मालवीय जी किस गाड़ी में दिल्ली पहुंच रहे हैं तो उनको मार्ग में ही रोक कर तीन चार दिन तक वहां रख कर वापस प्रयाग भेज दिया। इसी प्रकार अगले वर्ष कलकत्ता में होने वाले अधिवेशन के लिए भी मालवीय जी को अध्यक्ष चुना गया था। मालवीय जी कलकत्ता अधिवेशन में भाग लेने जा रहे थे कि भारत सरकार की पुलिस ने उनको आसनसोल स्टेशन पर ही बन्दी बनाकर सात-आठ दिन अपने संरक्षण में रखा और फिर उनको मुक्त कर दिया।

सन् 1932 में गांधी जी को बन्दी बना कर यरवदा जेल में रखा गया था। 'साम्प्रदायिक निर्णय' के आधार पर दलितों को हिन्दुओं से अलग कर दिया गया तो इसके विरोध में गांधी जी ने यरवदा जेल में ही आमरण अनशन आरंभ कर दिया। मालवीय जी ने इसके निराकरण के लिए यथाशक्ति प्रयत्न किया जिसके परिणाम स्वरूप सरकार ने उस निर्णय को वापस ले लिया और इस प्रकार गांधी के प्राणों की भी रक्षा हो गई।

सन् 1934 में मालवीय जी का स्वास्थ्य बहुत बिगड़ गया था। इसके साथ ही बिहार में दैवी प्रकोप से भूकंप आ गया। सारा बिहार प्रान्त संकटापन्न हो गया। अन्न, पानी और आश्रय के आभाव में बिहार की जनता त्राहि-त्राहि पुकार रही थी। संकट की ऐसी किसी भी घड़ी में ब्रिटिश की सरकार ने सहायता की अपेक्षा अड़चने लगाना अपना चरम परम कर्तव्य माना, तो फिर बिहार ही उससे अछूता कैसे रहता। मालवीय जी को यह असह्य हो गया। उन्होंने अपने स्वास्थ्य की चिन्ता नहीं की और घूम-घूम कर धन संग्रह किया और फिर बिहार का दौरा कर उन लोगों को सहायता पहुंचाई।

उसी वर्ष 19 मई को पटना में कांग्रेस कार्यसमिति की बैठक में मालवीय जी और डॉक्टर अंसारी के संयोजकत्व में पार्लियामेन्टरी बोर्ड बनाने का कार्य सौंपा गया किन्तु साम्प्रदायिक विभाजन के विषय में कांग्रेस की नीति से असंतुष्ट होकर मालवीय जी अपने अनुयायियों सहित इस समिति से पृथक हो गए। कुछ मास बाद उन्होंने अपने साथियों के सहयोग से 'कांग्रेस नेशनलिस्ट पार्टी' का गठन किया। मालवीय जी को ही इसका अध्यक्ष बनाया गया। यह एक प्रकार से कांग्रेस की प्रतिद्वन्द्वी संस्था थी, किन्तु मालवीय जी विवश थे।

बम्बई में कांग्रेस की स्वर्ण जयन्ती मनाने का निश्चय होने के साथ-साथ यह भी निश्चय किया गया कि जिस स्थान पर कांग्रेस की प्रारंभिक सभा हुई थी उस स्थान पर कांग्रेस का एक स्मारक बनाया जाए। इस निर्णय के आधार पर 18 दिसम्बर 1935 को मालवीय जी ने उस स्मारक का शिलान्यास किया। अगले वर्ष 18 दिसम्बर को फैजपुर में कांग्रेस का अधिवेशन हुआ। मालवीय जी भी उसमें सम्मिलित हुए और भाषण भी दिया। कांग्रेस के मंच पर मालवीय जी का यह अन्तिम भाषण था।

इसका अभिप्राय यह नहीं कि उन्होंने कांग्रेस से कन्नी काट ली थी। इसका कारण उनका गिरता हुआ स्वास्थ्य था। उनके स्वास्थ्य ने उनको पड़े रहने के लिए विवश कर दिया था। किन्तु फिर भी वे किसी-न-किसी प्रकार से कांग्रेस को अपना मानसिक और बौद्धिक सहयोग प्रदान करते ही रहे थे।

इसके बाद की घटनाएं हैं-1942 में क्रिप्स का आना और असफल होकर लौट जाना। देश में उत्पात और उपद्रव तथा सरकारी दमन की प्रबलता। भारत छोड़ो आन्दोलन। इन सब से दु:खी होकर मालवीय जी ने 20 मई 1943 को एक सर्वदलीय सम्मेलन आयोजित किया, किन्तु मालवीय जी की अत्यंत अस्वस्थता के कारण वह सम्मेलन नहीं हो पाया।

तभी राजाजी फार्मूला सामने आया। उसके आधार पर मुसलमानों को पाकिस्तान देने का निश्चय होने वाला था। किन्तु मालवीय जी को देश विभाजन का यह प्रस्ताव किसी भी दशा में स्वीकार नहीं था। उन्होंने अपनी अत्यंत रुग्णावस्था में भी इसके विरोध में अपना वक्तव्य प्रकाशित कराया। इसी सिलसिले में अप्रैल 1946 में अस्वस्थता की अवस्था में ही ब्रिटिश मंत्री मिशन की चर्चाओं में भाग लेने के लिए मालवीय जी दिल्ली पधारे। उस अवसर पर वे गांधीजी सहित देश के अनेक नेताओं से भी मिले।

पारिवारिक जीवन

सामाजिक एवं राजनीति जीवन में जिस प्रकार मालवीय जी आदर्श-पुरुष रहे उसी प्रकार पारिवारिक जीवन में उनका आदर्श कहीं विचलित नहीं हुआ। मालवीय जी का परिवार बड़ा विशाल था। उन दिनों संयुक्त परिवार प्रणाली प्रचलित थी। मालवीय जी का परिवार पुत्रों, पुत्रियों, पौत्रों-पौत्रियों, एवं नाती-नातिनों से भरा रहता था। विशाल होने पर भी उसकी गणना सुखी परिवारों के रूप में की जाती थी। जैसा कि हमने कई जगहों पर बताया है कि मालवीय जी बड़े धार्मिक व्यक्ति होने से कोमल और मृदु स्वभाव के थे। तदनुरूप ही उनकी धर्मपत्नी श्रीमती कुन्दन देवी भी नितान्त धार्मिक किन्तु उदार विचारों की महिला थीं। रामायण, गीता तथा महाभारत के अंश उनको कंठस्थ थे। वे सामान्यतया प्रयाग में ही रहीं और नित्य प्रति अपनी सखियों के साथ गंगा स्नान के लिए जाती रहीं। वृद्धावस्था में भी उनके इस नैमित्तिक कार्यक्रम में व्यवधान नहीं पड़ा।

मालवीय जी बड़े ही सिद्धांतप्रिय और वचन का पालन करने वाले थे। उनकी वृद्धा पत्नी को इक्के से धक्का लगा, जिससे वे गिर पड़ीं और मूर्च्छित हो गईं। मालवीय जी उन दिनों पटना के प्रवास पर गए हुए थे। उनको लिखा गया कि वे अपने सभी कार्यक्रमों को रद्द करके तुरंत प्रयाग चले आएं। उसके उत्तर में उन्होंने कहा, "मैं जिन-जिन सभाओं में भाषण करने का वचन दे चुका हूं उनको निराश नहीं कर सकता। अपना कार्यक्रम पूर्ण करने के उपरांत ही मैं प्रयाग जाऊंगा।" जहां ऐसी वचनबद्धता हो वहां ईश्वर भी साथ देता ही है। परमात्मा की कृपा से उनकी पत्नी उस आघात से शीघ्र ही स्वस्थ हो गई। उसके बाद उन्होंने काशी में निवास का निश्चय किया। किन्तु नित्य प्रति गंगा स्नान के लिए जाना वहां भी उनका चलता रहा।

सन् 1940 की शीतऋतु। कुन्दनदेवी अपने घर में बैठी आग ताप रहीं थीं कहीं से उनके वस्त्र ने आग पकड़ ली। वृद्धा तो वे थीं हीं, सहसा समझ नहीं पाईं कि यह क्या हो गया है और किस प्रकार इसका निराकरण किया जाए। वे जलती रहीं तथा जब तक कोई उनकी सहायता के लिए दौड़ता तब तक वे बहुत जल चुकी थीं। मालवीय जी ने सुना तो तुरंत उनके पास पहुंच गए। उनके

पहुंचते ही एक विचित्र घटना घटित हुई। मालवीय जी उनके समीप पहुंचे ही थे कि उनकी पत्नी ने किसी प्रकार अपना हाथ निकाला और उनके चरणों का स्पर्श किया कि तभी उनकी अन्तिम श्वास भी निकली। कदाचित वे अब तक मालवीय जी की ही प्रतीक्षा कर रही थीं, इसी कारण उनके श्वास रुके हुए थे। अन्त समय में अपने पति के चरणों की धूलि लेना उस समय की औरतों के लिए बड़े सौभाग्य और पुण्य की बात मानी जाती थी। यह सौभाग्य श्रीमती कुन्दनदेवी को प्राप्त हुआ।

श्रीमती कुन्दनदेवी भले ही साधारण गृहिणी रही हों किन्तु देशभक्ति उनमें भी उतनी ही परिमाण और मात्रा में विद्यमान थी जितनी मात्रा में पण्डित मालवीय जी में। तब कांग्रेस का सत्याग्रह आन्दोलन चला तो प्रयाग में सत्याग्रह के अवसर पर उन्होंने सत्याग्रहियों के जुलूस का नेतृत्व किया था। मालवीय जी के चारों पुत्र भी इन आन्दोलनों में जेल की यात्रा करते रहे।

मालवीय जी के चार पुत्रों में रमाकान्त सबसे ज्येष्ठ पुत्र थे। उन्होंने सन् 1907 में बी.ए., एल.एल.बी. करने के उपरांत प्रयाग में वकालत आरंभ की और पिता की ही भांति सत्यनिष्ठ वकील की ख्याति अर्जित की। वकालत भी अच्छी चली। सन् 1920 में प्रयाग उच्च न्यायालय के न्यायधीश के पद पर नियुक्त किए गए। एक वर्ष उपरांत वे सिरोही राज्य के प्रधानमंत्री बने। सन् 1933-36 की अवधि में वे नाथद्वार मंदिर के प्रबंधक रहे। रमाकान्त जी सन् 1916 में प्रान्तीय कांग्रेस समिति के मन्त्री नियुक्त हुए। इसके साथ ही हिन्दू महासभा, सनातनधर्म हिन्दी साहित्य सम्मेलन आदि-आदि संस्थाओं के महामंत्री पद को उन्होंने सुशोभित किया। सन् 1942 के आरंभ में उनका निधन हो गया। मालवीय जी ने इस आघात को सहन किया और अपने वृद्ध शरीर से देश की सेवा करते रहे।

मालवीय जी के द्वितीय पुत्र रमाकांत ने भी प्रयाग में वकालत आरंभ की किन्तु व्यापार में रुचि होने के कारण उन्होंने वकालत छोड़ दी। व्यापार के संबंध में उन्होंने विदेश यात्राएं भी कीं। अपने पिता तथा ज्येष्ठ भ्राता के समान वे भी विभिन्न संस्थाओं से जुड़े रहे और देश सेवा में सब प्रकार से योगदान किया।

तृतीय पुत्र मुकुन्द मालवीय ने व्यापार में ही रुचि दिखाई और कानपुर से व्यापार आरंभ करके कालान्तर में बम्बई में जाकर जम गए। उन्होंने व्यापार में पर्याप्त धन अर्जित किया। किन्तु देशभक्ति तो उनको परंपरा से प्राप्त थी। अत: जब सत्याग्रह आन्दोलन आरंभ हुआ तो सब कुछ छोड़छाड़ कर पत्नी सहित

उस आन्दोलन में कूद पड़े। अनेक बार जेल यात्रा की। बम्बई कांग्रेस के सक्रिय सदस्य के रूप में कार्य करते रहे। इस प्रक्रिया में सारा व्यापार ठप्प हो गया। अन्त में वे प्रयाग में जाकर बस गए और धार्मिक प्रवचन करते रहे।

मालवीय जी के कनिष्ठतम पुत्र गोविन्द मालवीय ने बनारस हिन्दू विश्वविद्यालय से ही एम.ए., एल.एल.बी. किया। मालवीय जी द्वारा आमंत्रित ब्रिटिश युवराज का बहिष्कार करने वालों में गोविन्द मालवीय भी सम्मिलित थे। राष्ट्रीय आन्दोलनों में भी उन्होंने सक्रिय भाग लिया। सर्वप्रथम उनको 1928 में बन्दी बनाया गया था। कुछ दिनों तक वे अपने पिता के सचिव के रूप में भी कार्य करते रहे। उन्होंने बीमा कम्पनी चलाई। स्वतंत्रता के उपरांत वे कांग्रेस प्रत्याशी के रूप में लोक सभा के सदस्य चुने गए। कुछ काल के लिए वे बनारस हिन्दू विश्वविद्यालय के उपकुलपति पद पर भी आसीन रहे।

जिस व्यक्ति ने सारे देश को अपने परिवार के रूप में स्नेह दिया हो, अपने परिवार के प्रति उसका कितना स्नेह रहा होगा इसका अनुमान सहज ही लगाया जा सकता है। किन्तु अपने परिवार के पालन अथवा भरण-पोषण के लिए उन्होंने न कभी किसी से कुछ मांगा और न किसी के कुछ देने पर लिया ही। यहां तक की मालवीय जी के सुपुत्र को जब व्यापार में घाटा हुआ तो उन्होंने उसको सांत्वना भर दी किन्तु सेठ साहूकार के आगे उसके लिए हाथ नहीं पसारा।

काशी हिन्दू विश्वविद्यालय के वे सर्वेसर्वा थे। किन्तु अपने जीवन काल में उन्होंने अपने किसी संबंधी को उसमें वैतनिक कर्मचारी के रूप में नियुक्त नहीं किया। इससे स्पष्ट है कि वे 'भाई-भतीजावाद' के विरुद्ध थे। यहां तक कि एक बार उनके किसी संबंधी की विश्वविद्यालय में नियुक्ति हो गई थी। किन्तु जब मालवीय जी को विदित हुआ तो उन्होंने विश्वविद्यालय के तत्कालीन उपकुलपति डॉ. राधाकृष्णन को पत्र लिखा कि क्योंकि उक्त व्यक्ति उनका संबंधी है, अतः उसकी नियुक्ति वहां नहीं की जानी चाहिए।

इससे उनकी सिद्धांत प्रियता और निष्ठा का आभास मिलता है। भारतीय जीवन के सभी क्षेत्रों में मालवीय जी का कार्यकलाप व्याप्त रहा है। अतः भारतीय जीवन का कोई भी पक्ष उनसे अछूता नहीं रह गया था। वे अत्यंत प्रभावशाली वक्ता थे, इसकी चर्चा हम स्थान-स्थान पर करते आए हैं। हिंदी, संस्कृत, अंग्रेजी और उर्दू साहित्य के वे प्रकाण्ड पण्डित भी थे। अखिल भारतीय हिन्दी, संस्कृत, आयुर्वेद, ज्योतिष आदि सम्मेलनों से वे सदा जुड़े रहे। सबसे बड़ी बात यह है कि उनके आकण्ठ सार्वजनिक जीवन में निमग्न होने

पर भी उनका व्यक्तित्व अत्यंत शुद्ध, शीलवान और शोभनीय रहा। भय को उन्होंने कभी भी और किसी भी अवस्था में अपने समीप नहीं आने दिया। दुर्बलता के वे घोर विरोधी थे। यहां तक कि एक बार उनका एक पुत्र रोता हुआ उनके पास आया कि किसी लड़के ने उससे गेंद छीन ली है। मालवीय जी ने उसको समझा कर कहा कि वह स्वयं अपनी गेंद उससे ले और फिर कभी इस प्रकार रुदन करता हुआ उनकी सहायता के लिए उनके पास न आए। गिड़गिड़ाना न उनके स्वभाव में था और न वे अपने किसी बच्चे के स्वभाव में गिड़गिड़ाना देख सकते थे।

मालवीय जी अपने व्यक्तिगत आचार-विचार में बड़े संयत और दृढ़ थे। वे शरीर, मन, आचार-विचार और भोजन की शुद्धता के नियमों का पालन करते थे। यहां तक कि प्रवास में वे स्वयं अपना भोजन पकाया करते थे। उन्हें अनेक राजकीय भोजों में आमंत्रित किया गया। और वे उनमें सम्मिलित भी हुए, किन्तु कभी किसी वस्तु का उन्होंने स्पर्श नहीं किया मुख में डालना तो दूसरी बात रही। उनका भोजन भी अत्यंत सादा होता था। उन्होंने आजीवन चाय की चुसकी नहीं ली।

उदारता मालवीय जी में कूट-कूट कर भरी हुई थी। संभवतया निर्धन परिवार में जन्म लेकर जीवन व्यतीत करना भी इसका एक कारण रहा होगा। यही कारण है कि बनारस हिन्दू विश्वविद्यालय की स्थापना के उपरान्त उन्होंने अनेक निर्धन मेधावी छात्रों की विदेशों में उच्च शिक्षा की व्यवस्था की। उनका अशरण-शरण कहा जाता था। उनके द्वार से कभी कोई खाली हाथ अथवा निराश होकर नहीं लौटा। दूर-दूर से लोग अपनी विपत्ति की कहानी सुनाने और उसका निराकरण करने के लिए मालवीय जी के पास आया करते थे।

नागरिकता की भावना मालवीय जी में कूट-कूट कर भरी हुई थी। एक बार वे शिमला में माल रोड़ पर भ्रमण कर रहे थे कि बीच मार्ग में उनको घोड़े की नाल पड़ी दिखाई दे गई। उनको आभास हुआ कि यह नाल किसी नंगे पैर चलते हुए व्यक्ति के पैर में गड़ गई तो अनर्थ हो जाएगा। उन दिनों भारत के अधिकांश नागरिक नंगे पैर ही चला करते थे। दक्षिण भारत में तो अभी तक भी यह प्रचलन है। मालवीय जी बीच सड़क पर गए और नाल को उठाकर ऐसे स्थान पर डाल दिया जहां से किसी को कोई हानि न हो सके।

ये उदाहरण बहुत छोटे-छोटे होने पर भी उनके व्यक्तित्व पर पूर्ण प्रकाश डालते हैं। अपने माता-पिता अथवा अन्यान्य परिवार के बड़े लोगों की सेवा सुश्रुषा करने में मालवीय जी ने कभी प्रमाद नहीं जताया। न केवल इतना बाहर

के भी किसी वृद्ध को उनकी आवश्यकता पड़ी तो उन्होंने उनकी सेवा की। पण्डित बालकृष्ण भट्ट जब प्रयाग में रोग शय्या पर पड़े तो उस समय मालवीय जी ने उनकी जो सेवा की वह सेवा का अनन्य उदाहरण था। काशी हिन्दू विश्वविद्यालय के उपकुलपति बन जाने के बाद भी वे रणवीर संस्कृत पाठशाला के प्राचार्य पण्डित अनन्तराम शास्त्री का चरण स्पर्श करके ही अभिवादन करते थे।

विभिन्न सम्प्रदायों और मतमतान्तरों के प्रति मालवीय जी की भावना बड़ी उदार थी। वे सबका समान रूप से आदर करते थे। उनकी मान्यता थी कि प्रत्येक व्यक्ति को अपने मत पर दृढ़ रहना चाहिए, किन्तु अन्य मतमतान्तरों की कभी निन्दा नहीं करनी चाहिए वे चाहते थे कि मनुष्य सब प्रकार के मतभेदों को भुलाकर सब प्राणियों के साथ सद्भावना का व्यवहार करे। वे कहा करते थे कि हमको महिलाओं का सम्मान करना चाहिए, दीन-दुखियों के प्रति दया करनी चाहिए, जो जीव हमें हानि पहुंचाते हैं उन्हें भी सताना उचित नहीं है। किन्तु जो व्यक्ति प्राण लेने, सम्पत्ति लूटने, या स्त्रियों का अपमान करने आता है उसका तत्काल वध कर देना चाहिए, इसमें किसी प्रकार की हिचक करना उचित नहीं।

मालवीय जी स्वभाव से ही क्षमाशील थे। उन्होंने कभी अपने अलोचकों अथवा निन्दकों की बातों पर क्रोध नहीं किया। किन्तु जिस बात को वे अनुचित समझते थे उसका विरोध करने से भी वे कभी हिचके नहीं। चाटुकारिता उन्हें नहीं सुहाती थी। यथातथ्य वर्णन को वे बहुत उपयुक्त मानते थे। अपने किसी विरोधी के मत का विरोध करने में भी कभी उन्होंने क्रोध प्रकट नहीं किया। वे सबका उत्तर बड़े मधुर शब्दों में ही दिया करते थे। मालवीय जी को कभी आत्मप्रशंसा नहीं भाई। वे न आत्मप्रशंसा सुनना पसंद करते थे न करना। यही कारण है कि एक बार कवि ने जब उनकी प्रशंसा में कविता पढ़ी तो मालवीय जी ने उसको तुरंत रोककर कहा कि वे यह कविता किसी को सुना नहीं सकते, अत: इसका कोई उपयोग नहीं। इससे अच्छा होता यदि आप देश-भक्ति अथवा भक्ति की ही कविता करते तो किसी अन्य को सुनाने योग्य तो होती।

किसी ने ठीक ही कहा है कि "मालवीय जी सिर से पैर तक हृदय ही हृदय हैं।" एक बार वे प्रयाग में अपने मित्र के साथ भ्रमण के लिए निकले। मार्ग में उन्होंने एक वृद्धा भिखारिन को कराहते हुए देखा तो वे उसके समीप चले गए। उन्होंने वृद्धा से उसके कराहने का कारण पूछा। उसने बताया कि उसके सारे शरीर में घाव हो गए हैं। मालवीय जी को उसके पास बैठे देखकर

लोग एकत्रित हो गए और वृद्धा के भिक्षा पात्र में पैसे डालने लगे। पैसे से वृद्धा की पीड़ा दूर नहीं हो सकती थी। मालवीय जी ने विचार किया और सड़क पर जाते हुए इक्के को रोककर उसमें वृद्धा को बैठाया और स्वयं उसके साथ पैदल चलकर उसको अस्पताल ले गए। वहां वृद्धा को प्रविष्ट कराया और जब देखा कि अब उसका उपचार हो जाएगा तब वहां से वापस घर आए।

मालवीय जी ने सार्वजनिक जीवन में अपना सब कुछ न्यौछावर किया। किन्तु कभी किसी संस्था से कुछ लिया नहीं। यहां तक कि वे अपनी सारी मांग और व्यय आदि का खर्च अपने पास से ही दिया करते थे। उन्होंने कभी कागजी घोड़े नहीं दौड़ाए। उनका तो यही विश्वास था कि वे जनता के सेवक हैं और अन्त तक वे अपने इस आदर्श पर डटे रहे। उन्होंने कभी किसी पद या उपाधि की लालसा नहीं की। यहां तक कि जब बनारस हिन्दू विश्वविद्यालय ने उन्हें मानद डॉक्टरेट की उपाधि देनी चाही तो मालवीय जी ने कहा दिया कि एम. ए. भी नहीं हूं फिर डॉक्टरेट किस प्रकार ले सकता हूं।

कहीं से किसी ने यह अफवाह फैला दी कि मालवीय जी को 'सर' की उपाधि मिल रही है। तब अल्लामा इकबाल ने, जो उर्दू-फारसी के कवि और पाकिस्तान के मानसिक निर्माता थे, उन पर व्यंग्य किया-

कर चुके खिदमत बहुत-कुछ कौम की।
देखिए होते हैं कब 'सर' मालवी।।

मालवीय जी ने इकबाल का यह व्यंग्य जब सुना तो उनको बड़ा दुःख हुआ और उन्होंने इसका समय-समय पर तथा स्थान-स्थान पर प्रतिवाद भी किया। तभी उनके एक शुभ चिन्तक ने मालवीय जी पर किए गए व्यंग्य के उत्तर में स्वयं इकबाल पर व्यंग्य किया, जो कालान्तर में सत्य सिद्ध हुआ। वह व्यंग्य था-

मालवीय जी की हजो से सायरे पंजाब जो,
हो नहीं सकते थे 'सर' अब जल्द सर हो जाएंगे।।

और देखा गया कि अल्लामा कुछ दिनों बाद ही 'सर' बना दिए गए। इस पर अपनी प्रतिक्रिया व्यक्त करते हुए विस्मिल ने कहा-

हम समझते हैं बहुत अच्छी तरह से इस चाल को,
क्यों न हो सरकार, अच्छा सर किया इकबाल को।
सर पै देते हैं जिसे सब लोग ऐ विस्मिल जगह,
मालवी कदमों से ठुकराते हैं ऐसे माल को।

इस प्रकार एक नहीं अनेक कवियों ने इकबाल की भर्त्सना की।

मालवीय जी कला और संगीत के प्रेमी थे। सौन्दर्य की उनकी विशिष्ट कल्पना थी। एक बार विश्वविद्यालय के कला संकाय के कक्ष में सरस्वती का चित्र अंकित करने की बात आई। मालवीय जी ने इस विचार की सराहना की और चित्रकार ने अपनी ओर से बहुत अच्छा चित्र बनाया। उस पर बहुत व्यय भी हुआ। किन्तु मालवीय जी ने जब देखा तो उन्हें उसमें कहीं भी कलात्मकता दिखाई नहीं दी। विपरीत इसके उन्होंने कहा यह तो बड़ा भद्दा बना है। अत: उन्होंने उसको मिटवा दिया। लोगों ने बहुत कहा कि इस पर बहुत व्यय हुआ है किन्तु मालवीय जी टस-से-मस नहीं हुए। लोगों ने यहां तक कह डाला कि यह जनता के धन का दुरुपयोग है, किन्तु मालवीय जी नहीं माने। उन्हें अपना अपमान सहना श्रेयष्कर था किन्तु भद्दा चित्र लगाना नहीं।

संगीत में भी उनकी पैठ थी एक बार जब वे रुग्ण शैया पर पड़े हुए थे तो पण्डित रामनरेश त्रिपाठी उनको कोई हिन्दी की कविता अपनी ओर से सुनाने लगें। वह कोई लोकगीत था। मालवीय जी कुछ क्षण तक तो सुनते रहे, किन्तु जब असह्य हो गया तो उठे और कहने लगे, "पण्डित जी! यह गीत तो मल्हार राग में गाया जाता है, यह आप क्या गा रहे हैं। देखिए, इसको इस प्रकार गाइए।' मालवीय जी का डॉक्टर समीप बैठा था वह नहीं चाहता था कि मालवीय जी स्वयं गाएं, किन्तु रोकने में असमर्थ रहा। गीत गा चुकने पर उन्होंने डॉक्टर से कहा, 'देखिए मेरा ज्वर उतर गया है न?' डॉक्टर देखकर आश्चर्य चकित रह गया। वास्तव में ही उनका ज्वर उतर गया था।

मालवीय जी के विषय में यह प्रचलित था कि वे समय का पालन नहीं करते। वास्तव में मालवीय जी कर्मकाण्ड ब्राह्मण थे अत: पूजा पाठ के समय में किसी प्रकार का व्यवधान उनको पसंद नहीं था। यही कारण था कि कभी-कभी वे निर्धारित समय पर कार्यक्रम में नहीं पहुंच पाते थे। किन्तु भोजन के लिए उन्होंने कभी किसी कार्यक्रम को रद्द नहीं किया। यही कारण है कि अनियमित भोजन के कारण उनका स्वास्थ्य समय-समय पर बिगड़ता रहता था। उसका मुख्य कारण यह था कि जब कभी भी वे भोजन करने के लिए बैठते यदि उस समय कोई व्यक्ति उनके पास अपनी समस्या लेकर आ गया तो न उन्हें भोजन का स्मरण रहता और न किसी सभा का। जब तक उस व्यक्ति की समस्या का समाधान नहीं हो जाता वे बैठे ही रहते। इसके कारण वे समय पर भोजन नहीं कर पाते थे और इसके कारण की समय पर किसी सभा में भी नहीं पहुंच पाते थे।

इतना सब कुछ होने पर भी और उनका स्वभाव उसी प्रकार का होने पर

भी यह विचित्र संयोग रहा कि मालवीय जी गाड़ी छूटने के कारण किसी कार्यक्रम से वंचित नहीं रहे। ऐसे स्थानों पर किसी-न-किसी प्रकार समय पर पहुंच गए। इस प्रसंग में एक रोचक घटना बताई जाती है।

हुआ यों, मालवीय जी वाइसरीगल कौंसिल में कोई विधेयक प्रस्तुत करने वाले थे। किन्तु दुर्देव से प्रयाग से दिल्ली जाने वाली अन्तिम गाड़ी भी उस दिन छूट गई और वे गाड़ी पकड़ नहीं पाए थे। मालवीय जी हताश हो गए। तभी स्टेशन पर घोषणा हुई कि सब यात्री तथा अन्यान्य जन प्लेटफार्म खाली कर दें। वाइसराय महोदय की गाड़ी स्टेशन पर पहुंच रही है। मालवीय जी को अवसर मिला कि वे वाइसराय को अपनी असमर्थता बता दें। और जब वाइसराय की गाड़ी आई तो वे उनसे मिले और बताया कि वे समय पर दिल्ली पहुंचने में असमर्थ हैं वाइसराय ने तत्काल अपनी गाड़ी में एक डिब्बा खाली करवाया और वह मालवीय जी को लेकर दिल्ली जा पहुंचा।

गाड़ी का समय निकल जाने पर भी अनेक बार उनको गाड़ी मिली है। इसका कारण यह है कि गाड़ियां सामान्यतयां विलम्ब करती ही रहती हैं यह परंपरा आज तक चली आ रही है। आज कल तो कुछ अधिक हो गया है। हां समय से पूर्व गाड़ी कभी नहीं चलती।

मालवीय जी प्रबल आशावादी थे। महानतम संकट और विपत्ति में भी उन्होंने कभी धैर्य और साहस नहीं छोड़ा मालवीय जी के बहुत प्रयत्न करने पर लन्दन में गोलमेज कांफ्रेंस का निश्चय हुआ था। इस सम्मेलन के विचारणीय विषय पर वार्तालाप करने के लिए गांधीजी दिल्ली में वाइसराय से मिलने वाले थे। मालवीय जी भी गांधीजी के साथ लन्दन जाने वाले थे, इसलिए वे गांधीजी से कुछ पहले ही बम्बई पहुंच गए थे। वहीं से उनको जहाज पर चढ़ना था। तभी उनको सूचना मिली कि वह वार्ता तो स्थगित होने वाली है। मालवीय जी ने अपना सब सामान बम्बई में ही छोड़ दिया और स्वयं दिल्ली जा धमके उन्होंने बीच में पड़कर दोनों की समस्याओं का समाधान कर दिया और फिर निर्धारित तिथि पर वे गांधी के साथ लन्दन भी पहुंच गए।

हिन्दुओं में यह विश्वास प्रचलित है कि जिस व्यक्ति की मृत्यु काशी में होती है वह जीवन-मुक्त हो जाता है, उसे मोक्ष की प्राप्ति होती है और वह आवागमन के बंधन से मुक्त हो जाता है किन्तु मालवीय जी चाहते थे कि उनकी मृत्यु काशी में न हो क्योंकि वे अभी जीवन-मुक्त होना नहीं चाहते थे। वे अभी इस देश की सेवा से स्वयं को मुक्त नहीं करना चाहते थे। इसलिए तब उनका स्वास्थ्य अधिक बिगड़ने लगा तो उन्होंने अपने मित्र पण्डित

रामव्यास ज्योतिषी को एक बार कहा-मृत्यु के समय मुझे काशी की सीमा में मत ले जाना। क्योंकि मैं मोक्ष नहीं चाहता। मैं तो अपना काम पूरा करने के लिए और अपने देशवासियों की सेवा करने के लिए एक जन्म और लेना चाहता हूं।'

ऐसी अदम्य देशभक्ति थी उनमें। और उनका जीवन कितना सरल और सादा था इसका वर्णन करते हुए एक स्थान पर गांधीजी ने लिखा है- 'पण्डित मालवीय जी ने बड़ी कृपा करके अपने ही कक्ष में मुझे शरण दी थी। काशी हिन्दू विश्वविद्यालय के शिलान्यास के अवसर पर मैं उनके जीवन की सरलता की झांकी प्राप्त कर पाया था। मैं बहुत समीप से उनका दैनिक कार्यक्रम देख सका था। क्योंकि मैं उन्हीं के कक्ष में ठहरा हुआ था। और यह सब देखकर मैं स्तब्ध रह गया।

उनका घर प्रत्येक दीन, दु:खी और आर्त व्यक्ति के लिये धर्मशाला बना हुआ था। वह इतना ठसाठस भरा हुआ था कि एक कोने से दूसरे कोने तक जाना बड़ा कठिन होता था। किसी भी व्यक्ति को किसी भी समय उनका कितना भी समय लेने पर किसी प्रकार का कोई अंकुश नहीं था। मेरा पलंग भी बड़े सम्मान के साथ उसी कमरे में लगा हुआ था।

इस प्रकार मैं प्रतिदिन उनसे बातचीत का पर्याप्त अवसर प्राप्त कर लेता था। वह बड़े प्रेम और आदर से बड़े भाई के समान मुझे अपना पक्ष समझाया करते थे। यद्यपि अनेक बातों पर मेरा उनसे मतभेद बना रहता था।'

मालवीय जी ने जिस किसी भी क्षेत्र में कार्य किया चाहे वह कांग्रेस हो, हिन्दू महासभा हो, सनातन धर्म सभा हो, स्वदेशी आन्दोलन हो, हिन्दू-मुस्लिम एकता आन्दोलन हो, हिन्दू विश्वविद्यालय हो या फिर हिन्दू जाति ही क्यों न हो। उन्होंने देशभक्ति को ही प्रमुख रूप से अपने ध्यान में रखा। क्योंकि उनका यह विश्वास था कि किसी व्यक्ति द्वारा कोई भी ऐसा कार्य उचित नहीं कहा जा सकता जिससे देश उन्नति में बाधा उपस्थित हो या फिर देश के हित को हानि पहुंचे।

देश का महत्त्व उनकी दृष्टि में सदा ही महत्त्वपूर्ण रहा है। वे न तो स्वयं कभी ऐसा कार्य करते थे। और न किसी को करने देते थे कि जिससे अपने देशवासियों का अहित हो अथवा जो देश के अधिकांश जनों के लिए अहितकारक हो या हानिकारक हो।

यह सभी जानते हैं कि मालवीय जी को काशी हिन्दू विश्वविद्यालय से अत्यधिक आत्मीयता थी। एक समय इतने महान संघर्ष का भी आया कि न

जाने किसको क्या त्यागना पड़ जाए। ब्रिटिश राज और भारतीय जनता के मध्य महान संघर्ष छिड़ गया। उस समय किसी मूर्ख ने मालवीय जी से प्रश्न कर दिया, 'क्या आप देश के लिए काशी हिन्दू-विश्वविद्यालय का बलिदान कर सकेंगे?' मालवीय जी ने बड़े प्रखर शब्दों में उत्तर दिया, 'यदि देश और जनता के हित के लिए एक सौ हिन्दू विश्वविद्यालयों का भी बलिदान करना पड़े तो मैं उनके लिए उद्यत रहूंगा।' भारत के साथ उन्होंने इतनी दृढ़ आत्मीयता स्थापित कर ली थी।

सार्वजनिक जीवन में मालवीय जी की सफलता का कारण है उनकी अप्रतिम ओजस्विनी एवं मधुर वाणी, उनकी आत्मबलिदान की भावना, और देशभक्ति और सरलतम जीवनचर्या। वे सत्य सनातन धर्म के दृढ़ अनुयायी थे, यह भी उनकी सफलता का अन्य कारण कहा जा सकता है।

वे सुधारवादी होते हुए भी अपनी परम्परागत रुढ़ियों को छोड़ नहीं पाये थे, इसी कारण भारत की कोटि-कोटि जनता के हृदय में उनके लिए श्रद्धा का स्थान बन गया था। उनको विश्वास हो गया था कि जब तक मालवीय जी मंच पर है तब तक उनके धर्म पर किसी प्रकार की आंच नहीं आ सकती, कोई उस पर आघात नहीं कर सकता। और यदि किसी ने यह दुस्साहस किया भी तो मालवीय जी उनको मुंह तोड़ उत्तर देने में समर्थ हैं।

गांधी जी ने एक बार उनके सम्बन्ध में एक स्थान पर लिखा था, मैं उन्हें सर्वश्रेष्ठ हिन्दू समझता हूं जो अत्यन्त आचारवान होने पर भी विचारों में बड़े उदार हैं। द्वेष तो वे किसी से कर ही नहीं सकते। उच्च पद या शक्ति प्राप्त करने की उन्होंने कभी कल्पना नहीं की। उन्होंने बड़ी लम्बी अवधि तक मातृभूमि की ऐसी अविरल सेवा की है जिसका हममें से बहुत कम लोग दम्भ कर सकते हैं।'

इसी प्रकार एनीबेसेन्ट ने उनके विषय में एक स्थान पर लिखा, 'मैं यह कहने का साहस कर सकती हूं कि आज पण्डित मालवीय जी मत-भिन्नता में भी भारतीय एकता के प्रतीक हैं।'

श्री माधव हरि अणे ने उनके विषय में लिखा था, 'पण्डित मदन मोहन मालवीय जी ने हम लोगों के सम्मुख योगी के जीवन का आदर्श प्रस्तुत किया है जिसने सब प्रकार के स्वार्थगत प्रत्यनों का बलिदान करके अपने धर्म, संस्कृति और देश की सेवा में ही अपना सर्वस्व लगा दिया। पण्डित मदनमोहन मालवीय जी धर्मों की शुद्धता और देशभक्ति के मूर्तिमान स्वरूप हैं।"

स्वर्गीय कृपलानी ने उनके विषय में लिखा, 'मालवीय जी हरिजनों के

उद्धार में सच्चे हृदय से विश्वास करते थे। वे आचारवान हिन्दू थे, इसलिए बहुत से मुस्लिम नेता प्राय: उनकी निष्ठा में सन्देह करते थे किन्तु मैं भली प्रकार से जानता हूं कि वे हिन्दू-मुस्लिम एकता के पक्ष में थे।'

नेहरू ने कहा, 'पण्डित मदनमोहन मालवीय जी अपने देश के महान राष्ट्रीय आन्दोलन के समय भारत के राजनीतिक और सांस्कृतिक क्षेत्रों में अत्यन्त प्रभावशाली पुरुष थे। हम लोग जो भी उनके घनिष्ठ सम्पर्क में आए उन सबने उनके महान व्यक्तित्व से बड़ी प्रबल प्रेरणा प्राप्त की अपनी जवानी के जोश में हम अपने विचार से यह समझा करते थे कि वह कुछ अधिक नम्र और उदार हैं किन्तु उसमें कोई सन्देह नहीं कि उन्होंने देश कि अत्यन्त महान सेवा की है। भारत के करोड़ों नर-नारियों पर उनका बड़ा प्रबल प्रभाव था जो उनसे पूर्णतया प्रभावित थे। यह उचित है कि ऐसे महापुरुष के प्रति श्रद्धांजलि अर्पित करे जिसने वर्तमान भारत की नींव स्थापित करनें में इतना महान कार्य किया।'

मालवीय जी के सम्बन्ध में अनेक बार अनेक लोगों को यह भ्रम हो जाता है कि वे कट्टर हिन्दू थे, यद्यपि पिछले पृष्ठों में स्थान-स्थान पर हमने सोदाहरण इसका प्रत्याख्यान किया है तदपि यहां पर हम एक प्रसंग का उल्लेख करना उपयुक्त समझते हैं। जिन्ना जो कि पाकिस्तान के उद्घोषक और मुस्लिम समुदाय के एकमात्र नेता थे उन्होंने, यह कहा था कि कांग्रेस की ओर से यदि पण्डित मदनमोहन मालवीय जी मुस्लिम लीग से बात करें तो शायद आपस में बात बन सकती है। एक अन्य उदाहरण यह भी है कि प्रयाग में जब मालवीय जी ने हिन्दुओं और मुसलमानों के प्रतिनिधित्व के मामले को लेकर कांफ्रेंस की तो इस अवार्ड को मुसलमानों की स्वीकृति से ही पारित करने के लिये प्रस्तुत किया गया था।

ऐसे एक नहीं अनेक उदाहरणों से मालवीय जी की जीवनगाथा गुंथी हुई है। स्थानाभाव के कारण यहां हमने संक्षेप में इसका वर्णन कर दिया है।

सनातन धर्म और हिन्दुत्व

महात्मा गांधी को यदि कोई स्पष्ट रूप में 'हिन्दू नेता' कह देता तो कदाचित वे इसके प्रत्याख्यान के लिये तुरन्त अनशन करने बैठ जाते। इसी प्रकार यदि कोई पण्डित जवाहरलाल नेहरू को हिन्दू कह देता तो वे अपने तुनक मिजाज स्वभाव के अनुसार अपने तकिया कलाम 'यह क्या तूफान बदतमीजी है' कह कर उसकी भर्त्सना कर देते और कदाचित गाल पर एक तमाचा भी जड़ देते। किन्तु मालवीय जी ऐसे व्यक्ति थे जिनको हिन्दू कहलाने में गर्व का अनुभव होता था। क्योंकि मालवीय जी का लालन-पालन तो विद्या और धर्म के वातावरण में हुआ था, इस कारण वे संस्कारी व्यक्ति थे। इसके विपरीत गांधी और नेहरू का जन्म और प्रारम्भिक जीवन उस प्रकार के संस्कारी परिवार में नहीं बीता था। यहां पर उन दोनों के जीवन पर प्रकाश डालना समीचीन नहीं होगा।

अपने अध्यापन काल में इस और उनका ध्यान अधिक गया था। उस समय पंजाब और संयुक्त प्रान्त के कुछ लोक-संग्रही नेता समाचार पत्रों और शिक्षा संस्थाओं के माध्यम से सनातन सिद्धान्तों का प्रचार कर रहे थे। उन नेताओं ने सन् 1887 में वसन्त के अवसर पर हरिद्वार में एक सम्मेलन भी आयोजित किया था। थियोसौफिकल सोसाइटी के भारत में प्रवर्तक कर्नल आकांट भी इस सम्मेलन में सम्मिलित हुए थे। उस अवसर पर मालवीय जी की उन नेताओं से भेंट-वार्ता हुई थी वहां से लौटने के उपरान्त उससे प्रेरित होकर उन्होंने प्रयाग में 'हिन्दू प्रवर्द्धिनी सभा' की स्थापना की। उसके बाद वृन्दावन में भारत धर्म महामण्डल कर द्वितीय अधिवेशन हुआ तो मालवीय जी न केवल उसमें उपस्थित हुए थे अपितु वे उसमें मुख्य वक्ता भी थे।

सन् 1906 में प्रयाग कुम्भ के अवसर पर मालवीय जी के 'सनातन धर्म संग्रह' नामक ग्रन्थ पर विचार किया गया और उसके लिए निर्दिष्ट सिद्धान्तों को एकमत से स्वीकार किया गया। उसके परिणामस्वरूप वहीं पर सनातन धर्म महासभा' की स्थापना हो गई। इस सम्मेलन में यह भी निश्चय किया गया कि प्राचीन गुरुकुल प्रणाली के आधार पर बालकों को शिक्षा देने के लिए ब्राह्मचर्याश्रम की स्थापना की जाए।

सन् 1905 में कांग्रेस अधिवेशन के अवसर पर ही बी.एन. महाजनी के सभापतित्व में हिन्दुओं की एक विशाल सभा का आयोजन किया गया जिसमें हिन्दू संगठन पर विचार किया गया। यह कार्य आगे चलता रहा और फलस्वरूप सन् 1907 की कांग्रेस के अवसर पर 'हिन्दू महासभा' की स्थापना की गई।

जब लॉर्ड मिन्टो ने पृथक निर्वाचन प्रणाली का अपना कुचक्र चलाया तो उसका विरोध करने के लिए 1909 में हिन्दुओं की एक विराट सभा हुई। लॉर्ड मिन्टो के साम्प्रदायिक विशेषाधिकार के विरोध में सरकार के पास प्रतिनिधि मण्डल भेजे गए। इसका सारा श्रेय मालवीय जी को ही था।

जैसा कि ऊपर लिखा गया है कि कांग्रेस के अधिवेशन के अवसर पर ही उन दिनों हिन्दू महासभा के अधिवेशन हुआ करते थे। फिर भी यह आन्दोलन अधिक बल नहीं पकड़ पा रहा था। यों कहा जाए कि सन् 1909 की विराट सभा के उपरान्त सरकार के पास हिन्दुओं के प्रतिनिधि मण्डल के जाने के बाद यह सभा और हिन्दू आन्दोलन शान्त-सा हो गया था। तभी सन् 1913 में कानपुर में हिन्दू-मुस्लिम दंगे हो गए। इन दंगों ने तो हिन्दू आन्दोलन को एक प्रकार से ठण्डा-सा ही कर दिया।

मालवीय जी के प्रयत्नों से सन् 1914 में हिन्दू महासभा की जो बैठक हुई वह भी कांग्रेस के अधिवेशन स्थल पर होने के कारण उसमें उपद्रवियों अथवा दंगाइयों की जी-खोलकर भर्त्सना भी नहीं की गई। केवल इतना ही कहा गया कि ऐसे उपद्रवों को हिन्दू महासभा घृणा की दृष्टि से देखती है।

कांग्रेस अधिवेशन में जब दंगाई मुसलमानों की भर्त्सना नहीं की गई तो इससे विधर्मियों का उत्साह दिन प्रतिदिन बढ़ता चला गया। सन् 1917 के बाद महात्मा गांधी कांग्रेस मंच पर आ गए थे। वे आरम्भ से ही मुस्लिम परस्त नीति के पोषक रहे। इससे मुसलमानों को और भी बढ़ावा मिला। टर्की के खलीफा के समर्थन में भारत के मुसलमानों के खिलाफत आन्दोलन को गांधी ने भरपूर सहयोग दिया था। इससे उत्साहित होकर मुसलमानों ने मालाबार में नरसंहार का जो तांडव किया वह मानवता के इतिहास को सदा-सदा के लिए कलंकित कर गया। मालाबार के मोपलाओं ने न केवल हिन्दुओं की हत्याएं की अपितु उनके घर द्वार नष्ट कर दिए, सब कुछ लूट लिया और स्त्रियों का अपहरण कर उन्हें अपने घरों में रख लिया और जो लोग डर गए उन्हें बलात् मुसलमान बना लिया। महात्मा गांधी भी उनकी भर्त्सना नहीं कर सके वहां जाकर सेवा सान्त्वना की तो बात ही दूर।

मालवीय जी उन दिनों बहुत ही रुग्ण थे। उनको जब इन घटनाओं की

सूचना मिली तो भारी आघात लगा। वे तो उसी स्थिति में मालाबार जाने के लिये उद्यत हो गये थे, किन्तु डॉक्टरों ने उनको किसी भी प्रकार उठने नहीं दिया। फिर भी वे जितनी आर्थिक सहायता कर सकते थे वह उनहोंने की।

मालाबार के दंगों की आग अभी बुझी भी नहीं थी कि मुल्तान में हिन्दू-मुस्लिम दंगे भड़क उठे। अहिंसा के नीति के पालक हिन्दुओं की हत्या होती रही, मां-बहनों की लाज लुटती रही और गांधी, गोखले जैसे हिन्दू नेता हाथ पसारे बैठे रहे। उस अवसर पर अनेक हिन्दू ललनाओं ने कुओं और नदियों में कूद कर अपनी लज्जा को सुरक्षित रखा। मालवीय जी स्वयं को नहीं रोक सके और वे सारे मुल्तान में जाकर हिन्दुओं की दुर्दशा का चित्र देखे। उसे देखकर उनकी आंखें छलछला आई।

मुल्तान का हत्याकाण्ड समाप्त हुआ ही था कि संयुक्त प्रान्त के सहारनपुर में उमड़ पड़े। हिन्दु नेताओं ने यहां पर भी नपुंसकता और कायरता का ही परिचय दिया। मालवीय जी इसे सहन नहीं कर सके। परिणामतः मालवीय जी ने स्वामी श्रद्धानन्द तथा लाला लाजपत राय को साथ लेकर वहां का दौरा किया और फिर हिन्दुओं की दुर्दशा पर गम्भीरता से विचार किया। उस विचार-विमर्श के परिणामस्वरूप ही 'अखिल भारतीय हिन्दू महासभा' का जन्म हुआ। उसी वर्ष काशी सैन्ट्रल हिन्दू स्कूल में मालवीय जी की अध्यक्षता में इसका प्रथम अधिवेशन आयोजित किया गया। उसमें विस्तार से हिन्दुओं की दशा पर विचार-विमर्श कर अनेक निर्णय लिए और प्रस्ताव पारित कर उन्हें कार्यान्वित करने की योजनाएं भी बनाई गई।

इस अधिवेशन की एक घटना उल्लेखनीय है। जब छुआछूत के मामले पर विचार हो रहा था तो किसी ने मालवीय जी पर कटाक्ष किया वे स्वयं जब छुआछूत के पोषक हैं तो यह सभा इसका निवारण किस प्रकार कर सकती है? मालवीय जी उसी समय उठ खड़े हुए और अपने साथ बैठे देहरादून के चर्मकार जाति के बिहारीलाल का हाथ पकड़ कर उठाया और बोले, "अब हमारे भाई बिहारी लाल जी अपने विचार व्यक्त करेंगे।"

वास्तव में मालवीय जी छुआछूत के नहीं अपितु शुद्धता के मानने वाले थे। अस्पृश्यता का उन्होंने कभी समर्थन नहीं किया। उसके बाद हिन्दू महासभा में जागृति आई और वह हिन्दुओं में भी जागृति का अभियान चलाने लगी। प्रति वर्ष बड़े-बड़े नगरों में इसके अधिवेशन होने लगे। बैलगांव और पूना अधिवेशनों में मालवीय जी को ही इसका अध्यक्ष मनोनीत किया गया था। उसके बाद भी मालवीय जी महासभा के प्रत्येक अधिवेशन में भाग लेते रहे और सभा को

अपना सहयोग प्रदान करते रहें।

मालवीय जी देश को खण्डित होता नहीं देखना चाहते थे। हम संकेत कर आये हैं कि राजा जी ने विभाजन का मसौदा तैयार कर जिन्ना के पास भेजा था तो मालवीय जी ने इसका विरोध किया था। उनके मुख से यह पीड़ा-जनक स्वर निकला था "यह क्या? इससे तो पंजाब और बंगाल के हिन्दू सदा के लिये मुसलमानों के दास हो जाएंगे।

अपनी रुग्ण शैया से ही मालवीय जी ने राजाजी के फार्मूले का विरोध करते हुए लिखा था "हम भारतीय स्वतन्त्रता चाहते हैं कि हम यह नहीं चाहते कि देश की अखण्डता का घात हो। यह पाकिस्तानी समझौता कोई समझौता नहीं। यह समस्त देश, विशेषतया हिन्दुओं, के लिए घातक होगा। इसलिए सारे देश की ओर से इसका विरोध होना चाहिए।"

उनका वक्तव्य प्रसारित होने पर सारे देश से इसके विरुद्ध वक्तव्य प्रसारित होने लगे। कालान्तर में देश का विभाजन तो हुआ किन्तु राजाजी के फार्मूले के आधार पर नहीं। वह अंग्रेजों की कूटनीति थी और जिन्ना का दुराग्रह।

'हिन्दू प्रवर्द्धिनी सभा' और सन् 1906 में प्रयाग में कुम्भ के अवसर पर मालवीय जी द्वारा सनातन धर्म महासम्मेलन आयोजित करने की चर्चा हम पिछले पृष्ठों में कर चुके हैं। यही सनातन धर्म सभा विस्तीर्ण होकर सन् 1928 में 'अखिल भारतीय सनातन धर्म महासभा' के रूप में परिवर्तित हो गई। और इसने धर्म के सिद्धान्तों का प्रचार करने के लिए दो पत्रों का प्रकाशन आरम्भ किया। काशी से साप्ताहिक 'सनातन धर्म' और लाहौर से साप्ताहिक 'विश्वबन्धु' उसी वर्ष मालवीय जी ने पंजाब प्रान्त में घूम-घूम कर महासभा की लगभग तीन सौ शाखाओं की स्थापना की और उसी वर्ष रावलपिण्डी में प्रान्तीय सम्मेलन की अध्यक्षता भी की। वहां पर मालवीय जी ने सुझाव दिया कि छुआछूत हमारे लिए घातक है। अछूत कहे जाने वालों को कुओं से पानी भरने देना और विद्यालयों में उनके बालकों को प्रवेश देने में किसी प्रकार की हिचक करना हमारे संकुचित दृष्टिकोण का परिचायक ही नहीं अपितु यह सर्वथा अनुचित और समाज-घातक भी है।

सन् 1924 में प्रयाग कुम्भ अवसर पर मेला अधिकारियों ने स्नान घाट पर कुछ प्रतिबन्ध लगा दिये थे, किन्तु मालवीय जी ने अपने साथियों को साथ लेकर उस प्रतिबन्ध का विरोध किया और स्नानार्थी यथा स्थान स्नान करने में सफल हुए। इसी प्रकार सन् 1928 में हरिद्वार कुम्भ के अवसर पर भी मेला अधिकारियों ने एक स्थान पर अनुचित पुल बनाकर यात्रियों के निर्बाध

आवागमन में बाधा उत्पन्न कर दी। तब मालवीय जी ने मेला अधिकारियों से विनम्र निवेदन किया कि वह पुल हटा दिया जाए किन्तु उन्होंने सुना नहीं। मालवीय जी के स्वयंसेवकों ने सत्याग्रह करने का निश्चय कर लिया। मालवीय जी ने स्थिति की गम्भीरता को देख गवर्नर को तार भेज कर स्थिति समझाई तो उसके परिणामस्वरूप मेला अधिकारियों को वह पुल हटाना पड़ा।

सन् 1936 में सनातनधर्म महासभा का एक विशेष अधिवेशन, महासभा के भावी कार्यक्रम पर विचार विनिमय कर उसका निर्धारण करने के लिये बुलाया गया। उस अधिवेशन में बहुत विचार-विमर्श के उपरान्त अत्यन्त व्यापक और स्पष्ट कार्यक्रम स्वीकार किया गया। जिसमें मुख्य था

वेदोक्त धर्म का प्रचार-प्रसार, ऋषिकुल-गुरुकुल आदि की स्थापना, पुस्तकें तथा पत्र पत्रिकाओं का प्रकाशन, संस्कृति की रक्षा, धर्मोपदेशक तैयार करना, अल्प व्यय में धार्मिक तथा सामाजिक संस्कारों की व्यवस्था करना, मठ-मन्दिर-तीर्थस्थलों की रक्षा, विधवाओं तथा अनाथों की रक्षा, हिन्दुओं के विभिन्न सम्प्रदायों का संगठन, जाति के घटकों की शारीरिक शक्ति बढ़ाना, गो रक्षा, समान उदेश्यों वाली संस्थाओं से सहयोग-सहायता का व्यवहार तथा छुआछूत का निवारण करना।

ये उद्देश्य और कार्यक्रम इतने व्यापक और सर्वग्राही थे कि इसमें किसी भी सम्प्रदाय वाले को किसी प्रकार की आपत्ति के लिये स्थान था ही नहीं वास्तव में सनातन धर्म का अभिप्राय ही आदि काल से प्रचलित व्यापक धर्म है। इस अधिवेशन के अवसर पर मालवीय जी ने अपने भाषण में हिन्दू धर्म की विस्तृत व्याख्या भी की। उनके भाषण का अन्तिम अंश था

"भारत देश हमारी मातृभूमि है, यह हमारी पितृभूमि है। जो लोग सुजन्मा हैं, जिनके जीवन बहुत अच्छे हुए हैं उन राम, कृष्ण, बुद्ध आदि पुरुषों के महात्माओं के, आचार्यो के, ब्रह्मऋर्षियों और राजर्षियों के गुरुओं के, धर्मवीरों के शूरवीरों के दानवीरों के, स्वतन्त्रता प्रेमी देशभक्तों के, उज्ज्वल कृत्यों की यह कर्मभूमि है। इस देश से हमको परम भक्ति करनी चाहिए और तन, मन, धन से इसकी सेवा करनी चाहिए।

"जिस धर्म में परमात्मा ने गुण-कर्म स्वभाव के विभाग से ब्राह्मण, क्षत्रिय वैश्य और शूद्र ये चार वर्ण उत्पन्न किए हैं तथा जिसमें धर्म, अर्थ, काम और मोक्ष, इन चारों पुरुषार्थो के साधन में सहायक मनुष्य का जीवन पवित्र बनाने बाले ब्रह्मचर्य, गृहस्थ, वानप्रस्थ और संन्यास ये चार आश्रम स्थापित किए हैं, सब धर्मों से उत्तम इसी धर्म को हिन्दू धर्म कहते है। जो लोग सारे संसार का

उपकार चाहते हैं उनको चाहिए कि इस धर्म की रक्षा करें और समस्त संसार में इसका प्रचार करें।"

मालवीय जी सदा युग के साथ चलते रहे और उन्नतिशील एवं प्रगतिशील विचारों के समर्थन में उनकी व्यक्तिगत साधना कभी बाधक नहीं रहीं। उन्होंने गांधी जी के हरिजन आन्दोलन से भी पहले सन् 1928 में ही सनातन धर्म महासम्मेलन में इस समस्या के समाधान के लिए अपने विचार व्यक्त करते हुए रावलपिण्डी अधिवेशन में छुआछूत मिटाकर समानता के व्यवहार का उपदेश दिया था। मालवीय जी ने स्वयं काशी, प्रयाग, कलकत्ता और नासिक में अस्पृश्य कहे जाने वाले व्यक्तियों को मन्त्र-दीक्षा दी थी।

मालवीय जी कट्टर सनातनधर्मी व्यक्ति माने जाते थे, किन्तु वे संकीर्ण अथवा संकुचित मनोवृत्ति के कदापि नहीं थे। उन्होंने सदा ही समाज सुधार का न केवल पक्ष लिया अपितु स्वयं उसमें अग्रगण्य रहे। यही कारण है कि उनको अनेक बार आर्य समाज के अधिवेशनों की अध्यक्षता करने के लिए भी आमंत्रित किया जाता रहा और मालवीय जी ने उसको सहर्ष स्वीकार कर समाज की सेवा की।

उनका हिन्दुत्व किसी सम्प्रदाय विशेष द्वारा अनुपालित जीवन-पद्धति मात्र नहीं था वरन सम्पूर्ण विश्व के मानव मात्र को अपनी विशाल परिधि में अंकस्थ करने वाला दार्शनिक सिद्धांत था जिसके अनुसार प्रत्येक व्यक्ति का यह कर्तव्य है कि वह धर्म, सत्य और मानवीय अधिकार की रक्षा के लिए अपने सर्वस्व का बलिदान कर दे।

अपने व्यक्तिगत जीवन में नियम-संयम का पालन करते हुए मालवीय जी बहुत बड़े सुधारक थे जो युग के साथ-साथ अपनी भावधारा को भी उदार और उदात्त बनाते चले गए। यह कहना अतिशयोक्तिपूर्ण नहीं होगा कि वे सार्वभौम धार्मिक सत्य और शाश्वत आदर्शों के सच्चे अनुयायी थे। एक वाक्य में यदि कहा जाए तो-धर्म ही उनका जीवन और लक्ष्य था।

हिन्दी सेवा

हिन्दी के प्रति मालवीय जी का अत्यधिक समर्पण भाव रहा। किन्तु उनके हिन्दी प्रेम और उनकी हिन्दी का वर्णन करने से पूर्व हम भाषा की तत्कालीन परिस्थिति का वर्णन कर देना उचित समझते हैं।

मुगलों की घुसपैठ और आक्रमण के बाद भारत पराधीन हो गया। पराधीन देश पर शासक अपनी सभ्यता और संस्कृति ही नहीं थोपता अपितु अपनी भाषा भी थोप देता है। यही कारण है कि मुगलों के शासनकाल में भारत में एक फारसी का प्रचलन बहुत बढ़ गया था। फारसी न केवल न्यायालयों एवं शासकीय काम-काज की भाषा बन गई थी। अपितु धीरे-धीरे उसको जन-साधारण की भाषा भी बनाया जाने लगा और एक समय ऐसा भी आया जब कि उर्दू के माध्यम से वह जन-साधारण की भाषा भी बन गई। उर्दू का प्रचलन मुस्लिम शासनकाल में भारतवर्ष में ही हुआ। इससे पूर्व उर्दू नाम की न कोई भाषा थी और न ही और न ही कोई लिपि। फारसी की लिपि में उर्दू की लिपि बनाई गई और फिर फारसी मिश्रित उर्दू को शासकीय भाषा बना दिया गया। यही कारण है कि उर्दू के समर्थक आज के डंके की चोट बड़ी निर्लज्जता से कहते हैं कि उर्दू विदेशी नहीं स्वदेशी भाषा है वे इस तथ्य को भूल जाने को कहते हैं कि उर्दू आक्रमणकर्ताओं की भाषा थी न कि देशवासियों की। कालान्तर में वही उर्दू भारत विभाजन के लिए उत्तरदायी सिद्ध हुई। आज के उर्दू समर्थक यह सिद्ध करने का यत्न कर रहे हैं कि उर्दू साहित्य को हिन्दुओं की भी उतनी ही देने है जितनी कि मुसलमानों की। किन्तु क्या ऐसे पंचमार्गियों अथवा विवशों को सिद्धांतवादी का नाम दिया जा सकता है?

मुगलों के शासनकाल में सबसे अधिक हानि भारतीय भाषाओं को हुई है। संस्कृत और संस्कृति की उस समय से जो अवहेलना आरंभ हुई वह आज कांग्रेस के शासनकाल में भी उसी प्रकार होती चली आ रही है। उस काल में भयाक्रान्त तथाकथित पठित वर्ग फारसी और उर्दू को ही अपनाने लगा था। क्योंकि वह न केवल रोजगार की भाषा बन गई थी अपितु सरकारी प्रोत्साहन भी उसी भाषा के पण्डितों को प्राप्त होता था।

मुगलों के बाद भारत के शासक अंग्रेज बने। उन्होंने फारसी के स्थान पर

अंग्रेजी को स्थापित करने का यत्न आरंभ कर दिया। हर काल में और हर देश में कुछ लोग ऐसे होते हैं जिनके विषय में कहा जाता है-"गंगा गए गंगादास, जमुना गए जमुनादास।" मुगलकाल में और अंग्रेजों के काल में भी ऐसे लोगों की कमी नहीं थी। मुसलमानी जमाने में उन लोगों ने फारसी पढ़ ली, तुर्की टोपी पहन ली और जब अंग्रेज आए तो हैट, कोट, टाई, पतलून के साथ अंग्रेजी के कुछ शब्द सीख लिए। ऐसे लोग न अपनी भाषा पर कुछ ध्यान देते हैं और न ही अपनी संस्कृति तथा सभ्यता की ओर। किन्तु देश का दुर्भाग्य यह है कि आज ऐसे दोगले लोगों का भारत पर राज्य स्थापित हो गया है। मैकाले की शिक्षा अब रंग ला रही है। आज का शासक वर्ग केवल तन से भारतीय है किन्तु मन और मस्तिष्क उसका बिल्कुल पाश्चात्य रंग में रंगा हुआ।

किसी भी देश की उन्नति उसकी भाषा में संस्कृति की उन्नति पर ही निर्भर करती है। यह तथ्य आज का शासक वर्ग भले ही भुला दें, किन्तु जन-साधारण इसको नहीं भुलाता। उन्नीसवीं शती में इसी भावना से प्रेरित होकर राजा शिवप्रसाद ने 'बनारसी अखबार' में नागरी की बड़ी वकालत की थी। यद्यपि स्वयं उनके पत्र की भाषा उर्दू मिश्रित होती थी। किन्तु उसके परिणामस्वरूप लोगों का हिन्दी के प्रति झुकाव बनने लगा। सन् 1891 में आगरा से राजा लक्ष्मण सिंह ने 'प्रजा हितैषी' का प्रकाशन आरंभ किया तो इसमें 'अभिज्ञान शाकुन्तलम्' का हिन्दी अनुवाद क्रमश: प्रकाशित होने लगा। पाठकों ने इस प्रयास का स्वागत किया।

संयुक्तप्रान्त की ही भांति पंजाब में भी हिन्दी का आन्दोलन आरंभ हुआ। बाबू नवीनचन्द्रराय ने सन् 1861 और सन् 1881 के बीच पंजाब में हिन्दी का बहुत प्रचार-प्रसार किया। उन्हीं दिनों स्वामी दयानन्द ने आर्य समाज की स्थापना की। आर्य समाज में हिन्दी को प्रोत्साहन दिया जाने लगा। स्वामी दयानन्द ने स्वयं गुजराती होते हुए और संस्कृत के प्रकाण्ड पण्डित होते हुए भी अपने व्यवहार में हिन्दी को ही अपनाया। स्वामी जी के धर्म प्रचार के कारण ही हिन्दी का भी प्रचार होने लगा।

इन्हीं दिनों बाबू हरिश्चन्द ने भी हिन्दी में पुस्तकें लिखना आरंभ किया। उन्होंने अनेक पुस्तकों का हिन्दी में अनुवाद भी किया। इस प्रकार वे भी हिन्दी की श्रीवृद्धि करने लगे। इससे पूर्व मुंशी सदासुखलाल, लल्लूलाल तथा सदलमिश्र भी हिन्दी की सेवा कर चुके थे। इस प्रकार हिन्दी प्रचार-प्रसार का वातावरण बन गया था। राजा शिवप्रसाद की हिन्दी सेवा का उल्लेख हम पहले कर आए हैं। उन्होंने ही हिन्दी को आधुनिक रूप दिया। उन्होंने सन् 1873 में

'हरिशचन्द्र मैगजीन' प्रकाशित की थी जो कुछ ही समय बाद 'हरिश्चन्द्र चन्द्रिका' नाम से विख्यात होने लगी। इसमें लेख लिखने के लिए प्रोत्साहित किया जाता था।

मालवीय जी उस समय स्कूली छात्र थे। वे इस पत्रिका को चाव से पढ़ते थे 'हरिशचन्द्र चन्द्रिका' में समस्यापूर्ति निकला करती थीं। मालवीय जी ने 'मकरन्द' नाम से समस्या पूर्ति करनी आरंभ की। सर्वप्रथम समस्या थी-'राधिका रानी' मालवीय जी ने मकरन्द नाम से ही इस पर दो छन्द बनाकर भेजे। इस प्रकार बाल्यकाल से ही मालवीय जी हिन्दी की समस्या से जुड़ गए थे।

न्यायालयों में फारसी से लदी उर्दू का प्रतिरोध होने लगा। इसी प्रकार सरकारी विभागों में इसका प्रतिरोध तथा हिन्दी को उसका समुचित स्थान दिलाने के लिए प्रयास होने लगा। इन सब प्रयासों का ही परिणाम था कि सन् 1884 में प्रयाग में 'हिन्दी उद्धारिणी प्रतिनिधि सभा' की प्रस्थापना हो गई। तब तक मालवीय जी युवा हो चुके थे। मालवीय जी ने इस सभा में बड़े उत्साह से कार्य करना आरंभ कर दिया। उन्होंने हिन्दी के पक्ष में न केवल सुन्दर-सुन्दर, तर्कपूर्ण लेख ही लिखे अपितु स्थान-स्थान पर जाकर भाषण दे-दे कर इसके लिए कार्यकर्ता भी जुटाए। मालवीय जी की वक्तृता के माधुर्य और ओज की हम चर्चा अनेक स्थानों पर करते आए हैं।

मालवीय जी के इस सद्प्रयास का सुपरिणाम निकला। लोग हिन्दी के प्रति अपने कर्तव्य को पहचानने लगे। उन्हीं दिनों के प्रसिद्ध विद्वान एवं हिन्दी के सुदृढ़ पण्डित बालकृष्ण भट्ट ने 'प्रदीप' नाम से एक हिन्दी मासिक आरंभ किया तो पण्डित मालवीय जी इसके नियमित लेखक बन गए। उसी के कुछ काल में मालवीय जी ने स्वयं 'हिन्दुस्तान' का सम्पादकत्व संभाला था और कालान्तर में 'अभ्युदय' का उदय भी हुआ था। इन सब पात्रों के माध्यम से मालवीय जी ने हिन्दी की जो सेवा की है वह स्वर्णक्षरों में लिखी गई है।

काशी में बाबू श्यामसुन्दरदास, पण्डित रामनारायण मिश्र और ठाकुर शिवकुमार सिंह ने देवनागरी लिपि के प्रचार-प्रसार और हिन्दी साहित्य के विकास के लिए सन् 1892 में 'काशी नागरी प्राचरिणी सभा की स्थापना की। मालवीय जी आरंभ से ही इस सभा से जुड़ गए। और उसमें सक्रिय कार्यकर्ता के रूप में कार्य करने लगे। मालवीय जी का कार्य सदा ही रचनात्मक होता था उन्होंने कभी भी आन्दोलनात्मक दृष्टिकोण नहीं अपनाया। उन्होंने घूम-घूम कर बड़े परिश्रम से न केवल आंकड़े ही एकत्रित किए वरन् ऐसी सामग्री भी एकत्रित की कि जिसके द्वारा वे सिद्ध करते थे कि उर्दू-फारसी को बनाए

रखना नितांत व्यर्थ है। इसके विपरीत न्यायालयों में हिन्दी भाषा और देवनागरी का प्रचलन नितांत आवश्यक एवं उपर्युक्त है।

अपने रचनात्मक कार्य के साथ-साथ पण्डित मालवीय समय-समय पर सरकार को भी देवनागरी लिपि और हिन्दी भाषा के प्रचलन के लिए लिखते रहते थे। इस प्रकार का एक प्रयास सन् 1894 में किया गया, निष्फल सिद्ध हुआ। फिर सन् 1895 में किया गया, उसका भी कोई सुखकर परिणाम नहीं हुआ। किन्तु यह निस्संकोच कहा जा सकता है कि इन प्रतिवेदनों ने भूमिका तैयार करने का कार्य अवश्य किया था। उसी का परिणाम था कि जब उसी वर्ष गवर्नर मैक्डोनल काशी आया तो उस समय उसने हिन्दी के विषय पर विचार करने का आश्वासन दिया।

यह संयोग की बात थी कि युक्त प्रान्त के गवर्नर एन्टोनी मैक्डोनल बनारस पधारे तो नागरी प्रचारिणी सभा ने हिन्दी प्रचार-प्रसार के लिए उनके पास एक प्रतिनिधि मण्डल भेजने का निश्चय किया। उनको दिया जाने वाला ज्ञापन तैयार किया गया। मालवीय जी ने अनेक प्रान्तों में घूम-घूमकर इस प्रकार के आकड़े एकत्रित कर लिए थे कि जिसके द्वारा यह सिद्ध करना सरल हो गया कि फारसी लिपि और फारसी लदी उर्दू को चलाए रखना व्यर्थ है। जब कचहरियों की भाषा हिन्दी और लिपि देवनागरी की जानी चाहिए। गवर्नर को दिए जाने वाले ज्ञापन में इन तथ्यों का समावेश कर दिया गया।

गवर्नर शिष्ट मण्डल से मिला, उसकी बातें उसने बड़े ध्यान से सुनकर उनके भावों के प्रति सहानुभूति जताई और ज्ञापन को सादर ग्रहण किया तथा आश्वासन दिया कि इस पर अवश्य विचार किया जाएगा। परिणामस्वरूप थोड़े ही दिन पश्चात सरकार की ओर से यह आदेश प्रसारित हो गया कि 'कचहरी आदि के काम-काज में हिन्दी को भी उर्दू के साथ समान पद दिया जाता है।'

उन दिनों मालवीय जी की वकालत चरम सीमा पर थी। यद्यपि समय का सदा ही उनके पास अभाव रहता था किन्तु फिर भी आपने उसकी चिन्ता न कर एक लेख तैयार किया जिसका शीर्षक था 'कचहरियों की दशा और उत्तर पश्चिम प्रान्तों में प्राथमिक शिक्षा'। यह लेख यद्यपि अंग्रेजी में लिखा गया था, क्योंकि जिनको पढ़ाना इस लेख का उद्देश्य था वे थे अंग्रेज शासक और उनके अंग्रेजी-दां अधिकारी। उस लेख में उन्होंने यह सिद्ध करने का यत्न किया था कि कचहरियों में हिन्दी भाषा का प्रचलन न होने से कितना बड़ा कष्ट सबको उठाना पड़ रहा है।

ऊपर हम जिस ज्ञापन की चर्चा कर आए हैं, उसका आधार भी यही लेख

और मालवीय जी द्वारा एकत्रित अन्यान्य सामग्री तथा आंकड़े थे। मैक्डोनाल्ड के पास जाने वाले शिष्य मण्डल में अन्यान्य हिन्दी विद्वानों के अतिरिक्त अयोध्या नरेश, मांडा के राजा तथा आवागढ़ के राजा भी सम्मिलित थे। मैक्डोनाल्ड के निवास पर पहुंचने पर दुविधा हुई कि शिष्ट मण्डल का नेतृत्व कौन करे। तब सर्वसम्मति से यही निश्चय हुआ कि 'मालवीय जी' ही इसके लिए श्रेष्ठतम व्यक्ति हैं। वहां पर भी मालवीय जी ने अपने वकील होने का परिचय दिया और यह उनकी वहां पर की गई वकालत का ही परिणाम था जो कि मैक्डोनाल्ड ने उपरिलिखित आज्ञा प्रसारित करवाई।

यह एक प्रकार से मालवीय जी की ही विजय थी। उनकी इस विजय से काशी नागरी प्रचारिणी सभा को बहुत बल मिला। तब मालवीय जी को सम्मानित करने के लिए काशी नागरी प्रचारिणी सभा ने काशी में हिन्दी साहित्य सम्मेलन का अधिवेशन आयोजित किया और मालवीय जी को उसका सभापति निश्चित किया। तदनन्तर प्रतिवर्ष देश के किसी-न-किसी प्रान्त और बड़े नगर में हिन्दी साहित्य सम्मेलन के अधिवेशन होने लगे। इन अधिवेशनों में हिन्दी के साहित्यकारों को सम्मानित और पुरस्कृत किया जाने लगा। महात्मा गांधी और स्वामी श्रद्धानन्द जैसे लोग भी कालान्तर में इन सम्मेलनों की अध्यक्षता करते रहे हैं।

अली बन्धुओं, मौलाना आजाद प्रभृति अनेक मुस्लिम नेताओं के कांग्रेस में प्रवेश से गांधी की प्रवृत्ति हिन्दी से हटकर हिन्दुस्तानी की ओर बढ़ने लगी तो उन्होंने सन् 1942 में हिन्दी साहित्य सम्मेलन से अपना संबंध विच्छेद कर लिया था। यह सम्मेलन को एक प्रकार से आघात पहुंचाना था किन्तु सम्मेलन ने इस आघात को भी सहा और उसकी गतिविधियां यथावत चलती रही हैं। क्योंकि गांधीजी कांग्रेस के एक छात्र नेता थे, अत: कांग्रेस ने भी वही पथ ग्रहण किया जो गांधी ने दिखाया था। कांग्रेस गांधी की परंपरा का पालन करती हुई मुस्लिम तुष्टीकरण की नीति अपना कर हिन्दी को हानि पहुंचाने में सबसे आगे रहती है। उसका यह परिणाम है कि आज तक भी हिन्दी को उसका उचित स्थान नहीं मिल पाया है जबकि उर्दू भाषा देश का एक विभाजन करने में सफल हो चुकी है और अब एक अन्य विभाजन की भूमिका तैयार कर रही है।

मालवीय जी ने काशी हिन्दू विश्वविद्यालय में आरंभ से ही हिन्दी साहित्य को अनिवार्य पठनीय विषय बनवाया था। काशी हिन्दू विश्वविद्यालय के हिन्दी विभाग में उन्होंने बाबू श्यामसुन्दरदास, पं. रामचन्द्र शुक्ल, पं. अयोध्यासिंह उपाध्याय और लाला भगवानदीन सदृश्य हिन्दी के दिग्गज विद्वानों को प्रतिष्ठित

किया। विज्ञान और तकनीकी विषयों को छोड़कर शेष सब विषयों का माध्यम हिन्दी घोषित करवाया।

मालवीय जी ही वे प्रथम व्यक्ति हैं जिन्होंने विश्वविद्यालय स्तर पर हिन्दी साहित्य को पठनीय विषयों में सम्मिलित किया। उससे पूर्व विश्वविद्यालयों में हिन्दी को कोई स्थान प्राप्त नहीं था। इस कार्य की सिद्धि के लिए उन्होंने काशी हिन्दू विश्वविद्यालय में बाबू श्यामसुन्दर दास, पं. रामचन्द्र शुक्ल, पं. अयोध्यासिंह उपाध्याय 'हरिऔध' और लाला भगवानदीन सदृश्य हिन्दी के दिग्गज विद्वानों को लाकर प्रतिष्ठित किया। इन विद्वानों के आ जाने से हिन्दी के प्रचलन में सुविधा होने लगी।

न केवल इतना अपितु मालवीय जी ने काशी हिन्दू विश्वविद्यालय में विज्ञान और तकनीकी विषयों के अतिरिक्त अन्य सब विषयों के प्रश्नपत्रों का उत्तर हिन्दी में देने की सुविधा प्रदान कर दी। विज्ञान और तकनीकी के ग्रन्थ तब तक हिन्दी में तैयार नहीं करवाए गए थे, इस कारण उनके लिए अंग्रेजी की छूट थी।

भारत के विश्वविद्यालयों में अब तक दीक्षान्त भाषण केवल अंग्रेजी में ही दिए जाते थे। यह एक प्रकार से परंपरा-सी बन गई थी जब प्रयाग विश्वविद्यालय में मालवीय जी को दीक्षान्त भाषण देने के लिए आमंत्रित किया तो उन्होंने उस परम्परा का परित्याग कर अपना भाषण विशुद्ध हिन्दी में दिया। वे मानते थे कि अपने लोगों में अपनी बात विदेशी भाषा में कहना अपराध ही नहीं अपितु महान देशद्रोह भी है।

मालवीय जी की इन हिन्दी सेवाओं के लिए देश आज भी उनके प्रति कृतज्ञता ज्ञापन करता है और वह सदा ही मालवीय जी का ऋणी रहेगा।

गोभक्ति

मालवीय जी सनातन धार्मिक हिन्दू थे। सनातन धर्म में गो का जो महत्त्वपूर्ण स्थान है, मालवीय जी के हृदय में उसके लिए अत्यंत आदर था। पर गोभक्ति उनको परंपरा से ही प्राप्त हुई थी। उनके घर में गोपालन और गोपूजन होता था। अत: बाहर के किसी पण्डित अथवा विद्वान को मालवीय जी को गाय के विषय में समझाने की आवश्यकता नहीं पड़ी। वे जीवन के आरंभ से ही गो पूजक थे।

मालवीय जी को यह आशा थी कि जब भारत स्वतंत्र हो जाएगा तो फिर इस देश में गोहत्या पर प्रतिबंध लग जाएगा। गोवध संवैधानिक रूप से दण्डनीय अपराध घोषित कर दिया जाएगा। किन्तु दुर्भाग्य। देश की बागडोर उन कांग्रेसियों के हाथ में आई जिसमें मौलाना अब्दुल कलाम आजाद जैसे एक नहीं अनेक गोभक्षक मुसलमान सम्मिलित थे। गोवध पर प्रतिबंध लगाकर कांग्रेस ऐसे लोगों को रुष्ट करना नहीं चाहती थी। अपितु मौलाना आजाद को संतुष्ट करने लिए नेहरू को यदि शीर्षासन भी करना पड़ा तो उन्होंने वह भी किया। फिर ऐसे प्रधानमंत्री से गोवध पर प्रतिबंध लगाने की अपेक्षा करना बालू में तेल ढूंढ़ने के समान ही था।

मालवीय जी अपने जीवन में जितना हो सकता था गोवध का विरोध करते रहे। सन् 1897 में मालवीय जी के प्रयास से ही भारत के पारसियों का एक शिष्टमण्डल भारत में गोवध बन्द कराने की आकांक्षा लेकर लन्दन जाने वाला था। किन्तु किसी कारणवश उसमें बाधा उत्पन्न हो गई और वह शिष्टमण्डल रानी के सम्मुख गो की गुहार नहीं रख सका।

गो, गंगा और गायत्री का भारत में आदि काल से सम्मान और पूजन अर्चन होता रहा है। जब मुद्रा का प्रचलन नहीं हुआ था उस समय भी गाय के रूप में मनुष्य की चल सम्पत्ति आंकी जाती थी। अचल सम्पत्ति के रूप में गाय का बहुत महत्त्व था। विनिमय, और आदान-प्रदान गाय के माध्यम से ही किया जाता था।

गोदान को सब दानों में श्रेष्ठ दान माना जाता था और आज भी उसका वही महत्त्व विद्यमान है। किसी भी प्रकार का श्रेष्ठ कर्म हो उसके उपरांत

गोदान का विधान सनातन कर्मकाण्ड का मुख्य अंग है। मरणोपरांत भी गाय की पूछ पकड़कर ही वैतरणी पार होने की परिपाटी हमारे देश में प्रचलित है।

गाय का दुग्ध माता के दुग्ध के समान पोषक और सुखकर माना गया है। पीने के लिए भैंस के दूध का प्रचलन भारत के अतिरिक्त अन्य किसी स्थान पर नहीं है। यह भारत में मुगलों के साम्राज्य के उपरांत ही प्रचलित हुआ है। इससे पूर्व भारत में भी केवल गोदुग्ध ही मनुष्य के उपयोग में लाया जाता था। किन्तु इस देश पर जब प्रथम मुगलों ने और फिर अंग्रेजों ने आक्रमण करके शासन स्थापित किया, अर्थात जब से भारत में म्लेच्छराज स्थापित हुआ है, तब से ही भैंस का दूध मनुष्य के उपयोग की वस्तु माना गया है।, उससे पूर्व नहीं। भारत देश में गोहत्या को जघन्य अपराध माना जाता रहा है, किन्तु अंग्रेजों के शासन के उपरांत अब तो यहां स्थान-स्थान पर ऐसे वधस्थल बनाए गए हैं, जहां पर निरन्तर गोवध किया जाता है और अब तो सरकार भी इसको प्रोत्साहन देती है। क्योंकि इससे उसको विदेशी मुद्रा की प्राप्ति होती है। भारतीयों के जीवन में अब मुद्रा का महत्त्व है मां का, अर्थात गोमाता का, नहीं।

गो दुग्ध ही नहीं अपितु गाय का गोबर और उसका मूत्र भी उतना ही उपयोगी माना जाता था। न केवल यज्ञशालाएं अपितु रहने के लिए घर भी गोबर से ही लीपे जाते थे। इस प्रकार घरों को कीटाणुनाशक बनाया जाता था। गोबर के समान ही गोमूत्र का भी उपयोग अनेक औषधियों में किया जाता है। गोघृत भी गोदुग्ध के समान हितकारी होता है। उसमें शक्ति अधिक होती है, वसा नहीं होती। शरीर के प्रत्येक अंग और अस्थियों आदि के लिए गोदुग्ध आदि सभी पदार्थ अत्यन्त उपयोगी और लाभकारक होते हैं।

गोवत्स भी मानव समाज की सेवा में अग्रणी रहता है। भार ढोना, गाड़ी खींचना, खेत जोतना आदि ऐसे अनेक कार्य हैं जो बछड़े से कराये जाते हैं। गाय की बछिया यथासमय गाय बन कर उसी रूप में हमारे प्रति उपकार करती है जिस प्रकार गोमाता हमारे साथ करती रही थी। सनातन परम्परा के अनुसार प्रात:काल सर्व प्रथम गो का दर्शन अत्यन्त शुभ माना जाता है। गाय के दूध और घी से आश्रमों में ऋषि-मुनियों के यज्ञ होते थे और अतिथि सेवा के लिए भी गाय का दूध, दही और घृत सर्वोत्तम माना जाता है। ऋषि-मुनियों के आश्रमों में केवल गाय का ही पालन होता था।

गाय का दूध दुहने वाले को एक नियम के अन्तर्गत दूध का दोहन करना होता था। गोवत्स के लिए यदि निश्चित मात्रा में दूध न छोड़ा जाना महान अपराध और पाप समझा जाता था और उसको इसका दण्ड भुगतना पड़ता था।

गोवंश को सुरक्षित पशु के रूप में माना जाता था।

जो मुसलमान आज गो वध करने में गर्व का अनुभव करते हैं, उनको विदित होना चाहिए कि बाबर ने अपने पुत्र हुमायूं को परामर्श देते हुए कहा था कि यदि वह भारत पर निष्कंटक राज्य करना चाहता है और हिन्दुओं का हृदय जीतना चाहता है तो उसे चाहिए कि वह अपने राज्य में कभी गोहत्या न होने दे। कहने को तो यह भी कहा जाता है कि भारत में मुस्लिम राज्य स्थापित होने के प्रारम्भ से लेकर फिरोजशाह तुगलक के शासनकाल तक गौओं के विक्रय पर विशेष कर लगाया जाता था, जिससे कि गोवें कसाइयों के हाथ न पड़ जाएं यह भी कहा जाता है कि अकबर और जहांगीर ने राजकीय आदेश द्वारा गो हत्या पर प्रतिबन्ध लगा दिया था। कालान्तर में मुहम्मदशाह और शाह आलम ने भी इसका अनुकरण किया था।

आज के इस युग में भी अठारहवीं शती के मध्य में सीतापुर के एक मुस्लिम नागरिक सैयद नजीर अहमद ने 'इस्लामी गोरक्षण सभा' की स्थापना कर गोहत्या विरोधी आन्दोलन को प्रोत्साहन दिया था। उन्होंने गोवध का खण्डन करते हुए इसका प्रचार किया कि संसार के किसी भी धर्मग्रन्थ में गोहत्या का विधान नहीं है, यहां तक कि कुरान में भी नहीं। भारत में गोवध आदि की अधिकता को देखते हुए सन् 1877 में मद्रास में 'सोसाइटी फोर दि प्रिवेंशन ऑफ क्रूएल्टी टु एनिमल्स' की स्थापना की गई। उसके निरीक्षकों को यह अधिकार प्राप्त था कि वे यदि किसी व्यक्ति को पशुओं को कष्ट पहुंचाते हुए देखें या फिर घायल अथवा रुग्ण पशु से काम लेते हुए देखें तो उसको तत्काल निर्धारित दण्ड दे सकते हैं।

कलकत्ता विश्वविद्यालय के उप-कुलपति सर आशुतोष मुखर्जी की अध्यक्षता में सन् 1908 में 'गोरक्षा संघ' की स्थापना की गई थी। मालवीय जी तो आरम्भ से ही गो रक्षा सम्बन्धी कार्यों में संलग्न थे। इस संघ की स्थापना से उनको प्रोत्साहन प्राप्त हुआ और उन्होंने भारत के नगरों में घूम-घूमकर इस अन्दोलन का संचालन किया और उसके परिणामस्वरूप देश भर में शताधिक पिंजरापोल, गोशालाएं और गोरक्षक मंडलों की स्थापना हो गई। बीसवीं शती के आरम्भ में यह आन्दोलन देशव्यापी आन्दोलन बन गया था। गोरक्षा संघ की स्थापना के दस वर्ष बाद सन् 1887 में हरिद्वार में इस संघ का विशाल सम्मेलन आयोजित किया गया था उसमें यह प्रस्ताव सर्वसम्मति से पारित हुआ था कि समस्त देश में स्थान-स्थान पर गोशालाएं स्थापित की जाएं। उसका सुपरिणाम यह हुआ कि भारत के सभी हिन्दू राज्यों में पिंजरापोल और गोशालाएं खुल गई।

ग्रामों में गोचर भूमि की व्यवस्था की जाने लगी। मालवीय जी के ही प्रयत्न से मथुरा में हासानन्द गोचर भूमि ट्रस्ट की स्थापना हुई। इस ट्रस्ट को मालवीय जी ने अपना पूर्ण सहयोग दिया।

यह मालवीय जी का ही प्रयत्न था कि जिसके फलस्वरूप आरम्भ में कांग्रेस के वार्षिक अधिवेशनों में गो-रक्षा सम्मेलन भी आयोजित किए जाते थे। आरम्भ में तो गांधी जी ने मालवीय जी के इस कार्य में रुचि प्रदर्शित की और साबरमती में उन्होंने 'गो रक्षा समिति' का गठन भी करवाया, किन्तु कालान्तर में मुस्लिम पुष्टीकरण की नीति के अन्तर्गत उन्हें इस विषय पर नम्रता का व्यवहार और आचरण करना पड़ गया। वे स्वयं गाय का नहीं बकरी का दूध पीते थे।

मालवीय जी की गो भक्ति के विषय में हम आरम्भ में बता चुके हैं। मालवीय जी पहले चमड़े के जूते पहन लिया करते थे, क्योंकि वे समझते थे कि जूते मृत पशु के चर्म से बनाए जाते हैं। किन्तु जब उनको यह विदित हुआ कि जूतों के लिए बढ़िया चमड़ा प्राप्त करने के लिए जीवित पशुओं को यातना दी जाती है, यहां तक कि जिसे 'काफ लेदर' कहा जाता है उसकी प्राप्ति के लिए गर्भवती गायों को मार दिया जाता है, तो उनको हार्दिक वेदना हुई और उन्होंने उसी दिन से चमड़े का जूता पहनना छोड़ दिया। वे कपड़े का जूता पहनने लगे।

गोरक्षा के लिए मालवीय जी सदा ही चिन्तित रहते थे। अपनी वृद्धावस्था में उन्होंने अपने एक मित्र को लिखा अब तो मुझे दो पग चलने में भी महान कष्ट होता है। मेरे सारे अंग-प्रत्यंग शिथिल हो चुके हैं। फिर भी मैंने अभी 'गोरक्षा मंडल' की स्थापना की है, उसका पंजीकरण भी करा लिया है। कुछ सहायकों ने इसके लिए आर्थिक सहायता भी दी है। मेरी आकांक्षा है कि गो-रक्षा के सम्बन्ध में मैं कोई स्थाई काम कर जाऊं। किन्तु इतना करने पर भी मुझ पर यह आरोप है कि बाकी सब कार्यो के लिए तो मैंने बहुत कुछ किया हैं किन्तु गोरक्षा के लिए मैंने उतना नहीं किया जितना कि करना चाहिए था। बम्बई के श्री चौड़े जी महाराज का भी यही आरोप था। उन्होंने मुझ पर विश्वास जताते हुए कहा कि जब तक मैं इस कार्य का नेतृत्व अपने हाथ में नहीं लेता तब तक इसमें गति आना सम्भव नहीं है। किन्तु मैं विवश हूं। यदि दस वर्ष पूर्व उन्होंने ऐसा कहा होता तो कदाचित मैं कुछ कर पाता। फिर भी मैंने उनकी आज्ञा को शिरोधार्य किया है। यदि आप इस कार्य के लिए कुछ समय दे सकें तो मेरी चिन्ता मिट सकती है। और कार्य भी सफलता पूर्वक

चलता रहेगा।'

जब यह कार्य कुछ आगे बढ़ने लगा तो फिर काशी गोरक्षा मण्डल कर स्थापना भी हो गई। इसको अखिल भारतीय संगठन का रूप दिया गया और यह यत्न किया गया कि देशभर की ऐसी संस्थाएं इससे सम्बन्द्ध हो जाएं।

मालवीय जी ने ब्रिटिश सरकार के खाद्य सदस्य सरदार जोगेन्द्र सिंह को काशी हिन्दू विश्वविद्यालय में आमन्त्रित किया और उनसे आग्रह किया कि गर्भस्थ गाय के बछड़ों की कोमल खाल को प्राप्त करने के लिए गार्भिणी गायों को मारा जाता है और उसे ऊंचे मूल्य पर पश्चिमी देशों में बेचा जाता है, इस पर रोक लगनी चाहिए। योगेन्द्रसिंह ने उनकी प्रार्थना को स्वीकार कर आदेश प्रसारित करवाया कि 'दस वर्ष से कम आयु की और दुधारू या गर्भिणी गाएं न मारी जाएं।' इसके बाद सरकार ने गोशालाओं के विस्तार में भी कुछ रुचि लेनी आरम्भ की।'

यहां पर यह उल्लेखनीय है कि मालवीय जी ने अपनी सोलह वर्ष की आयु में जो प्रथम भाषण दिया था वह गोरक्षा के सम्बन्ध में था और उस समय यह आकांक्षा व्यक्त की थी वे गोरक्षा के लिए अपना जीवन समर्पित करेंगे। यह अद्भुत संयोग ही था कि उनका अन्तिम भाषण भी 2 नवम्बर, 1949 को उनके द्वारा शिवपुर में स्थापित च्यवनाश्रम में गोरक्षा पर ही हुआ था।

मालवीय जी ने द्वितीय महायुद्ध के समय ब्रिटिश सरकार के भारतीय आद्य सदस्य सरदार योगेन्द्रसिंह को काशी हिन्दू विश्वविद्यालय में आमन्त्रित कर उनके सम्मुख यह समस्या रखी थी, इसका उल्लेख हम कर चुके है। मालवीय जी मानते थे कि गोहत्या बन्द करना केवल धार्मिक दृष्टि से ही उपयुक्त नहीं अपितु आर्थिक दृष्टि सें भी उपयुक्त है। भारत कृषि प्रधान देश है और इसके नब्बे प्रतिशत निवासी ग्रामों में ही निवास करते हैं। यद्यपि अब यह प्रतिशत घट कर 70 तक पहुंच गया होगा, क्योंकि आज का देशवासी नगरोन्मुख हो गया है। तदपि भारत का सब कुछ तो कृषि पर ही निर्भर करता है। कृषि के लिए गाय सब प्रकार से उपयुक्त पशु है।

नासिक में सन् 1936 में नागरिकों की एक विशाल सभा में भाषण देते हुए मालवीय जी ने कहा था कि हमें चाहिए हम अपनी गोशालाओं को विदेशों की गोशालाओं के समान समृद्ध बनाएं और देश के प्रमुख नगरों को उन गोशालाओं द्वारा दुग्ध पंहुचाए। नगरों में बनी गोशालाएं उतनी प्रभावित नहीं होती क्योंकि नगरों के वातावरण में गाएं शीघ्र ही दूध देना बन्द कर देती हैं। गायों के लिए उन्मुक्त वातावरण होना चाहिए। यदि नगरों में ही गोशालाएं स्थापित करनी हों

तो नगरों के बाहरी भागों में स्थापित करनी चाहिए। जिससे कि उनको खुली हवा और हरा चारा मिल सके। बछिया अथवा बछड़े के भाग का दूध भी निकाल लेना मालवीय जी दण्डनीय अपराध मानते थे, किन्तु मनुष्य की लालची वृत्ति के सम्मुख वे विवश थे।

मालवीय जी का यह दृढ़ विश्वास था कि यदि भारतवासी सच्चे हृदय से गाय को माता समझें और उसकी रक्षा के लिए प्राणपण से जुट जाएं तो वह दिन दूर नहीं जब फिर से भारत में दूध की नदियां बहने लगें। उनका कहना था कि किसी भी सद्ग्रन्थ में गाय के वध का विधान नहीं है। कदाचित यही कारण रहा हो कि अकबर और जहांगीर के शासन काल में गोवध पर प्रतिबन्ध लगा दिया गया हो।

मालवीय जी के अन्तिम दिनों में एक ओर तो वनस्पति घी का प्रचलन आरम्भ हो गया था और दूसरी ओर गोवध पर प्रतिबन्ध की मांग निरन्तर ठुकराई जा रही थी। गांधी ने अपने 'हरिजन' पत्र में इस विषय पर एक लेख लिखा तो मालवीय जी को वह बहुत पसन्द आया और अपनी अगली भेंट के समय उन्होंने गांधीजी से कहा, 'यह वनस्पति घी बहुत भयंकर वस्तु है। एक ओर तो वनस्पति घी का प्रचार हो रहा है और दूसरी ओर गायों की हत्या की जा रही है। इन दोनों के मध्य जनता के जीवन की डोरी कटती जा रही है। गाय के दूध के लिए आपने जो कुछ किया है, उससे तो मैं बहुत ही प्रसन्न हूं।

ऐसे एक नहीं अनेक उदाहरण हैं, जिनके द्वारा मालवीय जी की गोभक्ति का हृदयाभास होता है।

स्वयं सेवक के रूप में

देश अथवा समाज सेवा का कोई भी क्षेत्र ऐसा नहीं जिसमें मालवीय जी ने बढ़कर भाग न लिया हो। भारत देव मन्दिरों तथा संगमों और तीर्थों का देश है। इन तीर्थों में देश के एक कोने से दूसरे कोने तक के लोग बड़ी श्रद्धा और भक्ति से जाया करते है। कहीं स्नान से पूर्ण लाभ होता है तो कहीं दान और कहीं दर्शन से तो कहीं पूजन अर्चन से। प्रत्येक तीर्थ, प्रत्येक संगम, प्रत्येक घाट, प्रत्येक मन्दिर का अपना विशेष महत्त्व है का वर्णन किया गया है। इस कारण इन सब तीर्थों में समय-समय पर बड़े-बड़े मेले जुड़ते हैं अथवा तीर्थ यात्री पुण्य पर्व पर एकत्रित होते हैं। इन अवसरों पर तीर्थ का पुण्य प्राप्त होने के साथ-साथ साधु, सन्त, महात्माओं के दर्शन और प्रवचन श्रवण का भी तीर्थ यात्री को लाभ होता है।

भारत के मेले विश्व के अन्यान्य देशों के मेलों से पर्याप्त भिन्न होते हैं। उन देशों में लोग इन मेलों में सैर-सपाटों के लिए अथवा मनोरंजन के लिए सम्मिलित होते है। किन्तु भारत में तो सब कुछ पुण्यार्जन के लिए ही किया जाता है। यहां के पर्यटन-स्थल भी साधारणतया तीर्थस्थलों पर अथवा उनके निकट ही स्थित हैं। इन मेलों में यदि पुण्यात्मा अथावा पुण्यार्थी एकत्रित होते हैं तो कुछ ऐसे असामाजिक तत्त्व भी वहां जा पहुंचते हैं जिनका लक्ष्य भोली-भाली जनता को लूटना होता है। वह लूटना अनेक प्रकार का होता है चोरी, जेबकतरी, धोखा-धड़ी आदि।

यद्यपि सरकार की ओर से इस कार्य में कुछ प्रबन्ध करने का उपक्रम किया जाता रहा है। किन्तु हम जिस काल की बात कर रहे हैं वह ब्रिटिश शासन काल था। सरकार को जनता की सुख-सुविधा की उतनी चिन्ता नहीं थी, जितनी कि उनकी दृष्टि में आने वाली भीड़ से किराया, कर आदि की प्राप्ति थी। इस निमित्त वह कुछ 'सु' प्रबन्ध कर देती थी। किन्तु वह इतना अपर्याप्त होता था कि मानों आटे में नमक। अन्धाधुन्ध भीड़ का नियन्त्रण करने तथा उनकी अन्यान्य एवं अनेकानेक समस्याओं को सुलझाने में ब्रिटिश सरकार सदा अक्षम रही है अथवा उसने अपनी क्षमता का प्रयोग करना उपयुक्त नहीं समझा।

ऐसे अवसरों पर बहुत बार स्थानीय उत्साही युवक अस्थायी स्वयं सेवक दलों का गठन कर लिया करते हैं किन्तु उनमें अनुशासनबद्धता और दृष्टि की कमी होने के कारण उद्देश्य की पूर्ण सिद्धि नहीं हो पाती। फिर भी इन लोगों द्वारा जो भी सहायता हो जाती है, यात्री समाज इसके लिए कृतज्ञ रहता है। इस प्रकार के सुगठित एवं सुनियन्त्रित स्वयं सेवक दल की नितान्त आवश्यकता का अनुभव होने पर भी तब तक किसी ने इस कार्य में अग्रणी पग उठाकर कोई अखिल भारतीय स्वयं सेवक दल स्थापित नहीं किया जो कि देश व्यापक व्यवस्थित संगठन हो और जहां कभी कहीं भी आवश्यकता पड़े वह दल वहां सेवा में तत्पर रह सके।

इसी प्रकार की सेवा की भावना से प्रेरित होकर बंगाल के कुछ युवकों द्वारा वहां की अर्द्धोदय यात्रा के अवसर पर सन् 1908 में तीर्थ यात्रियों की जिस तत्परता और लगन से सेवा की तथा यात्रियों को भूले-बिसरे मार्ग से सही मार्ग पर पहुंचा कर और जेब कतरों तथा ठगों से बचाकर उनको जो राहत पहुंचाई उसकी सर्वत्र प्रशंसा होने लगी। इसी प्रकार सन् 1911 में सूर्य ग्रहण के पर्व पर बनारस के बहुत से युवकों ने संगठित होकर यात्रियों की सेवा की। प्रयाग के नागरिकों ने भी समय-समय पर इसी प्रकार संगठित होकर मेलों आदि में व्यवस्था का बीड़ा उठाया।

सन् 1912 में प्रयाग अर्द्धकुम्भ का मेला अथवा स्नान का पर्व था। उस समय मालवीय जी के ज्येष्ठ पुत्र रमाकान्त मालवीय ने एक स्वयं सेवक दल का गठन किया। वे उसके नेता बनाये गये। कुम्भ मेले में इस दल ने यात्रियों की खूब सेवा करके नाम और प्रशंसा प्राप्त की। दो वर्ष पश्चात इस संस्था को स्थायी रूप प्रदान किया गया और इसका नाम 'दीन रक्षक समिति' रखा गया। इसमें अधिकांश स्वयं सेवक म्योर सैन्ट्रल कॉलेज में पढ़ने वाले छात्र ही थे। तब इनके अध्यक्ष पण्डित मदनमोहन मालवीयजी बनाये गये और मन्त्री बनाया गया हृदयनाथ कुंजरू जी को। दीन रक्षक नाम कुछ अटपटा-सा लगा तो कुछ काल पश्चात इस समित का नाम बदलकर 'प्रयाग सेवा समिति' रख दिया गया।

सन् 1913 में शाहजहांपुर के कुछ सेवा प्रेमी एवं धर्म प्रेमी सज्जनों ने मिलकर स्थानीय उत्सवों और पर्वों तथा मेलों में व्यवस्था करने के लिए एक सेवा-समिति का गठन किया। इसके कार्य संचालन का भार पण्डित श्रीराम वाजपेयी को सौंपा गया। वाजपेयी जी उन दिनों अपने नगर में रेलवे विभाग में कार्य करते थे। वे भारत के स्काउट आन्दोलन के भी नेता थे, कदाचित उनके

इसी गुण के कारण उनको सेवा समिति का भार सौंपा गया था। इस सेवा समिति ने अपने क्षेत्र में बड़ा सेवा कार्य किया और इसका नाम चारों ओर फैलने लगा। तब कुछ समय बाद प्रयाग में भी इसकी एक शाखा स्थापित कर दी गई। वाजपेयी जी ने अपने नगर में एक बालचर मण्डल की भी स्थापना की थी। इसकी प्रेरणा उनको स्काउट-साहित्य पढ़ने से मिली थी।

सन् 1918 में प्रयाग में पूर्ण कुम्भ हुआ था। उस मेले में मालवीय जी की सेवा समिति ने बड़ा सराहनीय कार्य किया था। इस मेले की सेवा कार्य करने के लिए मालवीय जी ने देश भर की सभी सेवा समितियों अथवा इस प्रकार के संगठनों को अपने स्वयं सेवक भेजने की प्रार्थना की थी। तब शाहजहांपुर से वाजपेयी जी अपने साथ 100 स्वयं सेवकों को लेकर उपस्थित हुए। उनमें उनके बालचर भी थे। उन बालचरों ने इस मेले में इतना सुन्दर कार्य किया कि उसे देखकर पण्डित मदनमोहन और पण्डित कुंजरू प्रसन्न हुए। मालवीय जी से आग्रह किया कि वे प्रयाग में आकर इस प्रकार बालचर मण्डल का वहां संगठन करने की कृपा करें। इसका परिणाम यह हुआ कि उसी वर्ष अर्थात 1918 में ही प्रयाग में 'अखिल भारतीय सेवा समिति बाल स्काउट एसोसिएशन' की स्थापना हो गई। इसकी व्यवस्था का भार वाजपेयी महोदय को सौंपा गया। मालवीय जी इसके मुख्य स्काउट बने और पण्डित हृदयनाथ कुंजरू इसके मुख्य कमिश्नर बनाए गये। नि:स्वार्थ सेवा करना इन स्काउटों का ध्येय था।

यद्यपि उस समय भी भारत में अनेक स्काउट दल कार्य-रत थे, किन्तु उन दलों में एक भी भारतीय युवक अथवा छात्र नहीं था। स्काउटिंग सेवा के जन्मदाता लॉर्ड वेडन पावेल की भी अन्य अंग्रेजी तथा अंग्रेज शासकों की भांति यही मान्यता थी कि भारतीय बालक तो स्काउटिंग के लिए हो ही नहीं सकता। इसलिए उनके स्काउटों में या तो अंग्रेज लिए जाते थे या फिर कुछ एंग्लो-इंडियन। किन्तु इसके विपरीत श्रीमती एनी बेसेन्ट ने सन् 1917 में मद्रास इंडियन बॉय स्काउट एसोसिएशन की स्थापना कर ली थी। उसमें सभी भारतीय बालकों को लिया जाता था, किन्तु उसका कार्य दक्षिण भारत तक ही सीमित था।

किन्तु जब मालवीय जी के प्रयत्न से अखिल भारतीय सेवा समिति बॉय स्काउट एसोसिएशन की स्थापना हो गई तो उसका कार्य प्रयाग अथवा शाहजहांपुर तक ही सीमित नहीं रहा। सारे भारत में स्थान-स्थान पर इसकी शाखाएं कार्य करने लगीं शीघ्र ही इन शाखाओं के स्वयं सेवकों के कार्य की देश भर में प्रशंसा होने लगी। तदपि इन स्काउट एसोसिएशनों की प्रशंसा सुनकर

भी, वेडन पावेल ने उनके कार्य की अलोचना की थी और उस पर असन्तोष भी व्यक्त किया था।

मालवीय जी कब इस अपमान को सहने वाले थे। उन्होंने पावेल की धारणा को निर्मूल करने का उपाय खोजना आरम्भ किया तभी उनको सूचना मिली की पावेल महोदय भारत की यात्रा पर आ रहे है। मालवीय जी के लिए यह अच्छा अवसर था। उन्होंने पावेल की इंडियन बॉय स्काउट एसोसिएशन और अखिल भारतीय सेवा समिति बॉय स्काउट एसोसिएशन का सम्मिलित अधिवेशन आयोजित कर दिया। जिसमें दोनों एसोसिएशनों के स्काउटों का प्रदर्शन रखा गया। स्वाभाविक ही पावेल को इसका मुख्य अतिथि बनाया जाना था। उसने जब भारतीय स्काउटों के करतब देखे तो वह आश्चर्यचकित रह गया और उसने घोषणा की कि भारतीय स्काउट अंग्रेज स्काउटों से किसी भी अंश में न्यून नहीं है। अत: उन्हें इंडियन स्काउट एसोसिएशन में निबन्ध रूप से प्रवेश दिया जाय। इतना ही नहीं अपितु उसने अपने पूर्व वक्तव्य के लिए वहीं पर खेद भी प्रकट कर दिया।

इस अधिवेशन के उपरान्त मालवीय जी ने पावेल के साथ विचार-विनिमय किया और उस विचार-विनिमय के आधार पर वहां तीन बातों का निश्चय किया गया 1) गवर्नर या वाइसराय मुख्य स्काउट का पद ग्रहण न करें अपितु यह पद किसी प्रतिष्ठित भारतीय को दिया जाए, 2) स्काउट की प्रतिज्ञा में देश के प्रति भक्ति प्रदर्शित करना भी सम्मिलित किया जाए और, 3) स्काउटों द्वारा गाए जाने वाले गीतों में 'बन्दे मातरम्' को भी स्थान प्राप्त हो। पावेल ने इन सभी बातों को स्वीकार कर लिया।

इसके बाद भारत भर की स्काउट संस्थाओं के केन्द्रीयकरण की बात आई तो उसके लिये अनेक बैठकों में विचार-विनिमय किया गया। और समय पाकर यह विचार कार्य रूप में परिणत हो गया। उस समय मालवीय जी ने यह सुझाव रखा कि स्काउट आन्दोलन पूर्णतया शासन से अलग रहे। उसे शासकीय अंग न माना जाए। स्काउट एसोसिएशन को देश की आकांक्षाओं के अनुसार संगठित होकर कार्य करना चाहिये। उनके इस सुझाव का विरोध तो किसी ने किया नहीं किन्तु इसको कार्यान्वित भी नहीं किया गया। मालवीय जी ने जब यह स्थिति देखी तो उन्होंने अपनी एसोसिएशन को शासकीय एसोसिएशन से पृथक कर लिया और स्वतन्त्र रूप से पूर्ववत अपना कार्य करने लगे।

कुछ वर्षों तक मालवीय जी की स्काउट एसोसिएशन स्वतंत्र रूप से कार्य करती रही और उसके कार्यों की सर्वत्र प्रशंसा भी होती रही। अन्त में वेडन

पावेल को फिर एकीकरण का प्रयत्न करना पड़ा और एक समय ऐसा आया जब उसका एकीकरण निर्धारित हो गया। उस समय मुख्य स्काउट के चयन का प्रश्न उपस्थित हुआ तो मालवीय जी ने अपना मुख्य स्काउट का पद छोड़ते हुए कहा, "मैं देश के हित में यह पद त्याग रहा हूं। मैं आशा करता हूं कि स्काउट सदा ही भारत के हित को अपना प्रथम और मुख्य कर्तव्य समझते रहेंगे।"

मालवीय जी स्काउट होने पर समानता में विश्वास रखते थे। इस प्रसंग में एक रोचक उदाहरण सामने आता है। एक बार त्रिवेणी तट पर स्काउटों का शिविर लगा हुआ था। सभी के बिस्तर बालू पर बिछे थे। उनमें ही मालवीय जी का भी बिस्तर था। कुछ देर बाद मालवीय जी ने देखा कि कुछ स्काउट कहीं से उनके लिए चारपाई का प्रबंध करके ले आए हैं। किन्तु मालवीय जी ने चारपाई पर सोना अस्वीकार कर दिया उन्होंने कहा जब स्काउट बालू पर बिस्तर बिछा कर सो रहे हैं तो मैं भी तो स्काउट हूं, मैं भी बालू पर ही बिस्तर लगाऊंगा।

न केवल सेवा समिति, स्काउट एसोसिएशन अपितु उन्होंने इसी प्रकार के एक अन्य दल का भी गठन किया था। वह था 'महावीर दल'। यह संस्था सनातन धर्म सभा के अन्तर्गत कार्य करती थी। महावीर दल का संगठन आज भी विद्यमान है और यह अखिल भारतीय रूप में अपना कार्य कर रहा है। समय-समय पर मेलों और पर्वों पर ये दल तीर्थ स्थानों पर जाकर वहां की व्यवस्था में हाथ बटाते हैं।

इस प्रकार हम देखते हैं कि मालवीय जी मात्र नेता ही नहीं अपितु स्वयं सेवक के रूप में भी देश और देशवासियों की सेवा में निरंतर रत रहते थे।

सजग विधायक

दैनिक 'हिन्दुस्थान' के सम्पादकत्व काल में मालवीय जी के मित्रों ने उनकी लेखनी का प्रभाव भी देखा था, वक्तृता का प्रभाव तो वे कलकत्ता कांग्रेस के अधिवेशन के अवसर पर तथा अन्यान्य छोटी-मोटी सभा सोसाइटियों में देख ही चुके थे। उनके अनेक मित्रों को लगा कि यह व्यक्ति यदि विधान सभा में पहुंच जाए तो कमाल कर दिखाए। किन्तु विधान सभा तो दूर की बात थी। अत: उन्हें सर्वप्रथम उनके मित्रों ने यह परामर्श दिया कि वे प्रयाग की नगरपालिका के निर्वाचन में भाग लेकर पहले वहां से अपना कार्य आरंभ करें। बहुत कहने-सुनने और विचार-विमर्श करने के उपरांत मालवीय जी निर्वाचन में प्रत्याशी बन गए। किन्तु निर्वाचन तो सदा से ही व्यय-साध्य रहे हैं। मालवीय जी को तो अपनी आजीविका के लिए भी परिश्रम करना पड़ता था। उनके पास निर्वाचन के लिए बहाने को रुपया कहां? परिणाम भी जो होना था, वही हुआ। वे निर्वाचन में पराजित हुए। तदपि वे हतोत्साहित नहीं हुए और पूर्ववत जनता की सेवा में रत रहे। यही कारण है कि आगामी निर्वाचन में वे विशाल बहुमत से विजयी हो गए। न केवल इतना अपितु उनको नगरपालिका में वरिष्ठ उपाध्यक्ष भी बना दिया गया। जनसेवा तो उनका कार्य था ही। उनके कार्यकाल में जब प्लेग का प्रकोप हुआ तो मालवीय जी ने दिन-रात जनता की सेवा और सहायता की। इससे जहां जन समुदाय को राहत मिली वहां मालवीय जी को मिली प्रसिद्धि।

नगरपालिका में मालवीय जी के कार्य को देखते हुए उनके मित्रों का विचार बना कि मालवीय जी को किसी प्रकार प्रान्तीय विधान परषिद में पहुंचना चाहिए। उन दिनों युक्त प्रान्त की विधान परिषद में सरकार द्वारा नियुक्त 12 सदस्य होते थे। प्रयाग में पं. विश्वम्भर नाथ जी सरकार की ओर से मनोनीत सदस्य थे। मालवीय जी पण्डित विश्वम्भरनाथ का बड़ा सम्मान करते थे अत: उनके विरुद्ध अपने लिए स्थान बनाने की तो वे बात ही नहीं सोच सकते थे। अत: यह बात एक प्रकार से आई-गई हो गई। वैसे भी सरकारी मनोनीत सदस्य एक प्रकार के सरकार के 'यस-मैन' ही होते थे। सरकार जो चाहती उसका ही वे समर्थन करते थे।

संयोगवशात् पण्डित विश्वम्भर नाथ का सहसा देहान्त हो गया तो सरकार को उसके स्थान पर एक सुप्रतिष्ठित व्यक्ति को स्थापित करना था। सरकार की दृष्टि मालवीय जी पर पड़ी। उनकी उन दिनों अच्छी ख्याति थी और सरकार यह भी जानती थी कि पण्डित विश्वम्भरनाथ से उनके अच्छे संबंध थे। इस दृष्टि से विधान परिषद की सदस्यता के लिए सरकार उनको उपयुक्त तो मानती थी, किन्तु मालवीय जी का देशप्रेम सरकार के आड़े आ रहा था। सरकार ने समझा कि अन्यान्य सरकारी सदस्यों के बीच रह कर मालवीय जी का देशप्रेम कुछ धीमा पड़ जाएगा। अन्य कोई उपयुक्त व्यक्ति सरकार को मिल भी नहीं रहा था।, अत: सन् 1903 में मालवीय जी विधान परिषद के लिए मनोनीत कर दिए।

सरकार ने मालवीय जी को नियुक्त तो कर लिया किन्तु उसकी सारी आशाओं पर उन्होंने पानी फेर दिया। जब भी सरकारी पक्ष की और सार्वजनिक हितों के विरुद्ध कोई बात होती थी तो मालवीय जी तत्क्षण उसका विरोध करने के लिए उठ खड़े होते। सरकार ने बुन्देलखण्ड भूमि हस्तान्तरण प्रस्ताव प्रस्तुत किया। इसके आधार पर वहां के किसानों को एक प्रकार से भूमि हीन करने का प्रावधान बनाया जा रहा था। मालवीय जी ने ओजस्वी वाणी में इसका विरोध किया किन्तु वहां 'अकेला चना भाड़ नहीं फोड़ सकता' वाली कहावत ही चरितार्थ हुई। आखिर में 16 जनवरी 1903 को यह विधेयक पारित कर लिया गया। उसके बाद भी अपने कर्तव्य में मालवीय जी ने कभी प्रमाद नहीं दिखाया। सन् 1904 से लेकर सन् 1907 तक सरकार की ओर से आय-व्यय का जो ब्यौरा प्रस्तुत किया जाता था उसमें मालवीय जी देखते थे कि जनहित के लिए कितना धन व्यय करने का प्रावधान किया गया है। उस अवसर पर मालवीय जी शिक्षा, स्वास्थ्य और सामाजिक व्यवस्था पर अधिकाधिक धन का प्रावधान करने पर बल देते रहे। उन्होंने यह भी सुझाव दिया कि भारतीय प्रशासनिक सेवा की परीक्षाएं भारत में ही आयोजित की जाएं। वे पुलिस विभाग पर अधिक व्यय करने का सदा विरोध करते रहे।

सन् 1909 के इंडियन कौंसिल्स रिफोर्म एक्ट के अनुसार विधान परिषद के पुन: निर्वाचन हुए और मालवीय जी को उसमें भी चुन लिया गया। यह उनके कार्य की ख्याति का ही सुपरिणाम था। विधान परिषद ने सरकार को यह सुझाव दिया कि उसके दो सदस्यों को केंद्रीय विधान सभा में मनोनित किया जाए। देशवासियों का यह सौभाग्य था कि उन दो सदस्यों में से एक सदस्य के रूप में मालवीय जी को मनोनीत किया गया। अब मालवीय जी केंद्रीय

कौंसिल, जिसे उन दिनों वाइसरीगल कौंसिल कहा जाता था, उसके सदस्य बन गए और वे अन्त तक, जब तक उन्होंने चाहा वे उसके सदस्य रहे। उनको हटाया नहीं गया अपितु उन्होंने स्वयं उससे त्यागपत्र दे दिया।

सरकार ने उनसे क्या आशा की थी, उनसे क्या अपेक्षाएं थीं, यह कहना तो कठिन है किन्तु भारतीय जनता की क्या आकांक्षाएं थीं, उनसे क्या अपेक्षाएं थीं इसको शायद वे भली-भांति जानते थे अतः उन आशा, आकांक्षा और अपेक्षाओं को मालवीय जी ने यथाशक्ति पूर्ण करने का यत्न किया। केन्द्रिय व्यवस्थापिका सभा में मालवीय जी का प्रथम भाषण ही प्रैस एक्ट के विरोध में हुआ। वे तथा श्री बसु ही दो ऐसे सदस्य थे जिन्होंने एक एक्ट का विरोध किया था। मालवीय जी ने उस अवसर पर जो ओजस्वी भाषण दिया था वह व्यवस्थापिका के इतिहास में चिरस्मरणीय रहेगा। कौंसिल में सरकार का बहुमत था, अतः वह विधेयक पारित हो गया।

जैकिन्स ने सन् 1907 के सैडिशस मीटिंग्स एक्ट को सन् 1910 में स्थायी बनाने के उद्देश्य से 'राजद्रोहात्मक सभा' विधेयक प्रस्तुत किया। मालवीय जी के साथ-साथ गोखले ने भी इस विधेयक का विरोध करते हुए सरकार को बताया कि जिस औषधि से सरकार रोग की चिकित्सा करना चाहती है उससे तो रोग और भी अधिक बढ़ जाएगा।

उसी वर्ष गोखले जी ने अपना प्रारंभिक शिक्षा विधेयक प्रस्तुत किया। मालवीय जी ने इस विधेयक का प्रबल शब्दों में समर्थन किया। उस अवसर पर मालवीय जी ने कहा, "विश्व के सभी सभ्य देशों नें यह सिद्ध कर दिया है कि शिक्षा के व्यापक प्रसार के लिए यह उचित है कि उसे अनिवार्य करना नितान्त आवश्यक है। बिना शिक्षा के किसी भी देश को आज तक सफलता मिली ही नहीं। उसके बिना हम किसी प्रकार सफल नहीं हो सकते।"

उसी वर्ष 'शर्तबन्दी कुली प्रथा' पर भी काउंसिल में विवाद उठा था। इससे पहले गोखले जी इसका प्रबल विरोध कर चुके थे। किन्तु अपने प्रयत्न में उनको सफलता नहीं मिली थी। वे इस प्रथा को सर्वदा के लिए समाप्त करने की बात कह रहे थे, किन्तु सरकार के कानों पर जूं तक नहीं रेंगी। लॉर्ड हार्डिंग के समय जब इस पर फिर चर्चा उठी तो मालवीय जी ने इस प्रणाली के अनौचित्य पर बड़े तीव्र रूप में प्रहार किया और उसे तत्काल समाप्त कर देने का आग्रह करते हुए कहा, "विगत 75 वर्षों में कु-प्रथा ने पर्याप्त नैतिक विप्लव किया है। हम बिना हार्दिक कष्ट और अपमान के यह सोच भी नहीं सकते कि किस प्रकार हमारे असंख्य भाई बहन इस प्रथा के आखेट बन गए

और निरन्तर अपार आत्मिक कष्ट और यातना भुगतने के लिए विवश किए गए। अब समय आ गया है कि इसको तत्काल समाप्त कर दिया जाए।" मालवीय जी ने इस प्रथा को 'भयंकर अभिशाप' की संज्ञा दी थी।

मालवीय जी का ओजस्वितापूर्ण भाषण व्यर्थ नहीं गया। कुछ दिनों बाद वायसराय लॉर्ड हार्डिंग ने यह घोषणा प्रसारित कर दी "मैंने और भारत मंत्री ने निश्चय किया है कि इस प्रणाली को तत्काल समाप्त कर दिया जाए।"

इसके बाद हिन्दू विश्वविद्यालय विधेयक प्रस्तुत किया गया तो इसके लिए मालवीय जी ने बड़ी मार्मिक अपील की। इसके अतिरिक्त सन् 1916 में जहांगीराबाद संशोधन विधेयक पर मालवीय जी ने कौंसिल के भीतर और उसके बाहर भी देश भर में जो भाषण दिए उनकी सर्वत्र प्रशंसा की गई। उन्होंने नमक कर, विनिमय अनुपात स्वर्णमान और तटकर अधिनियम पर काउंसिल में जो भाषण दिए वे भी किसी प्रकार कम महत्त्व के नहीं थे।

सन् 1918 में विसेन्ट ने रौलेट एक्ट विधेयक प्रस्तुत किया था। मालवीय जी ने इसका प्रबल शब्दों में विरोध किया। उन्होंने इस विधेयक की निस्सारता सिद्ध की किन्तु अंग्रेजों और ब्रिटिश शासन-परस्तों के बहुमत से वह पारित हो ही गया। मालवीय जी इसके उपरांत भी शांत नहीं बैठे। वाइसराय लॉर्ड चेम्सफोर्ड के व्यक्तिगत सचिव से मिले और उसको यह समझाते रहे कि कम-से-कम छ: मास तक तो बिल को कार्यान्वित करने से रोका जाए। किन्तु जब उनकी बात नहीं मानी गई तो मालवीय जी ने इसके विरोध में काउंसिल से त्याग पत्र दे दिया।

किन्तु ऐसा लगता था कि उनके बिना काउंसिल का गठन अधूरा ही रह जाएगा, अत: अगली बार जब सदस्य मनोनीत करने का अवसर आया तो उनको पुन: निर्वाचित कर लिया गया। सन् 1919 में अमृतसर के जलियांवाला बाग का हत्याकाण्ड हुआ। सर्वत्र इस काण्ड की भर्त्सना की जाने लगी। इंग्लैंड तक में इसकी गूंज उठी थी। केंद्रीय असेम्बली में सरकार की ओर से यह प्रस्ताव आया कि देश में शांति स्थापना के लिए, विशेषतया पंजाब में और जलियांवाला बाग में शांति स्थापना के लिए अधिकारियों से यदि कुछ सीमा का अतिक्रमण भी हो गया है अथवा उनसे कोई अनुचित कार्य हो गया है तो उसको उनका कर्तव्य मानकर क्षमा कर दिया जाए। मालवीय जी इसके विरोध में उठ खड़े हुए और पांच घंटे तक उन्होंने इसके विरोध में भाषण दिया।

मालवीय जी सन् 1930 तक वायसरीगल काउंसिल के सदस्य रहे। और जब-जब भी भारत विरोधी कोई विधेयक प्रस्तुत होता रहा मालवीय जी उसका

प्रबल शब्दों में विरोध करते रहे। किन्तु अन्त में उन्होंने अनुभव किया कि काउंसिल में रह कर वे भारत विरोधी विधेयकों का विरोध करके भारत के मानस का प्रतिनिधित्व तो कर लेते हैं, किन्तु उसका सरकार पर कोई विशेष प्रभाव होता नहीं, अतः ऐसी स्थिति से उनकी खिन्नता बढ़ गई तो उन्होंने काउंसिल से त्याग-पत्र दे दिया।

सन् 1933 में पुनः काउंसिल के निर्वाचन होने थे। अपने हितैषियों के आग्रह पर वे उसमें खड़े होने के लिए किसी प्रकार जब तैयार हुए तो देखा कि किसी की भूल अथवा षड्यन्त्र के कारण मतदाता सूची में उनका नाम ही नहीं था। जो मतदाता न हो उसको निर्वाचन प्रत्याशी होने का अधिकार नहीं था, इसलिए वे उस निर्वाचन में प्रत्याशी नहीं बने। इस प्रकार उनके विधायक जीवन की परिसमाप्ति हो गई

मालवीय जी के काउंसिल के जीवनकाल में जिन लोगों ने उनको वहां कार्य करते हुए देखा अथवा उनके भाषण सुनने का जिनको अवसर प्राप्त हुआ वे लोग उनकी ललित और प्रभावशाली वक्तृत से अनुप्राणित होकर उनके प्रति अत्यंत श्रद्धा-भक्ति और आदर का भाव रखते थे। आज भी जो कोई उनके उन भाषणों को पढ़ता है वह भी अभिभूत हुए बिना नहीं रहता। कितने प्रखर, ओजस्वी और तेजस्वी एवं देशभक्ति से ओत-प्रोत थे मालवीय जी।

काशी हिन्दू विश्वविद्यालय

मालवीय जी के प्रसंग में काशी हिन्दू विश्वविद्यालय का स्मरण न करना न केवल उनके प्रति महान अन्याय होगा अपितु यह अधर्म और पाप भी होगा। काशी हिन्दू विश्वविद्यालय के बिना मालवीय जी की जीवन गाथा का कोई महत्त्व नहीं और अपूर्ण तो वह रहेगी ही।

मालवीय जी का देश के प्रति सबसे बड़ा योगदान उनके द्वारा देश को आधुनिक तथा वैज्ञानिक एवं तकनीकी क्षेत्र में प्रेरित करके उसको आगे ले जाना था। यदि यह कहा जाए तो वे ही आधुनिक भारत के निर्माता थे, तो यह न अन्योक्ति होगी और न ही अतिशयोक्ति। यह वास्तविकता मानी जानी चाहिए। काशी हिन्दू विश्वविद्यालय की स्थापना उन्होंने मात्र इसलिए नहीं की थी कि भारतीय युवकों को विद्याध्ययन के लिए एक भारतीय संस्कृतिमूलक विद्यास्थल प्राप्त हो। उसे स्थापित करने का उनका मूल उद्देश्य ही यह था कि भारत में आधुनिक, वैज्ञानिक, तकनीकी शिक्षा का प्रारम्भ हो। इससे देश की वैज्ञानिक और तकनीकी प्रगति में सहायता मिलेगी।

काशी हिन्दू विश्वविद्यालय में अंग्रेजी भाषा तथा आधुनिक विज्ञान एवं तकनीकी विषयों की शिक्षा के प्रश्न को लेकर मालवीय जी को समाज के विभिन्न वर्गों से ही केवल नहीं। अपितु अपने निकट सहयोगियों से भी किस-किस विरोध का सामना नहीं करना पड़ा। जो उस समय उनके साथ थे, वे इस तथ्य से भली-भांति परिचित हैं। किन्तु अपने देश को आधुनिक विश्व में अग्रणी बनाकर रखने तथा गर्व से अपना मस्तक ऊंचा रखने का जो दृढ़ संकल्प उन्होंने इस शिक्षा की व्यवस्था व विश्वविद्यालय में बनाए रख कर देश को प्रदान करने का निश्चय किया था, उस पर वे सदा अडिग रहे।

मैकाले की शिक्षा नीति के अनुसार तो भारत में ब्रिटिश राज के समर्थक काले अंग्रेजों की पैदावार बढ़ाने का ही एकमात्र उद्देश्य रहा था। उसको भारत के वैज्ञानिक तथा तकनीकी विकास में कोई रुचि नहीं थी, इसलिए एक-दो कोई कॉलेज कहीं सुदूर दक्षिण अथवा रुड़की में खोल दिया तो इससे उसके कर्तव्य की इतिश्री मान ली गई थी। किन्तु मालवीय जी जैसे शिक्षा प्रेमी एवं देशभक्त व्यक्ति को यह बात किस प्रकार भरमा देती। अपने विद्यार्थी जीवन से

ही उनके मन में एक आदर्श विश्वविद्यालय की स्थापना की कल्पना थी।

मालवीय जी को अपने विद्यार्थी जीवन में वैज्ञानिक और तकनीकी शिक्षा के साथ-साथ यह बात भी खटका करती थी कि आधुनिक शिक्षा प्रणाली के स्नातक अपनी ही संस्कृति की निन्दा करने लगते हैं। इसका कारण वे उस कलुषित शिक्षा प्रणाली को मानते थे। आधुनिक शिक्षा प्रणाली के कारण छात्र का वातावरण ही कुछ इस प्रकार का बन जाता था कि उसका मन-मस्तिष्क कलुषित होकर वह अपनी परम्परा का ही परित्याग करने की सोचता था। तब उनके मन में हिन्दू विद्यार्थियों के लिए किसी एक ऐसी शिक्षा संस्था की आवश्यकता अनुभव होने लगी कि जिसमें शिक्षा पाकर विद्यार्थी अपने प्राचीन गौरव को भूल न जाए।

अंग्रेज शासकों ने तो भारत में अपनी जड़ जमाने के लिए हिन्दुओं की संस्कृति और सभ्यता को नष्ट करना आवश्यक समझा। परिणामस्वरूप सन् 1782 में कलकत्ता में मुसलमानों का मदरसा खोला गया। उसमें अरबी की शिक्षा दी जाने लगी। जब हिन्दुओं की ओर से कुछ आवाज उठी तो सन् 1791 में संस्कृत कॉलेज खोल दिया। कहने को तो यह संस्कृत कॉलेज था किन्तु यहां पर अंग्रेजी शिक्षा पर बल दिया जाने लगा। जबकि कलकत्ता के मदरसे में निर्बाधरूप से अरबी पढ़ाई जा रही थी।

मैकाले की कुचाल का उल्लेख हम पहले कर आए हैं। सन् 1858 में मद्रास तथा बम्बई में विश्वविद्यालय की स्थाना की गई। इसके बाद सन् 1882 में लाहौर और सन् 1887 में प्रयाग विश्वविद्यालय की स्थापना की गई। मैकाले का स्वप्न साकार होने लगा। इन विश्वविद्यालयों में पढ़कर निकलने वाले छात्र भारतीय नहीं अपितु सांस्कृतिक दृष्टि से पूर्ण अंग्रेज बनने लगे।

मालवीय जी ने पहले तो प्रयाग से काशी तक गंगा के किनारे ऐसे आश्रम बनाने चाहे जहां कि भारतीय विद्यार्थी शिक्षा प्राप्त करके अपना राष्ट्रीय और सांस्कृतिक चरित्र सुधार सकें। अपनी इस योजना को उन्होंने अपने मित्र पण्डित सुन्दरलाल के सम्मुख प्रस्तुत किया तो उनकी सम्मति इसके पक्ष में नहीं मिली। तब मालवीय जी ने भी अपना विचार बदल दिया।

मालवीय जी के विचार से एक ऐसे राष्ट्रीय विश्वविद्यालय की स्थापना नितान्त आवश्यक हो गई जहां भारतीय संस्कृति और भारतीय परम्परा के संस्कारों के साथ-साथ अर्वाचीन और प्राचीन तथा पूर्वी और पश्चिमी सभी कलाओं, शास्त्रों और विज्ञान की शिक्षा दी जा सके।

यह संयोग की बात थी कि उन्हीं दिनों काशी के राजा मुंशी माधोलाल ने

काशी में राष्ट्रीय महाविद्यालय स्थापित करने के लिए तीन लाख रुपए प्रदान किए। महाराष्ट्र में लोकमान्य तिलक ने अपने कुछ मित्रों एवं सहयोगियों की सहायता से पुणे में समर्थ विद्यालय की स्थापना की। इस प्रकार की राष्ट्रीय शिक्षण संस्थाओं में अनेक विद्वान निःशुल्क सेवा प्रदान करने के निमित्त अपना सम्पूर्ण जीवन उसमें लगाने के लिए प्रस्तुत होकर आगे आने लगे।

नाभा के महाराज ने अमृतसर के खालसा कॉलेज की स्थिति सुधारने के लिए सिखों का आह्वान किया। इसी प्रकार रांची में नया महाविद्यालय खोलने के लिए भी पर्याप्त धन प्राप्त हो गया। अलीगढ़ मुस्लिम कॉलेज के संस्थापक सर सैयद अहमद उस कॉलेज को पूर्ण विश्वविद्यालय बनाने की योजना बनाने लगे। नवाब रामपुर की सहायता से बरेली कॉलेज भी व्यवस्थित रूप से चलने लगा था। बलरामपुर के महाराज ने प्राचीन गुरुकुलों की शैली पर नया शिक्षा संस्थान स्थापित करने के लिए तीन लाख रुपए निकाल लिए। पूर्व दिशा में जमशेदपुर में टाटा रिसर्च इंस्टीट्यूट की स्थापना हो गई।

इस प्रकार भारतवासियों ने देखा कि ये सब वैयक्तिक प्रयास एक साथ ही उभर उठे थे। क्योंकि उस समय सभी भारतीयों का यह विश्वास जम गया था कि ब्रिटिश सरकार ने जो शिक्षण संस्थाएं प्रचलित की हैं वे भारतीय आदर्श पर आश्रित शिक्षा की दृष्टि से उच्चतम शिक्षा की बढ़ती हुई मांग को पूर्ण नहीं कर पाएंगे। दूसरी ओर सरकार द्वारा संचालित विद्यालयों तथा विश्वविद्यालयों में शिक्षित विद्यार्थी जहां एक ओर निरे काले अंग्रेज बनकर निकलने लगे थे वहां दूसरी ओर उनमें से कुछ ऐसे छात्र भी निकलने लगे जिनके मन में अंग्रेज सरकार की दुर्नीति का प्रभाव स्पष्ट होने लगा था और वे इस शिक्षा पद्धति का ही नहीं अंग्रेजों का भी विरोध करने पर उतारू होने लगे थे।

भारतव्यापी इन प्रयासों में मालवीय जी ने भी अपना स्वर मिलाने की दृष्टि से सन् 1907 में काशी नरेश की अध्यक्षता में एक छोटी-सी सभा का आयोजन किया। उसमें अपने सहयोगियों तथा विश्वविद्यालय स्थापना के सदस्यों को आमन्त्रित किया। सभा काशी नरेश की अध्यक्षता में सम्पन्न हुई। उस सभा में मालवीय जी ने काशी विद्यालय की स्थापना का प्रस्ताव किया। मालवीय जी की योजना इतनी विस्तृत थी कि सभी सदस्य विचार में पड़ गए। यहां तक कि स्वयं काशी नरेश को इस योजना के कार्यान्वयन में सन्देह था। अपने इस सन्देह को उन्होंने कालान्तर में सैन्ट्रल हिन्दू कॉलेज की सभा में व्यक्त करते हुए कहा था, 'जब मेरे सम्माननीय मित्र पण्डित मदन मोहन मालवीय जी ने हिन्दू विश्वविद्यालय का प्रस्ताव मेरे सम्मुख प्रस्तुत किया था उस समय इसकी पूर्णता

में मुझे स्वयं सन्देह था।' फिर भी मालवीय जी द्वारा आयोजित उस प्रारम्भिक सभा में इन सब संशयों और आकांक्षाओं के होते हुए भी विश्वविद्यालय की स्थापना का प्रस्ताव तो सर्वसम्मति से ही पारित हुआ था।

मालवीय जी ने इसको अपनी सफलता समझा और वे इससे इतने अधिक उत्साहित हुए कि उन्होंने तत्काल अपनी वकालत छोड़ दी और अपनी इस योजना में प्राणपण से जुट गए। सर्वप्रथम वे अपने पिता से इस कार्य के लिए आशीर्वाद प्राप्त करने पहुंचे तो उनके पिताश्री ने आशीर्वाद के साथ-साथ 51 रुपए की राशि दान के रूप में प्रदान की। यह प्रथम दान मालवीयजी को प्राप्त हुआ था।

भारतीय राष्ट्रीय कांग्रेस का अधिवेशन उसी वर्ष काशी में आयोजित किया गया था। श्री गोपालकृष्ण गोखले इसके मनोनीत अध्यक्ष थे। उससे पूर्व ही मालवीय जी ने अपने प्रस्तावित विश्वविद्यालय की योजना की सहस्रों प्रतियां छपवा कर भारत के प्रसिद्ध राजा महाराजा, उदार दानियों तथा अन्यान्य देश के सभी प्रतिष्ठित जनों के पास भिजवा दी थीं। कांग्रेस का यह अधिवेशन 31 दिसम्बर सन् 1905 को बरार (अब मध्य प्रदेश) के नेता श्री बी.एन. महाजनी की अध्यक्षता में काशी में सम्पन्न हुआ। उस समय काशी के टाउन हॉल में एक सार्वजनिक सभा का भी आयोजन किया गया था। इस सभा में सब सम्प्रदायों के उच्च प्रतिष्ठित जनों के अतिरिक्त देश भर के प्रसिद्ध शिक्षा शास्त्रियों ने भी भाग लिया था। इन सब महानुभावों के सम्मुख काशी हिन्दू विश्वविद्यालय की योजना प्रस्तुत की गई। सर्वसम्मति से इस योजना को स्वीकार किया गया। तदनन्तर 1 जनवरी सन् 1906 को राष्ट्रीय महासभा के विशाल पण्डाल में काशी हिन्दू विश्वविद्यालय की इस योजना को प्रस्तुत किया गया और सार्वजनिक रूप से इस विद्यालय की स्थापना की उद्घोषणा की गई। उपस्थित जन समुदाय ने मुक्त कण्ठ से इस घोषणा का स्वागत किया।

जनवरी सन् 1906 में ही प्रयाग में कुम्भ मेला आयोजित हो रहा था। मालवीय जी ने देश भर के सन्तों, महात्माओं, मठाधीशों आदि से सम्पर्क स्थापित किया। उसके उपरान्त सनातन धर्म महासभा का आयोजन किया गया। इसकी अध्यक्षता जगदगुरु शंकराचार्य ने की। उस सभा में भी काशी में हिन्दू विश्वविद्यालय की स्थापना का प्रस्ताव प्रस्तुत किया गया और सर्व-सम्मति से वह स्वीकार कर लिया गया। वहां न केवल प्रस्ताव ही पारित हुआ अपितु उसमें विश्वविद्यालय के कार्य एवं उद्देश्य आदि का भी निश्चय कर लिया गया।

विश्वविद्यालय के उद्देश्यों में प्रमुख उद्देश्य थे-

श्रुति-स्मृति द्वारा प्रतिपादित वर्णाश्रम व्यवस्था तथा सनातन धर्म के सिद्धान्तों के प्रचार-प्रसार के लिए धर्मशिक्षक तैयार करना।

संस्कृत भाषा और साहित्य के अध्ययन-अध्यापन की अभिवृद्धि करना। भारतीय भाषाओं तथा संस्कृत द्वारा वैज्ञानिक तथा तकनीकी एवं शिल्पकला सम्बन्धी शिक्षा के प्रचार के लिए प्रयत्न करना।

इस विश्वविद्यालय के अन्तर्गत उनके महाविद्यालयों की स्थापना की भी योजना की गई। जिनमें प्रमुख थे-

वैदिक विद्यालय, आयुर्वेदिक विद्यालय, स्थापत्यवेद तथा अर्थशास्त्र विद्यालय, रसायन विभाग, शिल्प कला विभाग, कृषि विद्यालय, गन्धर्व वेद विद्यालय एवं भाषा विद्यालय।

इन महाविद्यालयों में पढ़ाए जाने वाले विषयों का भी सामान्य तौर से इस प्रकार विभाजन कर दिया गया-

वैदिक विद्यालय में वेद, वेदांग, स्मृति, दर्शन, इतिहास, पुराण, ज्योतिष, अन्तरिक्ष विद्या आदि। आयुर्वेद महाविद्यालय में आयुर्विज्ञान के साथ उसके लिए उपयोगी वनस्पति विज्ञान का अध्ययन हो। उसके लिए प्रयोगशाला और वनस्पति उद्यान की व्यवस्था हो। सर्वोत्कृष्ट चिकित्साल्य तथा उसके साथ ही पशु चिकित्साल्य भी स्थापित किया जाए। जिससे कि विद्यार्थियों को प्रायोगिक चिकित्सा की सुविधा प्राप्त हो सके।

स्थापत्यवेद तथा अर्थशास्त्र विद्यालय के लिए भी विभागों का विभाजन कर दिया गया। इसके लिए तीन विभाग मुख्य माने गए-भौतिकशास्त्र, प्रयोग तथा अन्वेषण के लिए प्रयोगशालाएं तथा यांत्रिकी तथा विद्युत इत्यादि की शिक्षा के लिए यन्त्रालय की स्थापना। इसी प्रकार रसायन विभाग के लिए भी प्रयोगशालाएं तथा रासायनिक द्रव्य के परीक्षण की यन्त्रशालाएं स्थापित करना। शिल्प कला विभाग में यन्त्रों द्वारा व्यवहार में लाई जाने वाली वस्तुओं के निर्माण की व्यवस्था करना। इसी विभाग के अन्तर्गत भू-गर्भशास्त्र और खनिज तथा धातु-शास्त्र की शिक्षा का भी समावेश करना।

कृषि विद्यालय में प्रयोगात्मक और सैद्धान्तिक शिक्षाएं कृषि-शास्त्र के नवीन अनुभवों के आधार प्रदान करने की व्यवस्था हो। गन्धर्व वेद तथा अन्याय-कलाओं के विद्यालय के लिए भी उपयुक्त उपकरणों तथा साधनों की व्यवस्था की जानी चाहिए।

भाषा विद्यालय में भारतीय भाषाओं का साहित्य भण्डार भरा जाए और विज्ञान तथा कला के नूतन शोधों द्वारा उनके विकास में अभिवृद्धि का प्रावधान

हो। इस महाविद्यालय में समस्त भारतीय भाषाओं का भी अध्ययन कराया जाए। किन्तु संस्कृत को सब प्रकार से प्रमुख मानकर उसकी शिक्षा की तदनुरूप व्यवस्था हो।

यह मान लिया गया कि यह विश्वविद्यालय धार्मिक विश्वविद्यालय होगा। इस विश्वविद्यालय में हिन्दू धर्म के प्रचार-प्रसार पर विशेष ध्यान दिया जाएगा। एतदर्श वैदिक विद्यालय की सारी व्यवस्था उन हिन्दुओं के अधिकार में हो जो श्रुति, स्मृति तथा पुराणों द्वारा प्रतिपादित सनातन धर्म के सिद्धान्तों पर आस्थावान हों। अन्य सब मतानुयायियों तथा जातियों के छात्रों को प्रवेश दिया जाए किन्तु सब सम्प्रदायों के छात्रों को इन सभी विद्यालयों में संस्कृत शिक्षा अनिवार्यरूपेण प्रदान की जाए।

इस विश्वविद्यालय के कार्य संचालन के लिए वहीं पर तत्काल कुछ प्रतिष्ठित विद्वानों, भाषाविदों, धनी मानियों तथा अन्यान्य भद्र पुरुषों की एक समिति का गठन किया गया जिसके मन्त्री पण्डित मदन मोहन मालवीय नियुक्त किए गए। इसके साथ ही अर्थ व्यवस्था की भी वहां पर योजना बनाई गई और बैंक ऑफ बंगाल की बनारस शाखा में खाता खोलने का निर्णय भी लिया गया।

प्रयाग के कुम्भ के अवसर पर एक प्रकार से विश्वविद्यालय स्थापना की सारी औपचारिकताएं पूर्ण कर ली गईं और मालवीय जी के प्रयत्नों की वहां पर सर्वतामुखी सराहना की गई।

काशी हिन्दू विश्वविद्यालय की संरचना मालवीय जी के मन में आरम्भ से ही स्पष्ट थी। यह विश्वविद्यालय केवल मात्र उपाधियां देने के लिए स्थापित नहीं किया जा रहा था अपितु इसका मुख्य उद्देश्य था उस विश्वविद्यालय का छात्र तन और मन से हिन्दू रहे, अपनी परम्परा और सिद्धान्तों के प्रति उसमें आस्था रहे। उनमें देशभक्ति का अभाव न हो।

मालवीय जी तकनीकी शिक्षा पर अधिक बल देते थे जिससे कि देश स्वावलम्बी बने और यहां का युवक आत्मनिर्भर हो। मालवीय जी की धारणा थी कि विगत वर्षों में अमेरिका और यूरोप ने जो उन्नति की है उसका मूलाधार विज्ञान के सम्यक प्रयोग से औद्योगिक सामग्री का उत्पादन रहा है। भारत में वैज्ञानिक प्रगति का अभाव होने के कारण यह देश उन देशों से पिछड़ गया है।

कांग्रेस के मंच से भी विश्वविद्यालय की स्थापना का प्रस्ताव स्वीकार हो गया था किन्तु तभी अंग्रेज सरकार ने बंगाल का विभाजन करके देश को भयंकर स्थिति में डाल दिया। इसके विरोध में चारों ओर से आवाज आने लगीं।

आन्दोलन ने जोर पकड़ा तो अंग्रेज सरकार ने सभी नेताओं को पकड़ कर जेल में डाल दिया। इन नेताओं में अधिकांश जन ऐसे थे जो काशी हिन्दू विश्वविद्यालय की स्थापना से सम्बद्ध थे। परिणामस्वरूप विश्वविद्यालय की योजना कुछ काल के लिए गर्त में समा गई।

मद्रास का सैन्ट्रल हिन्दू कॉलेज उन दिनों शिक्षा देने का केन्द्र बना हुआ था। उसकी प्रसिद्धि थी और उसमें शिक्षा देने के लिए भारतीय और विदेशी विद्वान भी एकत्रित हो गए थे। एनी बेसेन्ट चाहती थीं कि इस विद्यालय को विश्वविद्यालय का रूप दे दिया जाए। ऐसा विश्वविद्यालय जिसके साथ विश्व भर का कोई भी महाविद्यालय सम्बद्ध किया जा सके। परिणामस्वरूप उन्होंने 'यूनिवर्सिटी ऑफ इण्डिया' की स्थापना के लिए हस्ताक्षर आन्दोलन आरम्भ कर दिया और अनेक प्रभावशाली व्यक्तियों के हस्ताक्षरों से इस प्रकार का एक आवेदन पत्र भी सरकार के पास भेज दिया।

उसी समय दरभंगा के महाराजा कामेश्वरसिंह बहादुर के नेतृत्व में काशी भारतधर्म महामण्डल की ओर से सनातनधर्म विश्वविद्यालय की स्थापना का प्रस्ताव सम्मुख आया। किन्तु बाद में सन् 1911 में महाराजा दरभंगा ने मालवीय जी द्वारा प्रस्तावित काशी हिन्दू विश्वविद्यालय की योजना में अपने सनातनधर्म विश्वविद्यालय की योजना सम्मिलित कर दी। तब दोनों महापुरुष मिलकर भारत के तत्कालीन वाइसराय लॉर्ड हार्डिंग के पास गए। वाइसराय ने भारत सरकार की ओर से सहायता का आश्वासन दिया।

अब मालवीय जी के सम्मुख यूनिवर्सिटी ऑफ इण्डिया की स्वप्न-द्रष्टा श्रीमती एनी बेसेन्ट का सैन्ट्रल हिन्दू कॉलेज को हिन्दू विश्वविद्यालय में परिणत करने की समस्या थी। मालवीय जी ने श्रीमती एनी बेसेन्ट से पत्र व्यवहार किया। परिणामस्वरूप श्रीमती एनी बेसेन्ट ने अपनी योजना को भी मालवीय जी के विश्वविद्यालय से ही सम्बद्ध कर दिया।

इस प्रकार काशी हिन्दू विश्वविद्यालय के लिए भूमिका पूर्ण रूप से तैयार हो गई थी और जनमत भी इसके पक्ष में हो गया था। तभी सूचना मिली कि अलीगढ़ में मुस्लिम विश्वविद्यालय की योजना लगभग पूर्ण हो गई हैं। मालवीय जी और अधिक सक्रिय हो गए। मालवीय जी ने पण्डित सुन्दरलाल की सहायता लेनी चाही, किन्तु उन्होंने अपनी असमर्थता जताई तो मालवीय जी अकेले ही इस युद्ध में प्रवृत्त हो गए। उन्होंने धन एकत्रित करने के लिए निमित्त देशव्यापी दौरा किया। मालवीय जी सर्वप्रथम कलकत्ता गए। वहां के धन-कुबेरों ने मालवीय जी की सहायता की, इससे मालवीय जी को प्रोत्साहन प्राप्त हुआ।

वाइसराय हार्डिंग ने तो सरकारी सहायता का आश्वासन दे दिया था किन्तु उनके शिक्षा सचिव हरकोर्ट बटलर को जब यह विदित हुआ कि विश्वविद्यालय में शिक्षा का माध्यम हिन्दी अथवा मातृभाषा होगा तो उस 'अंग्रेज' के कान खड़े हो गए। एक भेंट के अवसर पर उसने मालवीय जी को स्पष्ट कह दिया कि यदि इस विश्वविद्यालय में मातृभाषा के माध्यम से शिक्षा दी गई तो सरकार से किसी प्रकार का सहयोग अथवा सहायता मिलना सम्भव नहीं है। उसका तर्क था कि अंग्रेजी भाषा में किया गया पत्र व्यवहार और वार्तालाप तो उनकी समझ में आ जाता है किन्तु मातृभाषा का नहीं, इसलिए ऐसी शिक्षा योजना चलाने की अनुमति नहीं दी जा सकती। मालवीय जी इस विषय पर मौन हो गए। इसी प्रकार किसी ने हार्डिंग के कान भर दिए कि इस विश्वविद्यालय में सरकार विरोधी शिक्षा दी जाएगी तो उसने मालवीय जी से इस विषय में स्पष्टीकरण चाहा, मालवीय जी ने इसका तीव्र विरोध कर उससे आश्वस्त किया।

मालवीय जी सर्वात्मना धन एकत्रित करने में जुट गए। उनके नेतृत्व में अनेक महानुभाव उत्तर भारत में भ्रमण करते हुए कलकत्ता से लाहौर तक जा पहुंचे। जहां-जहां ये लोग गए सर्वत्र उनका हार्दिक स्वागत हुआ और देने वालों ने यथाशक्ति धन दिया। इस प्रकार उस एक ही दौरे में 25 लाख का वचन मालवीय जी को मिल गया। लॉर्ड हार्डिंग ने भी विश्वविद्यालय को सरकारी संरक्षण देने का वचन दिया। बाबू शिवप्रसाद गुप्त ने जब यह सुना तो उनकी तीव्र प्रतिक्रिया इन शब्दों में हुई-'मालवीय जी! यह तो आप विश्वविद्यालय की मृत्यु सूचना दे रहे हैं।' मालवीय जी मौन रहे। यहां से वापस लाहौर जाने पर वहां एक विशाल जन सभा आयोजित की गई उस समय लाला लाजपत राय ने गर्जना करते हुए कहा था 'चार्टर मिले या न मिले, किन्तु हिन्दू विश्वविद्यालय तो स्थापित होकर ही रहेगा।' इसके उत्तर में मालवीय जी ने भी कहा-'चार्टर मिलेगा, अवश्य मिलेगा और हिन्दू विश्वविद्यालय बनकर रहेगा।'

लाहौर से यह दल मेरठ पहुंचा। वहां बारह घन्टे तक एक बड़ा जुलूस निकला। इसमें दरभंगा के महाराज कामेश्वरसिंह भी सम्मिलित हुए और उन्होंने इसका सभापति बनना भी स्वीकार किया। उसी समय महाराज कामेश्वरसिंह ने अपनी ओर से पांच लाख रुपयों की घोषणा की।

हरकोर्ट बटलर के समझाने पर पं. सुन्दरलाल ने इस समिति का मन्त्री बनना स्वीकार कर लिया था और वे भी पण्डित मालवीय के साथ धन एकत्रित करने के लिए जाने लगे। मालवीय जी का काम धनी लोगों से दान का वचन

देना होता था तो पण्डित सुन्दरलाल का काम होता था उनसे धन वसूल करना इस प्रकार मालवीय जी की झोली में एक करोड़ चौंतीस लाख रुपया एकत्रित हो गया।

मालवीय जी धन एकत्रित करने के लिए निकलने से पूर्व एक निश्चित राशि अपने मन में विचार कर लिया करते थे। तब वे यह प्रण करते थे कि जब तक इतनी राशि एकत्रित नहीं हो जाएगी तब तक वे भोजन नहीं करेंगे। इसी प्रसंग में एक दिन मध्याह्न के समय वे अमृतसर के एक धनी व्यापारी के पास पहुंच गए। उनके सभी संगी साथी भूख से बिलबिला रहे थे। मध्याह्न का समय था, अत: व्यापारी ने सबके लिए सुन्दर जलपान की व्यवस्था कर दी। सबने जलपान किया किन्तु मालवीय जी ने किसी वस्तु का स्पर्श भी नहीं किया। व्यापारी ने जलपान का उनसे आग्रह किया तो मालवीय जी के साथियों ने उनको बताया कि जब तक मालवीय जी निर्धारित राशि प्राप्त नहीं कर लेंगे तब तक वे अन्न-जल कुछ ग्रहण नहीं करेंगे। उस व्यापारी ने सुना तो उसने अवशिष्ट राशि का चैक काट मालवीय जी के हाथ में दे दिया। यह देख उनको भी आश्चर्य हुआ क्योंकि उन्हें उससे इतने धन की आशा नहीं थी।

इस प्रसंग में एक रोचक घटना घटित हुई। धन एकत्रित करते हुए मालवीय जी एक नवाब साहब के पास पहुंचे। वह तो हिन्दू विश्वविद्यालय के लिए एक कौड़ी देने के लिए तैयार नहीं था। मालवीय जी के बहुत आग्रह करने पर भी जब वह टस से मस नहीं हुआ तो मालवीय जी ने अपना पल्ला फैलाकर कहा 'आप जो कुछ भी इसमें डाल देंगे, मैं उसे ही लेकर चला जाऊंगा। नवाब को क्रोध आ गया। उसने आव देखा न ताव, मालवीय जी की झोली में एक जूता डाल दिया। मालवीय जी उस जूते को ही लेकर आ गए। दूसरे दिन मालवीय जी ने समाचार पत्रों में प्रकाशित करवा दिया कि अमुक नवाब साहब ने दान में एक जूता दिया है, जिसकी अमुक तिथि को नीलामी होगी और अधिक बोली देने वाले को वह जूता दे दिया जाएगा। नवाब साहब ने जब यह समाचार पढ़ा तो उसके होश उड़ गए। यह तो उसके लिए लज्जा की बात थी। वे दौड़े-दौड़े मालवीय जी के पास गए और पर्याप्त धन देकर अपने जूते को वापस ले आए।

एक अन्य घटना भी ऐसी रोचक है। एक करोड़पति व्यापारी को व्यापार में घाटा होने लगा। यहां तक कि उसका दीवाला निकलने की नौबत आ गई। वह मालवीय जी से आशीर्वाद और परामर्श लेने के लिए गया तो मालवीय जी ने उससे कहा कि वह विश्वविद्यालय के लिए पांच लाख रुपया दे दे। व्यापारी

मालवीय जी का मुख ताकता रह गया। मालवीय जी बोले, 'आप मुझसे परामर्श लेने के लिए आए हैं तो जो मैं कह रहा हूं वह करते क्यों नहीं?' व्यापारी ने तुरन्त पांच लाख का चैक काटकर मालवीय जी को समर्पित कर दिया।

मालवीय जी के अनवरत परिश्रम से 1 करोड़ के लगभग रुपया एकत्रित हो गया तो सन् 1911 में औपचारिक रूप से काशी हिन्दू विश्वविद्यालय का पंजीकरण करा लिया गया और फिर इसके एक वर्ष बाद वाइसराय के परामर्शानुसार भारत सचिव ने काशी में सावास विश्वविद्यालय स्थापित करने की अनुमति प्रदान कर दी। 1 अक्टूबर 1915 को विश्वविद्यालय बिल प्रस्तुत किया गया जो पारित कर दिया गया।

श्रीमती एनी बेसेन्ट तथा सैन्ट्रल कॉलेज मद्रास के ट्रस्टियों ने अपनी उदारता का परिचय देते हुए सैन्ट्रल हिन्दू कॉलेज को उन्हें समर्पित कर दिया। यही कॉलेज विश्वविद्यालय का बीजरूप बना।

4 फरवरी 1916 को वसन्त पंचमी के दिन विश्वविद्यालय के शिलान्यास के अवसर पर काशी में बड़ा भारी महोत्सव मनाया गया और इसमें न केवल देश भर के गण्यमान्य व्यक्ति सम्मिलित हुए अपितु स्वयं वाइसराय लॉर्ड हार्डिंग, बंगाल, बिहार और संयुक्त प्रान्त के गवर्नर के साथ पधारे। इतने गणमान्य व्यक्ति तो शायद 1911 में शाही दरबार के अवसर पर भी उपस्थित नहीं हुए होंगे। समारोह के आरम्भ में राष्ट्रगान हुआ और उसके बाद सैन्ट्रल हिन्दू पाठशाला की कन्याओं ने गणपति एवं सरस्वती का स्तुतिगान किया। पं. शिवकुमार शास्त्री का स्तुतिवाचन हुआ, फिर महाराज दरभंगा ने अपना स्वागत भाषण पढ़ा। तदनन्तर वाइसराय से शिलान्यास की प्रार्थना की गई।

उस अवसर पर अपने भाषण में वाइसराय ने कहा था–"आज जितने अधिक संख्या में यहां पर विशिष्टजन विद्यमान हैं उससे अधिक विशिष्ट जनों में बोलने का मुझे कभी अवसर प्राप्त नहीं हुआ। इस समारोह में प्रान्तपति, भारतीय राजाओं का प्रशंसनीय समूह और भारतीय प्रतिभा के इतने प्रशस्त्र और चुने हुए सुमन विद्यमान हैं। . . .इस विश्वविद्यालय के द्वारा भारतीय शिक्षा के इतिहास में नए युग की सृष्टि हो रही है और इसने भारतवर्ष के सभी श्रेष्ठ और विचारशील हिन्दुओं के हृदय में अत्यन्त तीव्र रुचि उत्पन्न की है। सम्भवतया यह कहना समीचीन नहीं होगा कि शिक्षा के ये सिद्धान्त भारत के लिए नए हैं, क्योंकि यद्यपि प्राचीनकाल में वर्तमान विश्वविद्यालय जैसे विश्वविद्यालय नहीं थे तदपि इससे मिलता-जुलता स्वरूप उस प्राचीन काल के धुंध में अवश्य खोजा जा सकता है जहां वशिष्ठ और गौतम जैसे महान गुरुओं के पास सहस्रों

छात्र पढ़ने के लिए एकत्र होते थे और वास्तव में शिक्षा की भारतीय विचारधारा यही रही है कि अनेक शिष्य गुरु के पास अत्यन्त स्नेहपूर्ण श्रद्धा के साथ केवल उनकी वाणी से निर्गत ज्ञान प्राप्त करने के लिए ही नहीं अपितु धर्म के सम्बन्ध में उनका पथ प्रदर्शन करने और उनके आदेश तथा व्यवहार के अनुसार अपना चरित्र निर्माण करना भी चाहते थे।"

गांधी को भी इस समारोह में बोलने को कहा गया। उनके भाषण के कारण सभा में अव्यवस्था फैल गई।

इस विश्वविद्यालय की स्थापना के अनन्तर भारत में अनेक ऐसी महान घटनाएं हुईं कि जिन्होंने भारत के राजनीतिक और सामाजिक जीवन पर बड़ा प्रभाव डाला तथा एक प्रकार से भारत को झकझोर डाला था। तो भी सन् 1918 में विश्वविद्यालय के परीक्षार्थियों का पहला दल परीक्षा में बैठा। सन् 1919 में जलियांवाला बाग हत्याकाण्ड हुआ, सन् 1920 में लोकमान्य तिलक की मृत्यु हुई और उसी वर्ष गांधी का प्रसिद्ध असहयोग आन्दोलन आरम्भ हुआ।

इस स्थिति में ब्रिटिश सरकार ने अपनी दमन नीति और भी अधिक तेज कर दी। असंख्य नेताओं तथा कार्यकर्ताओं को बन्दी बना लिया गया। इन्हीं दिनों जब युवराज के भारत आगमन की घोषणा हुई तो काशी हिन्दू विश्वविद्यालय के अधिकारियों ने निश्चय किया कि विश्वविद्यालय की ओर से युवराज को मानद डी.लिट. की उपाधि प्रदान की जाए। यद्यपि जनता ने इसका विरोध किया स्वयं मालवीय जी के छोटे सुपुत्र उस विरोध में सम्मिलित हुए। किन्तु फिर भी मालवीय जी ने एक विशेष समारोह आयोजित करके यह कार्य सम्पन्न कर ही दिया। उसी वर्ष विश्वविद्यालय को पुराने स्थान से हटाकर नवीन स्थान पर स्थानान्तरित कर दिया गया।

काशी हिन्दू विश्वविद्यालय की स्थापना में मालवीय जी का क्या मुख्य उद्देश्य था, इसका वर्णन हम स्थान-स्थान पर कर आए हैं। इस विषय में मालवीय जी का वह भाषण भी उल्लेखनीय है जो उन्हें हिन्दू विश्वविद्यालय विधेयक की अन्तिम स्वीकृति के अवसर पर दिया गया था। उन्होंने कहा था–"मैं धर्म की सजीव शक्ति में विश्वास करता हूं और हम लोगों को यह जानकर सन्तोष है कि आप भी धार्मिक शिक्षा के बहुत बड़े पक्षपाती हैं। हमारे विद्यालयों और महाविद्यालयों में इस प्रकार की धार्मिक शिक्षा की कमी का अनुभव बहुत दिनों से हो रहा था। ब्रिटिश सरकार ने विगत आठ वर्षों से जो शिक्षा प्रणाली चलाई हुई है उसमें धार्मिक शिक्षा की किंचित् भी अव्यवस्था नहीं है और इसके जो दुर्भाग्यपूर्ण परिणाम हुए, उनका वर्णन मैं यहां नहीं करना

चाहता। मुझे तो यही सन्तोष है कि इस प्रस्तावित केन्द्र से यह कमी दूर हो रही है जो सुयोगवश ऐसे स्थान पर स्थापित हो रही है जो हिन्दू धर्म और विद्या का सबसे प्रधान केन्द्र रहा है।

"मैं आशा करता हूं कि धार्मिक शिक्षा के सम्बन्ध में काशी हिन्दू विश्वविद्यालय का सुन्दर प्रभाव समीप और दूर की अन्य संस्थाओं पर भी पड़ेगा और कुछ वर्षों में ही सरकार और जनता द्वारा समर्थित विद्यालयों और महाविद्यालयों में धार्मिक शिक्षा को शिक्षा का महत्त्वपूर्ण अंग बना दिया जाएगा। . . . जीवन और प्रकाश का जो केन्द्र स्थापित होने जा रहा है उससे केवल ऐसे छात्र ही नहीं निकलेंगे जो बुद्धि में विश्व के अन्य भागों के श्रेष्ठ छात्रों के समान होंगे अपितु जो सदाचार पूर्ण जीवन वहन करने और अपने देश से स्नेह करने में भी प्रशिक्षित होंगे।"

अपनी स्थापना के दिन से निरन्तर हिन्दू विश्वविद्यालय उत्तरोत्तर उन्नति और प्रगति करता आ रहा है। वहां प्राय: सभी भाषाओं में उच्च शिक्षा का प्रबन्ध किया गया था।

काशी हिन्दू विश्वविद्यालय मालवीय जी के जीवन का सर्वस्व है। इसके लिए उन्होंने भारी बलिदान किए हैं। यहां तक कि उन्हें उनके व्यक्तिगत उपयोग के लिए जो धन प्रदान किया गया उसे भी उन्होंने विश्वविद्यालय कोश को समर्पित कर दिया। उनकी पत्नी को महारानी नेपाल ने एक बहुमूल्य हार भेंट किया था, मालवीय जी ने उसे भी विश्वविद्यालय कोश में डलवा दिया। मालवीय जी के अन्तिम दिनों में महाराज दरभंगा उनसे मिलने के लिए आए और जाते हुए उन्हें कुछ हजार रुपए भेंट करते हुए उनसे साग्रह निवेदन किया कि उन रुपयों को वे अपने व्यक्तिगत उपयोग में ही व्यय करें। किन्तु जब वे चले गए तो मालवीय जी ने वे रुपए भी विश्वविद्यालय कोश को दे दिए। यहां तक कि अपनी अस्वस्थता में भी वे विश्वविद्यालय का काम करते रहते थे और अपने अन्त समय में भी वे वहीं रहना चाहते थे।

विश्वविद्यालय के लिए कुल एक करोड़ अस्सी लाख रुपया देशी रियासतों एवं ब्रिटिश भारत से प्राप्त हुए थे तथा साढ़े इक्कीस लाख रुपया सरकार ने दिया था। सरकार ने प्रतिवर्ष तीन लाख रुपया देने का निश्चय भी किया था। विश्वविद्यालय में जैसा कि पहले ही जगद्गुरु शंकराचार्य के नेतृत्व में निश्चय किया गया था, तदनुसार संस्कृत विद्यालय तथा आयुर्वेद विद्यालय भी साथ-साथ ही स्थापित किए गए और उनमें पढ़ने वाले अधिकांश छात्रों को छात्रवृत्तियां भी दी जाने लगी थीं।

उस समय, उदयपुर, बड़ौदा, मैसूर, ग्वालियर, इंदौर, दतिया, बीकानेर, कोटा, किशनगढ़, झालावाड़, पटियाला, नाभा और कपूरथला के राजा महाराजा संरक्षक बन गए थे। महाराजा दरभंगा तो इसके उपसंरक्षक पहले से ही नियुक्त किए गए थे। पं. सुन्दरलाल इसके प्रथम उप-कुलपति नियुक्त किए गए थे। विश्वविद्यालय के प्रथम कुलपति महाराज मैसूर रहे थे, उनके बाद महाराजा गायकवाड़ कुलपति नियुक्त किए गए। इस प्रकार समय के साथ-साथ इन तथा अन्यान्य गण्यमान्य व्यक्तियों की नियुक्ति होती रही और विश्वविद्यालय निरन्तर प्रगति करता रहा है।

मालवीय जी की यह अनन्य कृति विश्व में अपने प्रकार की एक ही है जो आजीवन विश्व-मानव को मालवीय के अथक परिश्रम, आत्मविश्वास सिद्धान्त-प्रियता और दृढ़ धार्मिक विश्वास का स्मरण कराती रहेगी।

काया-कल्प

संस्कृत में एक सुभाषित है-'शरीरमाद्यं खलु धर्म साधनम्' अर्थात् यदि शरीर स्वस्थ है तो फिर सब कुछ सिद्ध किया जा सकता है। चाहे वह धर्म-साधना हो, अर्थ-साधना हो, कर्म-साधना हो अथवा कुछ और साधना हो। शरीर बिना ये सभी कार्य सम्भव नहीं है। मनुष्य जब सार्वजनिक क्षेत्र में कार्य करने लगता है तो सबसे बड़ी भूल उससे यही होती है कि वह अपने शरीर की उपेक्षा करने लगता है। स्वेच्छा से भले ही वह उपेक्षा न करे किन्तु उसका कर्तव्य उसको इसके लिए विवश कर देता है। मालवीय जी के साथ यही स्थिति थी। तत्कालीन कर्तव्य का पालन करने में वे अपने शरीर की नितान्त उपेक्षा कर बैठे।

मालवीय जी को यह ध्यान नहीं रहा कि यदि इस समय शरीर की ओर ध्यान न दिया गया तो फिर भविष्य में वे अपने कर्तव्य का पालन किस प्रकार कर पाएंगे। मालवीय जी अपने पूजा पाठ में जितने नियमित थे शरीर के विषय में वे उतने ही अनियमित रहे। न समय पर खाना, न सोना और न विश्राम करना आदि। ऐसे अनेक अवसर आए जब मालवीय जी का भोजन परोसा गया और उसी समय कोई आर्त पुकार आ गई तो वे भोजन छोड़कर उस कार्य में लग गए। बाद में अवसर मिला तो बासी-ठण्डा भोजन कर लिया।

यों किसी प्रकार मालवीय जी 78 वर्ष तक अपने शरीर को खींचते हुए सार्वजनिक सेवा में लगे रहे। अब उनका शरीर शिथिल हो गया था और उनके सभी सहयोगी चाहते थे कि मालवीय जी का शरीर भी स्वस्थ हो जाए तो वे अब उसी प्रकार समाज सेवा करते हुए भारत देश पर उपकार करेंगे।

भारतीय चिकित्सा पद्धति में 'कायाकल्प' का विधान है। ऐसी मान्यता है कि यदि चालीस वर्ष की आयु में कायाकल्प किया जए तो मनुष्य को लाभ होता है। मालवीय जी के कुछ मित्रों ने उनको परामर्श दिया कि यदि मालवीय जी कायाकल्प करा लें तो सम्भवतया उनका अस्वस्थ शरीर स्वस्थ हो जाए। किन्तु उस समय किसी ने इस बात पर विचार नहीं किया कि इस आयु में यह उचित भी होगा कि नहीं। सभी यही चाहते थे कि मालवीय जी स्वस्थ होकर देश सेवा करें।

अनेक प्रकार के विचार-विमर्श के उपरान्त अन्त में यह निश्चय हो ही गया कि मालवीय जी कायाकल्प लें। उसके लिए दिन और तिथि सब निश्चय कर लिया गया। प्रयाग में रामबाग स्थित शिवकुटी में इसकी व्यवस्था की गई। एक विशेष प्रकार की कुटिया मालवीय जी के रहने के लिए बनाई गई जिसके भीतर बाहर की वायु और प्रकाश प्रविष्ट नहीं हो सकते थे।

काशी एवं प्रयाग के प्रसिद्ध वैद्यों के परामर्श और तपसी बाबा की देख-रेख में मालवीय जी ने 16 जनवरी सन् 1938 को दिन के तीन बजे उस विशेष निर्मित कुटी में प्रवेश किया। 45 दिन तक मालवीय जी उस कुटी में रहे और तपसी बाबा के निर्देशानुसार कार्य करते रहे।

जिस समय मालवीय जी ने कायाकल्प आरम्भ किया था उस समय उनके शरीर का भार 102 पौंड था। 45 दिन बाद जब 25 फरवरी को मालवीय जी कुटिया से बाहर निकले तो उस समय उनका भार 108 पौंड हो गया था, बालों में कुछ कालिमा दिखाई देने लगी थी। पढ़ने के लिए ऐनक का प्रयोग भी अब उनको नहीं करना पड़ता था। उससे पूर्व वे पढ़ने के लिए ऐनक का प्रयोग करते थे।

उपरिलिखित बातों पर विचार किया जाए तो यह कहा जा सकता है कि कायाकल्प से उनके शरीर पर अनुकूल प्रभाव किया है। किन्तु वास्तविकता इसके विपरीत ही थी। क्योंकि कायाकल्प कराने से पूर्व तक तो मालवीय जी निरन्तर 18-20 घण्टे तक कार्य कर लिया करते थे और फिर भी वे अपने को थकावट के कारण कार्य करने के लिए सर्वथा असमर्थ अनुभव नहीं करते थे किन्तु कायाकल्प के उपरान्त जब से वे उस कुटिया से बाहर निकले थे तब उनको कार्य करने में शीघ्र ही थकावट का अनुभव होने लगता था।

इस दृष्टि से यदि देखा जाए तो यही कहा जा सकता है कि कायाकल्प से मालवीय जी को लाभ होने की अपेक्षा हानि ही हुई थी। यह कदाचित असमय पर कायाकल्प कराने का परिणाम हो सकता है। वृद्धावस्था में शरीर के तन्तु अपनी ग्राह्यक शक्ति खो बैठते हैं। एक बात यह भी थी कि जो व्यक्ति निरन्तर 18-20 घण्टे कार्य करता रहा हो उसको सहसा 45 दिन के लिए निष्क्रिय कर दिया जाए तो शरीर के तन्तु स्वभाविक ही शिथिल हो जाएंगे।

अतः यह सिद्ध हुआ कि कायाकल्प करना मालवीय जी के लिए हानिकारक सिद्ध हुआ। मालवीय जी की प्रबल इच्छा थी कि वे सार्वजनिक जीवन में बढ़-चढ़ कर भाग ले सकें, किन्तु अब उनको उसमें असमर्थता का आभास होने लगा था, यही उनके लिए कष्ट और दुःख की बात सिद्ध हुई।

कायाकल्प करने के उपरान्त, जैसा कि पहले बताया गया है, मालवीय जी थोड़ा बहुत घूम-फिर लेते थे किन्तु सार्वजनिक कार्य के लिए वे असमर्थ ही रहे। तब से लेकर जीवन पर्यन्त मालवीय जी की देश सेवा और समाज सेवा केवल सुनने और परामर्श देने तक ही सीमित रह गई थी। धीरे-धीरे उनका शरीर शिथिल-से-शिथिल होता गया और वे सब प्रकार से असमर्थ होते गए।

कायाकल्प भले ही शरीर के लिए उपयुक्त सिद्ध होता हो किन्तु उसकी एक विशेष आयु होती है, असमय पर किया हुआ कोई भी कार्य सिद्ध नहीं होता। मालवीय जी जैसा बुद्धिमान व्यक्ति किस प्रकार इस लोभ में आ गया यह विचारणीय प्रश्न है इससे यही अनुमान लगाया जा सकता है कि जिस प्रकार देश सेवा में लगे रहने के लिए वे काशी में मरण से मुक्ति नहीं चाहते थे उसी प्रकार कायाकल्प करा कर वे इसी शरीर से अधिकाधिक देश सेवा करना चाहते थे और उससे प्रेरित होकर उन्होंने कायाकल्प कराया था।

साम्प्रदायिकता के विरोधी

काशी में सन् 1932-33 में बड़े जोर का हिन्दू-मुस्लिम दंगा हो गया। इसका परिणाम यह हुआ कि दोनों ही सम्प्रदायों के सामान्य मनोवृत्ति के व्यक्ति घरों से बाहर निकलने का साहस ही नहीं कर पाते थे। इस प्रकार जिन लोगों की आजीविका नित्य की मजदूरी से होती थी उनका तो जीवन दूभर हो गया। घर में रहें तो खाने के लाले और बाहर निकलें तो जान के लाले। इस प्रकार उन लोगों की दशा बड़ी शोचनीय हो गई थी।

काशी के प्रमुख नागरिकों ने इस अवसर पर हिन्दुओं की सहायता करने के लिए एक सहायता समिति का गठन किया। मालवीय जी और बाबू शिवप्रसाद गुप्त इस समिति के सदस्य थे। धन एकत्रित किया गया और फिर उनसे खाद्य सामग्री एकत्रित कर उन हिन्दुओं के मोहल्लों में बांटी जाने लगी जो दंगा ग्रस्त थे। बातों-बातों में मालवीय जी ने सुना कि मुसलमान भी हिन्दुओं की भांति भूखे मर रहे हैं और वहां किसी प्रकार की कोई सहायता समिति न होने के कारण उनकी ओर देखने वाला भी कोई नहीं है।

मालवीय जी ने अपनी समिति के कार्यकर्ताओं को कहा कि वे उन मोहल्लों में जाकर मुसलमानों को भी खाद्य सामग्री दें। कुछ लोगों ने इसका विरोध किया और कहा कि उन्हें खिलाने के लिए हमारे पास धन नहीं है, इसमें अपने लोगों के लिए पूरा करना कठिन हो रहा है। यहां तक कि कुछ लोग तो कहने लगे 'उन्हें मरने दीजिए।'

मालवीय जी को यह सुनकर बड़ा दु:ख हुआ। उन्होंने बाबू शिवप्रसाद गुप्त से कहा, 'निस्सहाय मुसलमानों को भी वैसी ही सहायता मिलनी चाहिए जिस प्रकार की हिन्दुओं को मिल रही है।' विवश बाबू शिवप्रसाद को आज्ञा माननी पड़ी। एक छोटी लॉरी पर खाद्य सामग्री लादकर मुसलमानी मोहल्लों में भेजा गया तो वहां किसी मुसलमान ने उन पर पत्थर फेंके, इससे न केवल गाड़ी का शीशा टूटा अपितु गाड़ी के स्वामी जो स्वयं गाड़ी चला रहे थे उनको भी चोट आई। रक्त से सने बंगाली बाबू वापस आ गए तो मालवीय जी ने किसी अन्य व्यक्ति को फिर दोबारा उसी मोहल्ले में भेजा तब कहीं जाकर उन भूखे मुसलमानों को भोजन मिला।

सन् 1930-31 में कांग्रेस आन्दोलन खूब जोरों पर चल रहा था। सभी नेताओं को लगभग जेल भेज दिया गया था। उस समय खलीकुज्जमा कांग्रेस के डिक्टेटर थे। उसी समय भाई परमानन्द हैदराबाद में निजाम के विरुद्ध आन्दोलन छेड़ने की तैयारी कर रहे थे। इससे देश भर में हिन्दू-मुस्लिम वैमनस्य फैलने की सम्भावना होने लगी थी। खलीकुज्जमा इससे बड़े चिन्तित थे। उन्होंने उत्तर प्रदेश के उत्साही कांग्रेस युवक त्रिलोकीसिंह को बुलाकर कहा, यह आन्दोलन तो रुकना चाहिए अन्यथा इससे साम्प्रदायिक वातावरण और अधिक विषाक्त हो जाएगा, उन्होंने त्रिलोकीसिंह को मालवीय जी के पास जाकर किसी प्रकार इस आन्दोलन को रुकवाने के लिए कहा।

त्रिलोकीसिंह मालवीय जी के पास गए और उनको सारी स्थिति समझाई। स्थिति को गम्भीर मानकर मालवीय जी ने भाई परमानन्द को पत्र लिखने की बात सोची, फिर सोचा कि बुलाकर परस्पर वार्तालाप से स्थिति सुलझाई जाए। उन्होंने भाई परमानन्द को तार भेजा और उसमें निजाम के विरुद्ध इस समय आन्दोलन न छेड़ने का परामर्श भी दिया। परिणामस्वरूप भाई परमानन्द जी ने उस समय अपना यह आन्दोलन स्थगित कर दिया।

त्रिलोकीसिंह ने लखनऊ जाकर खलीकुज्जमा को जब सारी स्थिति समझाई तो वह आश्चर्यचकित रह गया। वह कहने लगा, 'हम तो अब तक मालवीय जी को कट्टर साम्प्रदायिक हिन्दू ही समझते थे। वे इतने प्रखर राष्ट्रवादी हैं, इसकी हम कल्पना भी नहीं करते थे।

चुनावों के दिनों में एक बार एक चुनाव सभा में भाषण करने के लिए मालवीय जी रेल से बस्ती जा रहे थे, तो लखनऊ में मौलाना शाहिद फाखरी भी उनके साथ हो लिए। दोनों एक ही डिब्बे में बैठे थे। रेल में ही शाम होने लगी तो मालवीय जी ने हाथ-मुख धोया और एक गिलास में पानी लेकर अपनी सीट पर ही संध्या करने बैठ गए। यद्यपि फाखरी की नमाज का समय भी हो रहा था किन्तु मौलाना यों ही अपनी सीट पर बैठे रहे। मालवीय जी के सम्मुख नमाज पढ़ने की मौलाना की हिम्मत नहीं हो रही थी। तभी मालवीय जी की उन पर नजर पड़ी और कहने लगे, 'मौलाना! तुम कैसे मौलाना हो जो शाम की नमाज भी नहीं पढ़ते, उठो नमाज पढ़ो।'

सन्ध्या वन्दन के बाद जब मालवीय जी उठे तो मौलाना ने देखा कि मालवीय जी बड़े प्रसन्न हैं। पूछने लगे कि 'नमाज क्यों नहीं पढ़ रहे थे?' मौलाना ने अपनी बात कही तो वे फिर कहने लगे, 'मैं कब कहता हूं कि

मुसलमान अपने मजहब का पालन न करें। सबको अपने-अपने मजहब पर दृढ़ रहना चाहिए। तभी सब में परस्पर स्नेह भाव रह सकता है अन्यथा नहीं।

मालवीय जी गोलमेज कांफ्रेंस से लौटते हुए मार्ग में ही थे कि बनारस में भयंकर हिन्दू-मुस्लिम दंगे हो गए। सैकड़ों की जान गई, करोड़ों की सम्पत्ति नष्ट हुई। उन्हीं दंगों में काशी विश्वविद्यालय के निकट के नाहिदा ग्राम की मस्जिद किन्हीं लोगों ने तोड़कर तहस-नहस कर दी। किन्तु इसका दोष विश्वविद्यालय के छात्रों पर मढ़ा जाने लगा।

मालवीय जी जब लौटकर काशी पहुंच गए और उनको इस घटना के विषय में बताया गया तो उनको बड़ा दु:ख हुआ। उन्होंने अपने विश्वविद्यालय के इंजीनियर को बुलवा कर मस्जिद के भग्न भाग के पुनर्निर्माण का कार्य सौंप दिया। इस प्रकार विश्वविद्यालय की ओर से मस्जिद का पुनर्निर्माण करा दिया गया।

गांधी जी ने सन् 1921 में देशव्यापी असहयोग आन्दोलन चलाया था। उचित नेतृत्व प्राप्त न होने के कारण वह आन्दोलन असफल सिद्ध हुआ। गांधी को इसका पश्चात्ताप हुआ तो उन्होंने दिल्ली में मौलाना मोहम्मद अली के घर पर रहकर 21 दिन का उपवास करने का निश्चय किया। मालवीय जी गांधी को छोटे भाई जैसा मानते थे और गांधी उनको बड़ा भाई। उपवास की बात सुनकर मालवीय जी उनको भागवत सुनाने के निमित्त दिल्ली आ गए और एक सप्ताह तक उन्होंने मौलाना के घर पर गांधी को भागवत कथा सुनाई। मालवीय जी द्वारा किसी मुसलमान के घर पर सात दिन तक भागवत का पारायण सभी के लिए आश्चर्य की बात थी।

सन् 1935 की बात है कि काशी हिन्दू विश्वविद्यालय के कुछ मुसलमान विद्यार्थी मुसलमानी त्यौहारों की छुट्टी की मांग लेकर मालवीय जी के पास गए। उन दिनों मालवीय जी अस्वस्थ थे, फिर भी वे उन विद्यार्थियों से बड़े स्नेह से मिले और फिर उनके आने का कारण पूछा। विद्यार्थियों ने मौखिक रूप से अपनी बात बताकर उन्हें लिखित रूप में भी आवेदन पत्र दिया। मालवीय जी ने उस आवेदन पत्र को पढ़ा और जिन दिनों की अवकाश की मांग की गई थी, उन दिनों पर ध्यान दिया।

आवेदन-पत्र पढ़कर मालवीय जी ने कहा, "तुम लोगों ने अपने आवेदन-पत्र में पैगम्बर के जन्म दिन पर अवकाश की बात क्यों नहीं लिखी?" यह सुनकर सब विद्यार्थी सन्न रह गए और लज्जित भी हुए। मालवीय जी ने स्थिति को सम्भालते हुए उन्हें समझाया कि ईमानदारी और सम्पूर्ण रूप से अपने-अपने

मतों का पालन करना बहुत आवश्यक है। इस सम्बन्ध में उन्होंने उन लोगों की बात भी बताई जो राह चलते मार्ग में ही नमाज पढ़ने लग जाते हैं। इस प्रकार समझाकर उन्होंने मुसलमान विद्यार्थियों को धार्मिक बनने की प्रेरणा दी और विश्वविद्यालय की प्रबन्ध कारिणी समिति के सम्मुख मुसलमानी त्यौहारों की महत्ता बताकर उन दिनों के लिए अवकाश की व्यवस्था भी कर दी।

कांग्रेस के नेता

सर ए.ओ. ह्यूम ने कांग्रेस की स्थापना की थी, इसका विस्तृत उल्लेख हम पिछले पृष्ठों में कर आए हैं। इसका प्रथम औपचारिक अधिवेशन 28 दिसम्बर 1885 को बम्बई के गोकुलदास तेजपाल संस्कृत कॉलेज के भवन में हुआ था। उस अधिवेशन के लिए श्री उमाशंकर बैनर्जी को अध्यक्ष बनाया गया था। किन्तु प्रारम्भिक भाषण ह्यूम का ही हुआ था जिसमें उसने कांग्रेस स्थापना के उद्देश्य आदि के विषय में गम्भीरता से विचार विमर्श कर अपनी बात रखी थी। तब से ह्यूम को कांग्रेस का जनक माना जाने लगा।

मालवीय जी का प्रथम अधिवेशन से किसी प्रकार का सम्बन्ध नहीं रहा। किन्तु जब 28 दिसम्बर 1986 को इसका द्वितीय अधिवेशन कलकत्ता में दादा भाई नौरोजी की अध्यक्षता में हुआ तो उस समय तक देश भर में कांग्रेस का प्रचार-प्रसार हो गया था। मालवीय जी के मन में उत्सुकता जमी तो वे भी अपने गुरु जी के साथ कलकत्ता जा पहुंचे। चारों ओर से लगभग चार सौ प्रतिनिधि इस अधिवेशन में भाग लेने के लिए कलकत्ता पहुंचे थे। उसमें अनेक विषयों पर अनेक लोगों ने अपने विचार व्यक्त किए। विधान सभाओं के सुधार पर जब प्रस्ताव आया तो अनेक जनों ने अपने विचार प्रकट किए।

मालवीय जी को लगा कि बात कुछ अटपटी सी हो रही है। कोई भी विषय के अनुरूप नहीं बोल रहा है। ऐसे में मालवीय जी ने बोलने की अनुमति चाही। उनको अनुमति मिली तो वे मंच की ओर बढ़े। उस समय मालवीय जी आयु और लम्बाई में भी छोटे ही थे। कहते हैं कि उनको आते देखकर ह्यूम ने स्वंय उनके लिए उचित स्थान की व्यवस्था की थी, जिससे कि पण्डाल में बैठे दर्शक उनको देख सकें। उस समय की मालवीय जी की वेशभूषा थी-सिर पर श्वेत पगड़ी, माथे पर श्वेत चन्दन, शरीर पर श्वेत लम्बा अंगरखा और दुपट्टा और श्वेत चूड़ीदार पाजामा तथा जूते। कालान्तर में यही वेशभूषा मालवीय जी की पहचान बन गई थी।

पण्डाल में उपस्थित जनों ने इस भव्य मूर्ति को पहली बार ही देखा था और सुन भी पहली बार ही रहे थे। नख से सिर तक भारतीयता की मूर्ति बने मालवीय जी ने जब लच्छेदार अंग्रेजी और मधुर मोहक वाणी में अपना भाषण

आरम्भ किया तो दर्शक मोहित हो गए। उनके छोटे से भाषण में दर्शकों ने बाइस बार तालियां बजाई थीं, यह स्वयं में एक कीर्तिमान था।

स्वयं ह्यूम ने अपने विवरण में लिखा था-"कांग्रेस पण्डाल में जिस भाषण पर लोगों ने हर्ष से अनेक बार तालियां बजाईं और जिसे श्रोताओं ने तन्मय होकर सुना, वह भाषण था उच्च वर्गीय ब्राह्मण युवक पण्डित मदनमोहन मालवीय का। उनके गौर वर्ण और आकर्षक व्यक्तित्व ने प्रत्येक प्रतिनिधि को प्रभावित कर दिया। उन्होंने ऐसा धारा-प्रवाह भाषण दिया कि सभी श्रोता मन्त्रमुग्ध से हो गए।"

उनके भाषण का यह वाक्य बहुत सराहा गया-'बिना प्रतिनिधित्व के कर नहीं लग सकता। यह अंग्रेजों की राजनीतिक बाइबिल का प्रथम आदेश है।' अधिवेशन के अध्यक्ष दादाभाई नौरोजी ने उनका भाषण सुनकर कहा था-"इस युवक की वाणी में स्वयं भारत माता मुखर हो रही है।"

कांग्रेस का तृतीय अधिवेशन अगले वर्ष सन् 1887 में मद्रास में हुआ था। उत्तर भारत से जब उस अधिवेशन में कोई नहीं गया तो मालवीय जी ने जाने का निश्चय कर लिया। वहां भी उनका भाषण हुआ। उनके भाषण के विषय में इस बार भी ह्यूम ने अपनी रिपोर्ट में लिखा-"मालवीय जी के भाषण में ऐसे तथ्य विद्यमान हैं कि जिन पर सावधानी से विचार करने की आवश्यकता है।" 'ह्यूम ने मालवीय जी में नेतृत्व शक्ति देखी तो उनको मद्रास अधिवेशन में ही न केवल उत्तर पश्चिमी प्रान्त का मन्त्री बनाया अपितु कांग्रेस की स्थायी समिति का भी मन्त्री नियुक्त कर दिया गया।

कांग्रेस का आगामी अधिवेशन प्रयाग में करने का निश्चय हुआ तो यह उत्तरदायित्व मालवीय जी को सौंपा गया। मालवीय जी को स्वागत समिति का मन्त्री बनाया गया। अंग्रेज सरकार ने जब देखा कि अब कांग्रेस के अधिवेशनों में सरकार के विरुद्ध भी विचार व्यक्त किए जाने लगे हैं तो उसने इनके कार्य में बाधा डालनी आरम्भ कर दी। प्रयाग में तो अधिवेशन के लिए उचित स्थान की भी व्यवस्था नहीं होने दी किन्तु मालवीय जी के बुद्धिकौशल से यह समस्या सुलझ गई।

प्रयाग के बाद बम्बई, कलकत्ता और नागपुर में कांग्रेस के अधिवेशन होते रहे। सन् 1892 में पुनः प्रयाग में अधिवेशन करने का निश्चय किया गया। मालवीय जी ने कठिन परिश्रम करके अधिवेशन को सफल बनाया। तदनन्तर लाहौर, मद्रास, पूना, कलकत्ता, अमरावती, लखनऊ, अहमदाबाद और बम्बई में कांग्रेस के अधिवेशन होते रहे और मालवीय जी उन सब में भाग लेते रहे।

सन् 1907 का सूरत का कांग्रेस अधिवेशन विशेष महत्त्व का रहा। उसमें गोखले के नरम दल और तिलक महाराज के गरम दल का पारस्परिक विरोध स्पष्ट रूप से उभर कर सामने आ गया। उस विरोध ने भयंकर रूप धारण कर लिया। परस्पर धक्का-मुक्की और कुर्सी फेंकने तक की नौबत आ गई। अन्त में पुलिस ने आकर पण्डाल खाली कराया। मालवीय के मन पर इसकी बड़ी तीव्र प्रतिक्रिया हुई और उन्हें इससे बड़ा आघात भी लगा। इस अधिवेशन के उपरान्त कांग्रेस द्वारा ब्रिटिश सरकार का खुला विरोध स्पष्ट हो गया।

सूरत कांग्रेस में वैधानिक रीति से औपनिवेशिक स्वराज्य प्राप्ति का कांग्रेस का उद्देश्य घोषित कर दिया गया।

वह युग बाल, पाल, लाल का युग माना जाता था। अर्थात बाल गंगाधर तिलक, विपिनचन्द्र पाल और लाला लाजपतराय का युग। भारतीय जन-मानस पर इन तीनों का अटल अधिकार था। राष्ट्रीय पुनरुज्जीवन के लिए उन दिनों बड़ा उत्साह पाया जाता था और देश भर में अनेक राष्ट्रीय शिक्षा संस्थाएं स्थापित होने लगी थीं। स्वदेशी का प्रचलन और विदेशी का बहिष्कार भी उन्हीं दिनों का आन्दोलन था।

मालवीय जी ऐसे आन्दोलनों से अलग नहीं रह सकते थे। उन्होंने भी प्रयाग आदि समीपस्थ अनेक नगरों में स्वदेशी के सम्बन्ध में व्यावहारिक कार्य करने के उद्देश्य से स्वदेशी औद्योगिक केन्द्र खोलने का प्रयास किया। उसमें भी उनको यथोचित सफलता प्राप्त हुई। इस प्रकार जहां एक ओर मालवीय जी स्वदेशी औद्योगिक केन्द्रों की स्थापना करने जा रहे थे वहीं दूसरी ओर वे विधान सभा में पहुंचकर समय-समय पर सरकार को इस दिशा में सचेत भी करते रहते थे कि यदि उसने स्वदेशी आन्दोलन को प्रोत्साहित नहीं किया तो इसके गम्भीर परिणाम हो सकते हैं।

किन्तु अंग्रेज सरकार थी कि अन्यान्य आन्दोलनों की भांति इस आन्दोलन को भी अपनी पूर्ण शक्ति से समाप्त करने के लिए कटिबद्ध प्रतीत होती थीं ऐसे में उससे सहयोग की आशा-आकांक्षा व्यर्थ थी। ब्रिटिश सरकार ने बंगाल के नेताओं को सर्वप्रथम बन्दी बनाकर उन्हें निष्कासित कर दिया। इधर सरकार का दमन चक्र चल रहा था और उधर पंजाब में चिनाव नहर के जल के प्रयोग के सम्बन्ध में विवाद उठ खड़ा हुआ तो वहां भी इसके विरोध में आन्दोलन आरम्भ हो गया। इस आन्दोलन के मुख्य नेता लाला लाजपतराय और सरदार अजीत सिंह थे। सरकार ने उनको मुक्त रखना अपने लिए भयावह समझा और किसी एक रात को चुपके से उनको बन्दी बनाया और प्रदेश से निष्कासित कर

दिया।

भारतीयों से यह बात छिपी नहीं रह सकी। युवकों का रक्त उबाल खाने लगा। क्रोध की ज्वाला भड़कने लगी। ब्रिटिश सरकार की इस मनमानी और अत्याचारी-दमन नीति को सहन करना उनके लिए दूभर होने लगा। इसके विरोध स्वरूप समस्त भारत में आतंकवादियों के गुप्त संगठन बनने लगे। युवक जब क्रोध में होता है तो वह विवेक बुद्धि नहीं रख पाता। बिहार के आतंकवादी युवकों ने 30 अप्रैल 1908 को मुजफ्फरपुर नगर में दो अंग्रेज महिलाओं को गोली का निशाना बना दिया। चारों ओर भगदड़ मच गई। किन्तु सरकार चौकन्नी हो गई थी। उसने शीघ्र ही खुदीराम बोस नामक एक 18 वर्षीय युवक को इस आरोप में बन्दी बनाकर फांसी पर लटका दिया।

बंगाल में क्रान्ति की ज्वाला प्रबल रूप से भड़क रही थी। स्वामी विवेकानन्द के भाई भूपेन्द्रनाथ दत्त अपने समाचार पत्र 'युगान्तर' के माध्यम से प्रकटतया हिंसात्मक आन्दोलन का प्रचार कर रहे थे। 13 जुलाई सन् 1930 को सरकार ने लोकमान्य तिलक को बन्दी बना लिया। सरकार ने उनकी सुनवाई का नाटक रचा और छह दिन तक लगातार उनके मुकदमे की सुनवाई करके, उनकी किसी अपील, दलील पर ध्यान न देते हुए उन्हें छह वर्ष के लिए कारावास का दण्ड दे दिया। उन्हें बम्बई अथवा पुणे आदि के किसी कारागार में न रखकर बर्मा के माण्डले बन्दीगृह में डाल दिया गया। उसी प्रकार तत्कालीन मद्रास प्रान्त के आन्ध्र क्षेत्र के प्रसिद्ध नेता श्रीहरि सर्वोत्तम राव को बन्दी बनाकर नौ मास के कारावास का दण्ड दे कारागार में भेज दिया।

इस प्रकार समस्त भारत में दो दिशाओं में कार्य चल रहा था। एक ओर तो युवक क्रान्तिकारी खुले विद्रोह के रूप में ब्रिटिश सरकार के प्रति अपना आक्रोश व्यक्त करते हुए जहां जैसा सम्भव हुआ उस प्रकार के हिंसक उपायों का अवलम्बन लेकर अपना कार्य कर रहे थे तो दूसरी ओर कांग्रेस के वृद्ध नेता अपने मंचों से वैधानिक और शान्तिपूर्ण उपायों द्वारा 'औपनिवेशिक स्वराज्य' की बात दोहरा रहे थे।

सन् 1908 के ऐसे उथल-पुथल के वातावरण में संयुक्त प्रान्तीय कांग्रेस के लखनऊ अधिवेशन के लिए महामना मालवीय जी को उसकी अध्यक्षता के लिए प्रार्थना की गई। उसी वर्ष दिसम्बर मास में ऑल इण्डिया कांग्रेस कमेटी का अधिवेशन मद्रास में हुआ। उसके उपरान्त सन् 1909 में लाहौर कांग्रेस के लिए 'सर' फिरोजशाह मेहता का नाम प्रस्तावित किया गया और उन्होंने स्वीकार भी कर लिया। किन्तु अधिवेशन से ठीक पहले, जैसे कोई किसी की

पीठ पर छुरा मारता हो उस प्रकार, 'सर' ने अध्यक्ष बनना अस्वीकार कर दिया। ऐसे संकट के अवसर पर मालवीय जी ने ही कांग्रेस की नैया को पार लगाया था।

उस अधिवेशन के अध्यक्ष मालवीय जी के विषय में लन्दन के प्रसिद्ध समाचार पत्र 'मानचेस्टर गार्जियन' ने टिप्पणी की-"पण्डित मदनमोहन मालवीय अत्यन्त उच्च श्रेणी के राजनीतिज्ञ और विशेष योग्यता वाले व्यक्ति हैं। वे बड़े ही निर्भीक स्वभाव के व्यक्ति हैं। उन्होंने कुछ दिन अध्यापन और फिर पत्रकार के रूप में अपना जीवन बिताकर, फिर वकालत की और उसमें भी अनुपम सफलता प्राप्त की। वे कुछ वर्षों तक संयुक्त प्रान्त की विधान सभा के मनोनीत और फिर निर्वाचित सदस्य भी रहे हैं। उन्होंने शिक्षा और समाज-सुधारक के क्षेत्र में बहुत काम किया है। श्री सुरेन्द्रनाथ बैनर्जी को छोड़कर मालवीय जी से बढ़कर अन्य कोई कांग्रेस का नेता भाषण-कला के लिए प्रसिद्ध नहीं है।"

लाहौर कांग्रेस में दिए गए उनके भाषण की सर्वत्र चर्चा हुई। उनके गुरु पण्डित आदित्यनाथ भट्टाचार्य के मुख से सहसा निकल पड़ा था-'क्यों न हो, अन्ततः वह है तो व्यास का ही पुत्र। यह उसके अनुरूप ही है वह अपने प्राचीन संस्कार और शास्त्रीय शिक्षा को किस प्रकार छोड़ सकता है।'

इस प्रकार कांग्रेस का कार्य आगे बढ़ता रहा, ब्रिटिश सरकार का दमनचक्र चलता रहा। भारत में हार्डिंग के स्थान पर मिन्टो वाइसराय बनकर आया तो उधर इंग्लैंड में मिडिलटन के स्थान पर ब्रयू को भारत मन्त्री बनाया गया। जॉर्ज पंचम का राज्याभिषेक होने वाला था तो उस अवसर पर विभाजित बंगाल को एक कर दिया गया। लॉर्ड हार्डिंग बम के उपरान्त ब्रिटिश सरकार का दमन और सख्ती तो पहले ही बढ़ गए थे।

सन् 1914 का काल आया जब प्रथम विश्व युद्ध आरम्भ हुआ। ब्रिटिश सरकार ने भारतीय सेना को इस युद्ध में झोंक दिया। उधर कांग्रेस ने अपने मद्रास अधिवेशन में यह प्रस्ताव पारित कर दिया कि जिन देशों ने भारतीयों को निष्कासित किया है उनका आर्थिक बहिष्कार किया जाए। दूसरी ओर श्रीमती एनी बेसेन्ट ने होम रूल आन्दोलन आरम्भ कर दिया। ब्रिटिश सरकार ने अपनी दमन नीति से इन सबका दमन करना आरम्भ कर दिया। एनी बेसेन्ट के बन्दी बनाए जाने पर मालवीय जी ही वह व्यक्ति थे जिन्होंने इस आन्दोलन को समाप्त नहीं होने दिया। यद्यपि एनी बेसेन्ट से उनके अनेक विषयों पर मतभेद थे।

जुलाई 1918 में मान्टेग्यू-चेम्सफोर्ड सुधारों की जब घोषणा हुई तो भारत

में उसकी प्रतिक्रिया पक्ष और विपक्ष दोनों प्रकार से हुई। मालवीय जी ने इस पर अपने विचार व्यक्त करते हुए एक ज्ञापन तैयार किया और उसको भारत में वितरित करते हुए बताया कि इन सुधारों के माध्यम से उचित और हितकर परिवर्तन की सम्भावना है, अत: हमें उसका स्वागत करना चाहिए। किन्तु उसमें जो गम्भीर त्रुटियां हैं उनको इन सुधारों के लागू करने से पहले दूर कर लेना आवश्यक है।

उसी वर्ष सितम्बर मास में कांग्रेस ने इन प्रस्तावों पर विचार करने के लिए बम्बई में अधिवेशन किया, किन्तु नरम दल वाले आशंकित थे अत: उन्होंने इस अधिवेशन में भाग नहीं लिया और अपना अलग अधिवेशन करने का निश्चय किया। तदपि मालवीय जी उस अधिवेशन में उपस्थित हुए और उन्होंने यथाशक्ति प्रयत्न किया कि कांग्रेस की ओर से नरम भाषा का प्रयोग हो। किन्तु यह सम्भव नहीं हो पाया।

उसके बाद जब दिल्ली में कांग्रेस का अधिवेशन हुआ और मालवीय जी उसके अध्यक्ष बने तो अपने अध्यक्षीय भाषण में उन्होंने मान्टेग्यू-चेम्सफोर्ड सुधारों पर विस्तार से अपने विचार प्रस्तुत किए। यही वह अधिवेशन था जिसकी अन्यत्र चर्चा में हम बता आए हैं कि मालवीय जी के प्रयत्न से किसानों को नि:शुल्क प्रतिनिधित्व प्राप्त हुआ था।

फरवरी 1919 में रोलेट बिल प्रस्तुत हुआ तो मालवीय जी ने अपनी पूर्ण योग्यता, सामर्थ्य और शक्ति से इस बिल का प्रबल विरोध किया। भारतीय विधान सभाओं में लम्बे भाषण का उन्होंने इस अवसर पर कीर्तिमान स्थापित किया। साढ़े चार घंटे तक वे विधान सभा में इसके विरोध में अपने तर्क प्रस्तुत करते रहे। किन्तु उस समय सरकार का अर्थात ब्रिटिश सरकार का वर्चस्व था, बिल का प्रथम भाग तो यथावत पारित हो गया फिर भी द्वितीय भाग वापस ले लिया गया।

अप्रैल 1919 में जलियांवाला बाग काण्ड हो गया, जिसकी विस्तृत चर्चा हम अन्यत्र कर आए हैं। सितम्बर 1919 में वाइसराय ने पंजाब हत्याकाण्ड जांच समिति नियुक्त कर दी, जिसका संयोजक हण्टर था। इसके तुरन्त बाद विधान परिषद में हत्याकाण्ड के दोषी अंग्रेज अफसरों को क्षमा प्रदान का प्रस्ताव प्रस्तुत कर दिया गया। एक ओर जांच समिति गठित करना और दूसरी ओर क्षमा-प्रस्तुत करना अंग्रेज के चरित्र का ही सूचक था। मालवीय जी ने इसका प्रबल प्रतिरोध किया। इस बार उन्होंने पांच घण्टे तक धारा प्रवाह भाषण देकर अपने तर्कों द्वारा जलियांवाला हत्याकाण्ड तथा उसके लिए उत्तरदायी अंग्रेजों

की भर्त्सना की। मालवीय ने अपने इस अनुपम ऐतिहासिक भाषण में ब्रिटिश सरकार और उसके अधिकारियों पर जो दोषारोपण किया था उसका उत्तर तो अंग्रेजों के पास था नहीं किन्तु सरकार उनकी थी और परिषद में बहुमत भी उनका ही था, अत: उनका यह प्रस्ताव भी पूर्ववत पारित हो ही गया।

मालवीय जी के उस भाषण के सम्बन्ध में ब्रिटिश सरकार के अनेक सदस्यों ने अपना मत व्यक्त करते हुए कहा था-"पण्डित मदनमोहन मालवीय ने ब्रिटिश सरकार को ऐसी सुन्दर रीति से और ऐसे जोरदार कोड़े लगाए हैं कि वैसे कोड़े एडमण्ड वर्क ने भी वारेन हेस्टिंग्स की निन्दा में नहीं लगाए थे।"

मालवीय जी स्वामी श्रद्धानन्द और महात्मा गांधी को साथ लेकर पंजाब के दौरे पर गए। उनके वहां जाने से पंजाब की जनता को सान्त्वना मिली। सेवा समिति के माध्यम से मालवीय जी ने पंजाब के पीड़ितों को पर्याप्त सहायता पहुंचाई। मालवीय जी के नेतृत्व में बनी पंजाब हत्याकाण्ड जांच समिति ने अपनी ओर से जांच आरम्भ कर दी। इसके बाद ही खिलाफत आन्दोलन आरम्भ किया गया। महात्मा गांधी ने 28 जुलाई 1920 को असहयोग आन्दोलन की घोषणा की थी कि पहली अगस्त को लोकमान्य तिलक का देहावसान हो गया।

उन दिनों लॉर्ड रीडिंग भारत का वायसराय था, वह मालवीय जी का आदर और सम्मान करता था। वह चाहता था कि कोई मध्य मार्ग निकले। उसके आग्रह पर मालवीय जी बन्दीगृहों में जाकर बन्दी नेताओं से मिले और गांधी-रीडिंग वार्ता का मार्ग प्रशस्त किया। वार्तालाप समाप्त ही हुआ था कि वातावरण ने विचित्र मोड़ ले लिया। एक ओर सरकार का दमन बढ़ा तो दूसरी ओर चौरी-चौरा थाने में पुलिस सिपाहियों को जीवित ही भस्म कर दिया गया। मालवीय जी के समझाने के परिणाम स्वरूप गांधी को अपना सविनय अवज्ञा आन्दोलन वापस लेना पड़ा। चौरी-चौरा काण्ड में बन्दी एवं दण्डित किए गए भारतीयों का मुकदमा मालवीय जी ने किस बुद्धिमत्ता से लड़ा था इसका उल्लेख हम इन्हीं पृष्ठों पर अन्यत्र विस्तार से कर चुके हैं।

सन् 1923 में स्वराज्य पार्टी का गठन हो गया। कांग्रेस ने भी वैधानिक मोर्चे पर लड़ाई लड़ने के निश्चय से निर्वाचनों में भाग लेने का निर्णय लिया था कि तभी अचानक कोहाट में हिन्दू-मुस्लिम दंगा हो गया। मालवीय जी वहां जा पहुंचे और अपनी बुद्धिमत्ता से तथा वक्तृत्व शक्ति से वहां किसी प्रकार शान्ति स्थापित करने का यत्न किया। उसके तुरन्त बाद ही बंगाल में दंगे आरम्भ हो गए। मालवीय जी की आयु उस समय 68 वर्ष की थी और वे

निर्बल भी हो गए थे, किन्तु फिर भी वे बंगाल गए और दंगाइयों की निन्दा की।

सन् 1928 में ब्रिटिश सरकार ने साइमन कमीशन की नियुक्ति की। इस कमीशन में कोई भी भारतीय सदस्य के रूप में नहीं रखा गया। इस कमीशन को यह देखने का काम सौंपा गया कि भारतीयों को भारत का शासन सौंपने की क्या सम्भावनाएं हैं और यदि उनको शासन सौंप दिया जाए तो उनमें इतनी योग्यता और सामर्थ्य है भी कि नहीं। वे भारत का शासन संभाल सकेंगे अथवा नहीं?

इस उद्देश्य से यह आयोग भारत आया। भारत में इसके विरुद्ध वातावरण बन गया था। चारों ओर से इसके बहिष्कार के स्वर सुनाई देने लगे। जहां-जहां कमीशन गया वहां-वहां इसको काले झण्डे दिखाए गए। अपने भ्रमण काल में 31 अक्टूबर 1928 को यह कमीशन लाहौर पहुंचा। लाहौर में इसका प्रबल विरोध करने की योजना बनाई गई थी। लाहौर रेलवे स्टेशन पर भारी भीड़ एकत्रित थी जो 'साइमन वापस जाओ' के नारे लगा रही थी। इस प्रदर्शन का नेतृत्व मालवीय जी और लाला लाजपतराय कर रहे थे। जब प्रदर्शन प्रचण्ड हो गया और भीड़ को नियन्त्रण में रखना पुलिस कर्मचारियों के लिए असम्भव हो गया तो उसने भीड़ पर लाठी बरसानी आरम्भ कर दी। उनमें से एक लाठी लाला लाजपतराय को लगी, जो उनके लिए प्राणघातक सिद्ध हुई। 28 नवम्बर को उस आघात से लाला जी का देहान्त हो गया।

लाला जी की मृत्यु से पंजाब के युवकों में क्रोध और प्रतीकार की अग्नि धधक उठी। लाहौर का पुलिस सुपरिन्टेन्डेंट सौन्डर्स उनके क्रोध का प्रथम शिकार बना।

8 अप्रैल 1929 को दिल्ली के असेम्बली हाल में बम फेंका गया। बम फेंकने वाले सरदार भगतसिंह और बटुकेश्वर दत्त को तत्काल बन्दी बना लिया गया। इससे भारत भर के युवकों में नए जोश की लहर दौड़ने लगी। चारों ओर इन युवकों की प्रशंसा होने लगी।

इस वातावरण में मालवीय जी अपने प्रयत्न में लगे रहे। उन्होंने तत्कालीन वाइसराय लॉर्ड इरविन को इस बात के लिए सहमत कर लिया कि इस सब स्थिति के समान के लिए गोलमेज कांफ्रेंस का आयोजन किया जाए। 31 अक्टूबर 1929 को इस सम्मेलन के सदस्यों के नामों की घोषणा कर दी गई। इससे पूर्व 26 जनवरी को रावी के किनारे कांग्रेस ने 'पूर्ण स्वराज्य' की घोषणा कर दी थी।

1 अगस्त 1930 को तिलक की प्रथम पुण्य तिथि मनाने के निमित्त बम्बई

में एक विशाल जुलूस निकाला गया। इस जुलूस का नेतृत्व श्रीमती हंसा मेहता कर रही थीं। तीव्र वर्षा में भी यह विशाल जुलूस अपने गन्तव्य की ओर बढ़ रहा था कि धोबी तालाब पर पुलिस ने इसको रोक दिया। नेताओ ने इसका विरोध किया तो मालवीय जी सहित लगभग 40 नेताओं को बन्दी बनाकर बायकुला कारागार में भेज दिया गया। तदनन्तर जुलसू को तितर-बितर करने के लिए पुलिस ने निर्ममतापूर्वक लाठी प्रहार आरम्भ कर दिया। बन्दी जनों को 200 रुपया दण्ड अथवा दो मास का सश्रम कारावास का किया दण्ड घोषित हो गया।

मालवीय जी को बम्बई में बन्दी बना लिए जाने का समाचार जब काशी-हिन्दू विश्वविद्यालय में पहुंचा तो वहां से 125 छात्रों का दल उनके बन्दी बनाए जाने के विरोध में सत्यग्रह करने के लिए बम्बई के लिए रवाना हो गया किन्तु ज्यों ही सत्याग्रही छात्रों का यह दल बायकुला कारागार पर सत्याग्रह करने के लिए पहुंचा तो देखते क्या हैं कि मालवीय जी कारागार के द्वार से बाहर को आ रहे हैं। मालवीय जी को मुक्त कर दिया गया था। न जाने किसने मालवीय जी को दिए गए 200 रुपए अर्थदण्ड की भरपाई कर दी थी। यद्यपि मालवीय को यह पसन्द नहीं था कि उनको दिया गया अर्थदण्ड भरा जाए, किन्तु किसी ने किसी को बताए बिना यह दण्ड भर दिया था, अत: मालवीय जी के चाहते हुए भी सरकार उनको कारागार में नहीं रख सकती थी।

इसके कुछ दिन बाद ही दिल्ली में डॉक्टर अंसारी के घर पर कांग्रेस कार्य समिति की बैठक हो रही थी। बैठक तो समाप्त हो गई किन्तु नेतागण वहीं पर बैठे हुए परस्पर कुछ विचार-विमर्श कर रहे थे कि सहसा वहां पर पुलिस पहुंच गई। पुलिस पहुंचने का कारण यह था कि सरकार ने समिति की बैठक को असंवैधानिक घोषित कर दिया था, इस कारण पुलिस ने सबको बन्दी बनाकर उन पर अभियोग चलाया और सबको बिना परिश्रम के छह-छह मास का कारावास का दण्ड घोषित कर, उस समय दिल्ली जेल में भेज दिया गया।

कुछ दिनों बाद मालवीय जी को नैनी जेल में स्थानान्तरित कर दिया गया। उस समय नैनी जेल में जवाहरलाल नेहरू और आर.एस. पण्डित भी कारावास भोग रहे थे। वे जर्मन भाषा के विद्वान थे। मालवीय जी ने आर.एस. पण्डित से जर्मन भाषा सीखनी आरम्भ की और स्वयं अपने जेल के साथियों को नित्य प्रति भागवत महाभारत की कथा सुनाना आरम्भ किया। यह कार्यक्रम कुछ ही दिन चल पाया था कि मालवीय जी गम्भीर रूप से अस्वस्थ हो गए। उन्हें चिकित्सा के लिए सरकारी अस्पताल में भेज दिया गया और फिर कुछ दिनों

बाद उनको मुक्त भी कर दिया।

उसके अगले वर्ष 23 मार्च 1931 को लाहौर जेल में भगतसिंह, राजगुरु और सुखदेव को फांसी पर लटका दिया गया। इसके तुरन्त बाद ही 29 मार्च को करांची में कांग्रेस का अधिवेशन हुआ। गांधी तो क्रान्तिकारियों के पक्ष में कभी रहे नहीं और न ही उन्होंने कभी उनके कार्य की सराहना की, विपरीत इसके उनसे जितना हो सका उन्होंने उनको हतोत्साहित किया था फिर भी क्रान्तिकारी तो क्रान्तिकारी ही होता है, वह विचलित हो जाए तो फिर क्रान्तिकारी क्यों कहलाएगा। खैर! करांची कांग्रेस अधिवेशन में उन युवकों के बलिदान पर मालवीय जी ने जो सारगर्भित एंव मार्मिक भाषण दिया और जो करुणाजनक चित्र उन्होंने खींचा उससे श्रोतागण रो पड़े थे।

सन् 1929 में मालवीय जी ने लॉर्ड इरविन से मिलकर गोलमेज कांफ्रेंस की जो पहल की थी वह कालान्तर में लॉर्ड इरविन के स्थानान्तरित होने पर ही सम्पन्न हो पाई थी। 25 दिसम्बर 1931 को सभी नेता मुक्त कर दिए गए। मालवीय जी के प्रयास से गांधी इरविन समझौता भी सुदृढ़ हो गया गोलमेज कांफ्रेंस की तिथि निश्चित हो गई तो 29 अगस्त को मालवीय जी और गांधी जी ने लन्दन के लिए प्रस्थान किया। उस समय मालवीय जी की आयु 70 वर्ष की हो चुकी थी।

गोलमेज कांफ्रेंस के अवसर पर मालवीय जी को जॉर्ज पंचम से भेंट निर्धारित हुई। ब्रिटिश शासन गांधी की ढुलमुल नीति के कारण उनसे रुष्ट था। भेंट के अवसर पर सम्राट ने मालवीय जी से पूछा कि क्या वे गांधी के सहयोगी हैं। उस समय कुछ आक्रोश में सम्राट ने जब यह कहा कि यदि भारत में एक अंग्रेज की हत्या हुई तो वह लन्दन से एक लाख अंग्रेज वहां भेज देगा। उसके उत्तर में मालवीय जी ने कहा, "श्रीमान्! मैं यहां पर इस बात का समाधान करने आया हूं कि यदि भारत में किसी अंग्रेज पर आघात हुआ तो यहां किस प्रकार एक लाख अंग्रेज भेजे जा सकते हैं। हां, यदि हमें हमारे अधिकार दे दिए जाएं और औपनिवेशिक स्वराज्य घोषित कर दिया जाए तो भारतीय जनता आपके प्रति कृतज्ञता अवश्य ज्ञापित करेगी।"

सम्राट् ने मालवीय जी का तर्कपूर्ण किन्तु व्यंग्य भरा उत्तर सुना तो उसने तुरन्त बात को बदल दिया।

मालवीय जी ने गोलमेज कांफ्रेंस में भारत का पक्ष प्रस्तुत करने के अतिरिक्त इंग्लैंड में उन्होंने हिन्दू धर्म पर भी अनेक व्याख्यान दिए। अवसर का लाभ उठाकर मालवीय जी ने यूरोप के अनेक विश्वविद्यालयों को देखा और

पाली और संस्कृत के प्रसिद्ध फ्रांसीसी विद्वान डॉ. सिल्वन लेवी से भी भेंट की।

किन्तु भारत लौटने पर उनको दूसरा ही दृश्य देखने को मिला। यहां आकर मालवीय जी को बताया गया कि कांग्रेस के सारे नेताओं को बन्दी बना लिया गया और ब्रिटिश सरकार इस बात पर गर्व का अनुभव कर रही है कि उसने कांग्रेस को कुचल दिया है। मालवीय जी ने जहाज से उतरते ही इसके विरोध में एक लम्बा चौड़ा वक्तव्य दे डाला और सरकार की भर्त्सना करते हुए उनके अत्याचारों के विवरण से भरपूर एक तार सम्राट को भेजा, किन्तु अंग्रेज सरकार ने यह तार अपने गन्तव्य तक पहुंचने ही नहीं दिया।

तभी कांग्रेस ने घोषणा कर दी कि मालवीय जी की अध्यक्षता में दिल्ली में कांग्रेस का अधिवेशन किया जाएगा। सरकार की ओर से इस अधिवेशन पर प्रतिबन्ध लगा दिया गया और मालवीय जी को आदेश दिया गया कि वे इस अधिवेशन में भाग लेने दिल्ली न जाएं। किन्तु मालवीय जी ने सरकारी आदेश की अवहेलना करते हुए निर्धारित कार्यक्रम के अनुसार काशी से दिल्ली के लिए प्रस्थान किया। मालवीय जी दनकौर स्टेशन पर गाड़ी से उतरकर कार से दिल्ली के लिए चले तो सही किन्तु दिल्ली पहुंचने से पूर्व ही यमुना पुल पर उनकी कार को रोक दिया गया। वहां से पुलिस उनको अपनी गाड़ी में बैठाकर दिल्ली कारागार में ले गई। किन्तु दिल्ली का अधिवेशन फिर भी निर्धारित तिथि और समय पर चांदनी चौक घंटा घर पर पुलिस कोतवाली के समीप श्री अमृतलाल रणछोड़लाल की अध्यक्षता में सम्पन्न हुआ।

दिल्ली पुलिस ने मालवीय जी को तीन दिन तक दिल्ली जेल में रोके रखा और फिर अधिवेशन समाप्त होने पर उन्हें मुक्त करके इलाहाबाद भेज दिया।

सरकार की ओर से कांग्रेस को तभी अवैध घोषित कर दिया गया था जब कि मालवीय जी आदि गोलमेज कांफ्रेंस से भारत लौट रहे थे। किन्तु कांग्रेस ने दिल्ली के बाद अगला अधिवेशन कलकत्ता में करने की घोषणा कर दी। पुनः मालवीय जी को ही अध्यक्ष निर्वाचित किया गया। मालवीय जी जब अधिवेशन में भाग लेने के लिए कलकत्ता जा रहे थे तो उनको आसनसोल में रोककर एक सप्ताह के लिए जेल में भेज दिया गया और अधिवेशन समाप्त होने पर उन्हें मुक्त कर दिया गया।

'फूट डालो और राज करो।' अंग्रेजों की यह नीति रही है। वे किसी प्रकार से हिन्दुओं को विभाजित करने का अवसर देखते रहते थे। सरकार ने इस निमित्त 'कम्युनल एवार्ड' की घोषणा कर दी। इस अवार्ड के आधार पर दलित वर्ग के लिए अलग स्थानों का निर्धारण करने की योजना थी। कांग्रेस के

नेताओं के लिए यह चिन्ता का विषय बन गया। किन्तु मालवीय जी ने इस प्रकार से बात चलाई और मध्यस्थता की किसी प्रकार उस समय यह संकट टल गया।

इन दिनों मालवीय जी का स्वास्थ्य निरन्तर गिरता जा रहा था, किन्तु फिर भी किसी प्रकार से गाड़ी खींच रहे थे कि तभी 15 जनवरी 1934 को बिहार में ऐसा भयंकर भूकम्प आया कि उसने सारे बिहार को तहस-नहस कर दिया, इस भूकम्प के कारण हजारों व्यक्ति मारे गए और लाखों बेघर-बार, बेरोजगार हो गए। हजारों घर नष्ट हो गए। इस विनाशलीला से बिहार का एक भू-भाग ही नष्ट-भ्रष्ट हो गया। मालवीय जी ने अपने स्वास्थ्य की चिन्ता किए बिना बिहार की ओर मुख किया और जितना उनसे हो सकता था उतना उन्होंने वहां के पीड़ितों को सहायता देने का सत्कार्य किया।

उसी वर्ष 18, 19 मई को पटना कांग्रेस अधिवेशन में मालवीय जी के साथ डॉक्टर अन्सारी को कांग्रेस पार्लियामेन्टरी बोर्ड गठित करने का भार सौंपा गया। किन्तु मुस्लिम तुष्टिकरण की अपनी नीति का उस समय कांग्रेस ने ऐसा घिनौना प्रदर्शन किया कि उससे खिन्न होकर मालवीय जी के साथ श्री अणे भी पटना अधिवेशन से बीच में ही उठ कर चले आए।

मालवीय जी की खिन्नता का परिणाम यह हुआ कि 18, 19 अगस्त 1934 को कलकत्ता में मालवीय जी की अध्यक्षता में राष्ट्रीय दल की बैठक हो गई। मालवीय जी ने अभी तक भी कांग्रेस से त्याग पत्र नहीं दिया था, किन्तु वे सिद्धान्तों पर उससे किसी प्रकार का समझौता भी करने को तैयार नहीं थे। नेशनलिस्ट पार्टी ने निर्वाचनों में भाग लिया। यद्यपि उसको बहुत अधिक सफलता तो नहीं मिली, फिर भी वह अस्तित्व में मान लिया गया। दूसरी ओर गांधी ने कांग्रेस से तो त्यागपत्र दे दिया किन्तु वे उसके मार्ग दर्शक बने रहे। ऐसा नाटक गांधी जी ही कर सकते थे। वे कांग्रेस के हर कार्य में अपना सहयोग और आशीर्वाद दे देते थे।

कांग्रेस ने सन् 1935 में पार्टी की स्वर्णजयन्ती मनाने का निश्चय किया। उस समय कांग्रेस के पुराने जीवित नेताओं में केवल मालवीय जी ही सबसे वृद्ध नेता थे, अत: उनसे ही इसका शिलान्यास करने का आग्रह किया गया और उन्होंने कांग्रेस के आग्रह को स्वीकार भी कर लिया।

सन् 1936 में कांग्रेस ने विधान सभा निर्वाचनों में भाग लेने का निर्णय किया। 28 दिसम्बर 1936 को फैजापुर में कांग्रेंस का अधिवेशन हुआ। इस अधिवेशन में मालवीय जी का भाषण हुआ और वह भाषण उतना ही ओजस्वी

था जितना कि प्रथम बार कलकत्ता का उनका भाषण था।

समय बीतता गया और सन् 1942 आ गया। उस समय भारत छोड़ो आन्दोलन अपने चरम उत्कर्ष पर था। यहां तक कि बलिया जिले में तो कांग्रेस ने पन्द्रह दिन तक जिले का सम्पूर्ण शासन अपने हाथ में लेकर सरकार को एक प्रकार से निरस्त-सा कर दिया था। इस आन्दोलन में काशी हिन्दू विश्वविद्यालय के छात्रों ने बढ़ चढ़कर भाग लिया था, अत: ब्रिटिश सरकार को अवसर मिल गया और उसकी पुलिस ने विश्वविद्यालय के सब भवनों पर अपना अधिकार कर लिया। सभी छात्रों को निर्मतापूर्वक छात्रावास से बाहर निकाल दिया गया।

मालवीय जी उस समय न केवल वृद्धावस्था के कारण जर्जर शरीर हो गए थे अपितु वे अत्यन्त रुग्ण भी थे। मालवीय जी को जब यह विदित हुआ कि न केवल छात्रावास के छात्रों को अपितु छात्राओं को भी निर्मतापूर्वक बाहर कर दिया गया और वे विश्वविद्यालय की सीमा के बाहर आरक्षित पड़ी रहीं तो इससे उनको बड़ा आघात लगा।

'भारत छोड़ो' आन्दोलन में न केवल सहस्राधिक छात्र बन्दी बना लिए गए अपितु शताधिक छात्रों को तो अपने जीवन से ही हाथ धोना पड़ गया। उस समय सब नेता बन्दी बना लिए गए थे। भारत के गण्यमान्य जनों की ओर से सरकार को लिखा गया कि उस समय के वातावरण में भारत के नेताओं को कारामुक्त करना ही श्रेयस्कर होगा, किन्तु भारत सरकार के कानों पर जूं तक नहीं रेंगी। तब मालवीय जी ने सरकार को जो चुनौती दी, वह स्वयं में एक उदाहरण थी।

कांग्रेस इतिहास के लेखक श्री पट्टाभि सीतारामैय्या ने मालवीय जी के उस साहस पूर्ण कार्य के वर्णन में लिखा है, "तब आगे आए भारत के वन्दनीय वृद्ध महापुरुष तथा परिपक्व मस्तिष्क वाले पण्डित मदन मोहन मालवीय। जिन्होंने सरकार को यह चुनौती दी कि गांधी जी ने अपने आरोप-पत्र का जो उत्तर दिया है, सरकार को चाहिए कि या तो वह उसका स्पष्टीकरण करे और नहीं तो वह तत्काल गांधी जी को कारामुक्त करे।"

मालवीय जी की इच्छा थी कि एक बार भारत में सर्व-दल-सम्मेलन किया जाए। वे इसका समय निर्धारण करते कि तभी उनको विदित हुआ कि सर तेज बहादुर सप्रू लखनऊ में एक निर्दलीय सम्मेलन करने का विचार कर रहे हैं। मालवीय जी को जब यह विदित हुआ तो उन्होंने अपना विचार स्थगित कर दिया।

मालवीय जी के ब्रिटिश सरकार को चुनौती देने का प्रभाव हुआ और

ब्रिटिश सरकार ने 4 मई 1944 को गांधी को मुक्त कर दिया। उसके बाद जब 15 जून को बेवेल लन्दन से भारत वापिस आया तो उसके बाद अन्य सभी नेता भी कारामुक्त कर दिए गए।

21 जून से 1 जुलाई 1944 तक शिमला में विभिन्न प्रान्तों के भूतपूर्व और तत्कालीन मुख्य मन्त्रियों का सम्मेलन आयोजित किया गया। इस सम्मेलन में मुस्लिम लीग, कांग्रेस सिख तथा एंग्लो इंडियन्स के प्रतिनिधियों को भी सम्मिलित किया गया। वहां पर किसी समझौते पर विचार-विमर्श होने लगा तो बेवेल ने कह दिया कि यह समझौता सम्भव नहीं है।

किन्तु घटना चक्र ने कुछ और ही मोड़ लेना आरम्भ कर दिया था। न केवल भारत की जनता और मालवीय जी जैसे वयोवृद्ध नेता अपितु सेना के कुछ अंगों ने भी ब्रिटिश सरकार की अवहेलना आरम्भ कर दी थी। अंग्रेजों को यह अनुभव होने लगा कि अब उनको भारत छोड़कर जाना ही होगा। किन्तु कुटिल अंग्रेज सरलता से भारत नहीं छोड़ सकते थे।

उसके बाद भारत को स्वतन्त्र करने के विधि-विधान पर विचार-विमर्श होता रहा। किन्तु मालवीय जी का स्वास्थ्य निरन्तर गिरता जा रहा था। यह देश का दुर्भाग्य ही कहा जाएगा कि मालवीय जी की अन्तिम सांस स्वतन्त्र भारत में नहीं अपितु परतन्त्र भारत में ही छूटी। इसे एक प्रकार से अच्छा ही कहा जाएगा। क्योंकि भारत विभाजन के अवसर पर हिन्दुओं के जीवन और सम्पत्ति के साथ जो खिलवाड़ हुआ और स्वतन्त्रता प्राप्ति के कुछ मास बाद ही महात्मा गांधी ने पाकिस्तान पर जो कृपा की, उसे कदाचित मालवीय जी स्वयं भी नहीं सह सकते।

न मद, न मोह

मालवीय जी के नाम के शब्दों का यदि पदच्छेद किया जाए तो उसका रूप होगा-मद-न, मोह-न। अर्थात उनमें न मद था और न मोह। वे निरभिमानी थे।

उनकी विशालता के बारे में भी गोपालकृष्ण गोखले ने एक बार कहा था-"हृदय की कोमलता और मृदुता में कोई मालवीय जी को पा नहीं सकता। किसी भी परिस्थिति में उन्होंने किसी भी व्यक्ति को द्वार से निराश नहीं लौटाया।"

श्री आरनोल्ड वाल्ड उस काल में ब्रिटिश पार्लियामेंट के माननीय सदस्य थे। वे मालवीय जी का बड़ा ही आदर और सम्मान करते थे। उनके सम्बन्ध में वाल्ड ने एक बार कहा था-"भारत के नेता पण्डित मालवीय अत्यन्त महान पुरुष हैं। वे बड़े ही आचारवान और उच्च कुल के ब्राह्मण हैं। काशी हिन्दू विश्वविद्यालय के कुलपति हैं। हिन्दू जाति पर उनका प्रभाव है और भारत के समस्त हिन्दू उनका बड़ा सम्मान करते हैं। यह बड़े आश्चर्य की बात है कि वे किस प्रकार बीस करोड़ (उस समय की हिन्दुओं की संख्या) व्यक्तियों के हृदय पर शासन करते हैं। किन्तु सत्य बात तो यह है कि वे सभी के नेता हैं। वे ब्रिटिश सरकार का भी तीव्र विरोध करते हैं और अंग्रेज राजनीतिज्ञों को भी जमकर फटकारते हैं। भारत में उनसे बढ़कर कोई अन्य निष्काम सेवक नहीं है।"

वाल्ड के कथन में थोड़े संशोधन की आवश्यकता है। मालवीय जी का आदर सम्मान केवल हिन्दू ही नहीं अन्य मतावलम्बी भी उतना ही करते थे, इसका उल्लेख हम अनेक पृष्ठों पर विस्तार से कर आए हैं। श्री वाल्ड को भारत के विषय में अधिक ज्ञान न होने से जितना वे जान सकते थे उतना उन्होंने मालवीय जी की प्रशंसा में लिख दिया है।

इसी प्रकार ब्रिटिश पार्लियामेंट के एक अन्य अंग्रेज सदस्य कर्नल बेजवुड ने उनके सम्बन्ध में एक बार कहा था-"सारा यूरोप भली-भांति जानता है कि भारतीय शिक्षा क्षेत्र मालवीय जी का कितना ऋणी है। मैंने आज तक कोई दूसरा ऐसा शिक्षा संस्थान नहीं देखा जो मुख्यत: एक ही व्यक्ति की कृति हो।

यदि पण्डित मालवीय राजनीतिज्ञ न होते तो वे संसार के सर्वश्रेष्ठ नेता के रूप में मान्य किए जाते और यदि उन्होंने हिन्दू विश्वविद्यालय की सृष्टि न की होती तो वे संसार के बहुत बड़े राजनीतिज्ञ माने जाते। भारत और पाश्चात्य देशों के इतिहास में यह बड़ा विचित्र समन्वय है।"

पण्डित मदनमोहन मालवीय को 'महामना' कब से कहा जाने लगा, इसका कोई ठीक विवरण प्राप्त नहीं है। तदपि उनके सारे कार्य ऐसे थे कि कोई भी सहज ही उनको महामना कह सकता था। डॉ. सम्पूर्णानन्द यद्यपि राजनीतिक पुरुष के रूप में प्रख्यात रहे हैं और उनके चिन्तनशील व्यक्तित्व की चर्चा कम ही होती है, किन्तु राजनीति में आकण्ठ डूबे रहने पर भी वे उसमें लिप्त नहीं थे। वे आध्यात्मिक व्यक्ति थे। उन्होंने मालवीय जी के विषय में लिखा है-

"मालवीय जी के नाम के साथ 'महामना' विशेषण का प्रयोग किया जाता है। महामना का अर्थ है ऊंचे या महान मन वाला। वेदों में कुछ मन्त्र ऐसे आए हैं जिनमें मन की प्रकृति का विवेचन करते हुए अन्त में कहा गया है 'तन्मे मन: शिवसंकल्पमस्तु' वह मेरा मन सदा कल्याणकारी संकल्पों से भरा रहे। महामना वही व्यक्ति हो सकता है जिसमें संकल्प सदा महान और लोककल्याण की भावना से परिपूर्ण हों। चाहे शिक्षा का क्षेत्र हो अथवा राजनीति का, मालवीय जी का कोई भी विरोधी उन पर यह आरोप नहीं लगा सकता था कि उन्होंने कोई भी कार्य जनता के हितों के विरुद्ध किया है।"

महर्षि मनु ने मानव के गुणों की जो व्याख्या की है मालवीय जी में वे सभी गुण साक्षातमूर्तिमान थे। मालवीय जी में धैर्य, क्षमा, आत्म-दमन, अस्तेय, पवित्रता, इन्द्रिय निग्रह, सत्य, शुद्ध-बुद्धि और अक्रोध ये सभी मानवी गुण विद्यमान थे। भय को तो मालवीय अपने पास भी नहीं फटकने देते थे और वे अपने सम्पर्क में आने वाले छात्रों तथा अन्यान्य जनों को भी निर्भयता का उपदेश दिया करते थे। अपने भाषणों में 'अर्जुनस्य प्रतिज्ञे द्वे न दैन्यं न पलायनम्' अर्जुन की दो ही प्रतिज्ञाएं थीं, न दीनता दिखाना और न कर्मक्षेत्र से पलायन करना। इस वाक्य का वे निरन्तर प्रयोग करते रहते थे।

दया की तो मालवीय जी प्रतिमूर्ति ही थे। कलकत्ता में जब भीषण हिन्दू-मुस्लिम दंगे हुए तो वे कलकत्ता जा पहुंचे। उन्होंने स्थान-स्थान पर घूमकर नगर में शान्ति स्थापना में महान योग दिया। एक बार वे अपनी कार से कहीं आवश्यक कार्य से जा रहे थे कि मार्ग में एक मुसलमान बालक उनकी कार से टकरा गया। मालवीय जी ने अपने आवश्यक कार्य को छोड़ा और उस बालक को अस्पताल में ले जाकर प्रविष्ट कराया और जब तक वह बालक

अस्पताल में रहा न तब तक अपितु जब-जब भी वे उन वर्षों में कलकत्ता जाते रहे तब तक उस बालक का समाचार लेते रहे।

एक बार मालवीय जी के पारिवारिक वैद्य पण्डित शिवराम जी का भतीजा काशीप्रसाद ज्वर से तड़पने लगा। वैद्य जी को इसकी बड़ी चिन्ता हुई। ज्वर था कि निरन्तर बढ़ता ही जा रहा था। मालवीय जी पर उनके भतीजे की बड़ी आस्था और श्रद्धा थी। स्वयं वैद्य जी की भी उतनी ही आस्था थी। वे सोचते थे कि किसी प्रकार मालवीय जी आकर यदि उस बालक के सिर पर हाथ फेर दें तो बालक का ज्वर शान्त होने लगेगा। मालवीय जी ने जब यह सुना तो सब काम छोड़कर वहां पहुंचे और जाकर कहने लगे, "चिन्ता क्यों करते हैं, काशी अभी ठीक हुआ जाता है।" और हुआ भी यही। आधे घण्टे के भीतर बालक का ज्वर शान्त होने लगा।

मत भिन्नता मानव का स्वभाव है। प्रत्येक व्यक्ति प्रत्येक के मत से सहमत हो जाए यह सम्भव नहीं है। मालवीय जी का अनेक लोगों से मतभेद रहता था। किन्तु मतभेद उनका विचारों तक ही सीमित रहता था, उस व्यक्ति के प्रति उनके मन में किसी प्रकार का द्वेष भाव नहीं होता था। इसी प्रसंग में स्वर्गीय श्री केलकर ने एक बार कहा था, "यद्यपि राजनीतिक विषयों में मालवीय जी से मेरा बड़ा मतभेद रहा है, किन्तु मालवीय जी ने सदा मुझसे बड़ा स्नेह किया और मुझ पर कृपा करते रहे।"

ब्रिटिश राज और भारतीय जनता के मध्य जब बहुत ही कड़ा संघर्ष चलने लगा तो, देश भर में अस्तव्यस्तता का वातावरण बन गया। कोई अनुमान नहीं कर सकता था कि कल किसको पकड़ लिया जाएगा तथा कल किस संस्था पर प्रतिबन्ध लगेगा या कि कल कौन सा संस्थान बन्द कर दिया जाएगा। ऐसे में किसी ने एक दिन मालवीय से पूछा कि क्या वे देश के लिए काशी हिन्दू विश्वविद्यालय का बलिदान कर सकेंगे? उसके उत्तर में तब बड़ी दृढ़ता से मालवीय जी ने कहा था-"यदि देश और जनता के हित के लिए एक सौ हिन्दू विश्वविद्यालयों का बलिदान करना पड़े तो मैं उनके लिए उद्यत रहूंगा।"

'लीडर' के सम्पादक सी.आई. चिन्तामणि ने मालवीय जी के विषय में कहा था-"भारत के लोकनायकों में पण्डित मदनमोहन मालवीय जी का स्थान सर्वोपरि है।"

आचार्य प्रफुल्लचन्द्र बंगाल प्रख्यात व्यक्ति रहे हैं। उन्होंने भी मालवीय जी के विषय में कहा था-"दूसरा कोई व्यक्ति नहीं है जिसने मालवीय जी के समान आत्म-बलिदान किया हो और अनेक प्रकार की सार्वजनिक सेवा का

भार उठाया हो।"

'लीडर' पत्र ने एक बार उनके विषय में लिखा था–"मालवीय जी का जीवन केवल आत्म–बलिदान की गाथा है।"

किसी विचारक ने मालवीय जी के विषय में ठीक ही कहा है–

'सार्वजनिक जीवन में मालवीय जी की सफलता का कारण उनकी अप्रतिम ओजस्विनी मधुरवाणी, उनकी आत्म–बलिदान की भावना और देशभक्ति ही हो सकती है। किन्तु कुछ लोगों का मत है कि उनकी सफलता का कारण था उनका स्नातनधर्म का दृढ़ अनुयायी होना। यदि वे सुरेन्द्रनाथ बैनर्जी या विपिनचन्द्र पाल के समान केवल सुधारवादी ही होते तो उनकी लोकप्रियता उनके जीवन काल में ही समाप्त हो जाती। किन्तु विशाल हिन्दू समाज के करोड़ों नर–नारियों का उनमें इतना दृढ़ विश्वास था कि जब तक मालवीय जी हैं तब तक उनके धर्म पर, उनकी रीति–नीति, आचार–विचार और आदर्शों पर कोई आंच नहीं आ सकती थी। यदि कोई संकट पड़ा भी तो मालवीय जी तत्काल हिन्दुओं की रक्षा करने के लिए आ पहुंचेंगे। मालवीय जी के कारण लोगों के मन में अपार शान्ति और सन्तोष व्याप्त था।"

स्वयं महात्मा गांधी ने उनके विषय में एक बार कहा था–"मैं मालवीय जी को तब से जानता हूं जब मैं सन् 1915 में भारत लौटा था। मुझे उनसे घनिष्ठतम सम्पर्क प्राप्त करने का सौभाग्य प्राप्त हुआ। मैं उन्हें ऐसा सर्वश्रेष्ठ हिन्दू समझता हूं कि जो अत्यन्त आचारवान होने पर भी विचारों में बड़े उदार हैं। द्वेष तो वे किसी से कर ही नहीं सकते। उच्च पद या शक्ति प्राप्त करने की उन्होंने कभी कामना ही नहीं की। उन्होंने बड़ी लम्बी अवधि तक मातृभूमि की ऐसी अविरल सेवा की है जिसका हममें बहुत कम लोग दम्भ कर सकते हैं।"

मालवीय जी के व्यक्तिगत सचिव पण्डित चन्द्रबली त्रिपाठी ने उनके सम्बन्ध में कहा है कि मालवीय जी के साथ अत्यन्त घनिष्ठ सम्पर्क में आने पर मैंने उनका कौन–सा गुण है जो नहीं देखा। मैंने दीन–दुखियों के प्रति उनकी करुणा उमड़ते देखी और यह भी देखा है कि उनका कष्ट दूर करने के लिए वे कुछ भी उठा नहीं रखते थे। मैंने उन्हें कभी क्रोध करते नहीं देखा। वे देशभक्ति के अवतार थे और हिन्दू जाति तथा धर्म के तो रक्षक, प्रचारक एवं प्रबल समर्थक ही थे।

श्रीमती एनी बेसेन्ट ने उनके सम्बन्ध में अपने विचार व्यक्त करते हुए मालवीय जी के सम्बन्ध में कहा है "पण्डित मदनमोहन मोलवीय जी ने हम लोगों के सम्मुख योगी के जीवन का आदर्श प्रस्तुत किया है। जिसने सब प्रकार

के स्वार्थगत प्रयत्नों का बलिदान करके अपने धर्म, अपनी संस्कृति और अपने देश की सेवा में ही अपने को लगा दिया है। वे धर्म, शुद्धता और देशभक्ति के मूर्तिवान स्वरूप हैं।"

कालान्तर में कांग्रेस के नेता और एक समय में नेहरू के अनन्य प्रशंसक तथा काशी विश्वविद्यालय में अध्यापक पद पर रहे आचार्य जे.बी. कृपालानी ने उनके विषय में कहा था-"मैं भूल नहीं सकता कि वे किस प्रकार लोगों को काशी हिन्दू विश्वविद्यालय के लिए दान देने को प्रेरित करते थे। जब कभी भी वे यात्रा में निकलते तो अपने साथ हिन्दू विश्वविद्यालय के भवनों के मानचित्र भी साथ लिए रहते थे। उन मानचित्रों को वे अपने सारे यात्रियों के सम्मुख फैला कर अत्यन्त मृदुलतापूर्ण वाणी में समझाया करते थे कि इस विद्यापीठ में किस प्रकार आधुनिक विज्ञान के साथ-साथ हिन्दू धर्म की भी शिक्षा देने का प्रावधान किया गया है।"

कृपालानी जी उन दिनों मालवीय जी के चन्दा मांगने के इस कार्य को हंसी में 'भले काम के लिए गंठकटी' कहा करते थे। उन्हीं कृपालानी जी ने एक अन्य स्थान पर कहा था-"हरिजनों के उद्धार में मालवीय जी सत्य हृदय से विश्वास रखते थे। वे आचारवान हिन्दू थे इसलिए बहुत से मुस्लिम नेता प्राय: उनकी निष्ठा में सन्देह करते थे। किन्तु मैं भली प्रकार जानता हूं कि वे हिन्दू-मुस्लिम एकता के पक्ष में थे।"

मालवीय जी के निधन के बाद एक अवसर पर उन्हें अपनी श्रद्धांजलि अर्पित करते हुए तत्कालीन प्रधानमन्त्री पण्डित जवाहरलाल नेहरू ने कहा था-"पण्डित मदनमोहन मालवीय जी अपने देश के महान राष्ट्रीय आन्दोलन के समय भारत के राजनीतिक और सांस्कृतिक क्षेत्रों में अत्यन्त प्रभावशाली पुरुष थे। हममें से जिन लोगों का लालन-पालन प्रयाग में हुआ और उनके घनिष्ठ सम्पर्क में आए सबने उनके महान व्यक्तित्व से बड़ी प्रबल प्रेरणा प्राप्त की। अपनी जवानी के जोश में हम लोग अपने विचार से यह समझा करते थे कि वह अधिक नम्र और उदार हैं। किन्तु इसमें कोई सन्देह नहीं कि उन्होंने देश की अत्यन्त महान सेवा की और भारत के करोड़ों नर-नारियों पर उनका बड़ा प्रबल प्रभाव था जो उनसे पूर्णत: प्रभावित थे। यह उचित ही है कि हम ऐसे महापुरुष के प्रति श्रद्धांजलि अर्पित करें जिसने वर्तमान भारत की नींव स्थापित करने में इतना महान कार्य किया।"

एक बार प्रयाग के उनके मित्र और शुभचिन्तक को उनके विषय में कुछ करने की इच्छा हुई। उनके वे मित्र थे ब्लाकटन। श्री ब्लाकटन एक बार काशी

विश्वविद्यालय में मालवीय जी से भेंट करने के लिए गए। कुशल समाचारोपरान्त मालवीय जी ने उनके काशी आने का कारण पूछा तो ब्लाकटन ने एक कोरा कागज उनके सामने करते हुए कहा, "मैं इस कागज पर उन मूर्खों का नाम लिखना चाहता हूं जो निरन्तर दूसरों की भलाई तो करते रहते हैं किन्तु अपने परिवार की कोई चिन्ता नहीं करते।"

श्री ब्लाकटन के इस कथन का मालवीय जी पर क्या प्रभाव हो सकता था। जिसका जीवन ही इस प्रकार की 'मूर्खता' में बीत गया हो वह अब किसकी चिन्ता करे। मालवीय जी का मिशन उसी प्रकार निरन्तर गति से बढ़ता रहा। श्री ब्लाकटन अपना-सा मुख लेकर वापस चले गए।

मालवीय जी के विषय में 'माण्टेग्यू' ने अपनी डायरी में लिखा था-पण्डित मदनमोहन मालवीय विधान परिषद के सबसे अधिक क्रियाशील राजनीतिज्ञ हैं। वे सुन्दर, गौर, आकृति वाले ब्राह्मण, स्वच्छ श्वेत वस्त्रधारी, समाज के सेवक, सुमधुर, सुशील वक्ता एवं महत्त्वाकांक्षी हैं। साथ ही आप परिषद के महान नेता हैं। वे बड़े मिलनसार और सच्चे हैं। वे मुझे बहुत भाते हैं।"

सर एण्डग्रूज भारत में जाकर भारतीय बन गए थे। उनकी भारत प्रियता के कारण लोगों ने उनका नाम 'दीनबन्धु' रख दिया था। उन्होंने अपनी पुस्तक 'ग्रेट मेन ऑफ इण्डिया' में लिखा है-"जो लोग मालवीय जी के निकट सम्पर्क में रह चुके हैं उन्होंने उन्हें अत्यन्त मनोहर एवं मुग्धकारी पाया है। कोई भी व्यक्ति, यहां तक कि महात्मा गांधी भी, उनकी भांति हिन्दुओं में लोकप्रिय नहीं हैं। उनका आत्मबल उनके हृदय की कोमलता के समान है और उनकी धर्म भावना बच्चों जैसी है।"

गोलमेज कांफ्रेंस के अवसर पर जब महात्मा गांधी और मालवीय जी लन्दन में थे उनकी सुरक्षा का भार जिस पुलिस अधिकारी पर था उससे उस समय के प्रसिद्ध ईसाई नेता एस.के. दत्त ने जब उन भारतीय देशभक्तों के विषय में पूछा तो उसने उत्तर में कहा, "महात्मा जी महात्मा ही हैं, वे सन्त और अवतारिक पुरुष हैं। किन्तु मालवीय जी के तो नेत्रों में स्वयं ईश्वर जैसी कोई वस्तु है।"

हृदयानाथ कुंजरू ने उनके सम्बन्ध में लिखा है-"सन् 1908 से लेकर मालवीय जी के अन्त समय तक मैंने उन्हें बहुत निकट से देखा था। उन्होंने किसी के लिए भी, यहां तक कि विरोध के लिए भी, कभी किसी कटु शब्द का व्यवहार कभी किया ही नहीं। वे अजातशत्रु थे। वे लोगों की बहुत व्यक्तिगत सहायता किया करते थे। उनसे बड़ा भारतीय कोई नहीं हुआ।"

महात्मा रामचन्द्र शर्मा वीर कलकत्ता में मन्दिर में पशुओं की बलि के विरुद्ध आमरण अनशन पर बैठे थे। जब मालवीय जी को उनके अनशन की सूचना मिली तो वे उनके प्राण बचाने के लिए कलकत्ता पहुंचे। वहां उनके अनशन का पैंतीसवां दिन था। वीर जी अचेतावस्था में पड़े थे। मालवीय जी वहीं पर वीर जी की बगल में जाकर बैठ गए। बैठे-बैठे इन्होंने वीरजी से नवयुवक को जीवनदान देने के लिए परमेश्वर से प्रार्थना आरम्भ कर दी। उन्होंने दुर्गा सप्तशती का पाठ करना आरम्भ कर दिया। पाठ समाप्त होने पर मालवीय जी ने वीर जी पर गंगा जल छिड़का। जिस प्रकार निद्रा से जाग कर मनुष्य आंखें खोलता है, उसी प्रकार वीर जी ने भी अपनी आंखें खोल दीं। जाते प्राण रुक गए। कवि रविन्द्र ने यह समाचार सुना तो वे स्तब्ध रह गए और उन्होंने मालवीय जी की ईश्वर-भक्ति की भूरि-भूरि प्रशंसा की। मालवीय जी ने कहा, "ईश्वर अपने भक्तों को कभी नहीं छोड़ता।"

मालवीय जी को उनके किसी एक भक्त ने उसके निजी उपयोग के लिए पचास हजार रुपयों का एक चैक दिया। मालवीय जी ने कहा कि वे व्यक्तिगत कार्यों के लिए किसी प्रकार का दान नहीं लेते। राजा साहब ने कहा, "महाराज मैंने तो दान कर दिया है, अब आप इसका जिस प्रकार चाहें उपयोग करिए।" गोस्वामी गणेशदत्त जी वहीं पर थे। मालवीय जी ने वह चैक उनको देते हुए कहा, "इस चैक को सनातन धर्म सभा के खाते में जमा करके आधा सभा के लिए व्यय के लिए और आधा धर्मग्रन्थों का हिन्दी अनुवाद प्रकाशित करने के लिए उपयोग में लाओ।"

बचपन में मालवीय जी छत पर सोते थे। एक दिन प्रात:काल उठे तो पड़ोस की नीची छत पर दृष्टि पड़ी। वहां कोई स्त्री सर्वथा नग्न होकर धोती बदल रही थी। मालवीय जी लज्जित से नीचे उतर आए। उस समय उनकी आयु 14-15 वर्ष की होगी। नीचे आकर उन्होंने अपने माता-पिता को सारी बात बता कर कहा, "दृष्टि दोष तो मुझ पर लग ही गया है, बताइए इसका क्या प्रायश्चित है?" माता-पिता ने कहा कि इसमें उनका कोई दोष नहीं। अधिक-से-अधिक वे भगवान के नाम का जप करें और दोषमुक्त हो जाएं। मालवीय जी का मन नहीं माना, उन्होंने जप तो किया ही और उस दिन उपवास भी रखा और फिर कभी छत पर जाकर नहीं सोए।

बिहार भूकम्प से पीड़ित माता-पिताओं के जो बालक हिन्दू विश्वविद्यालय में पढ़ रहे थे वे शुल्क देने में असमर्थ थे। उन्होंने अपने आचार्य से आवेदन किया तो उन्होंने कह दिया कि काउंसिल के निर्णय के अनुसार जितना शुल्क

माफ किया जा चुका है उससे अधिक अब नहीं किया जा सकता। तब वे विद्यार्थी अपनी गुहार लेकर मालवीय जी के पास गए। मालवीय जी ने प्रिंसिपल साहब को बुलाकर कहा, "आप इतने ऊंचे बैठे हैं कि आपको पता ही नहीं कि नीचे क्या हो रहा है। कौन कह सकता है कि इन निर्धनों में कितने ध्रुव, कितने प्रह्लाद, कितने शिवाजी और कितने राणा प्रताप छिपे हैं।" मालवीय जी के कहने पर पांच प्रतिशत और छात्रों का शुल्क माफ कर दिया गया।

गोलमेज कांफ्रेंस के अवसर पर सर तेजबहादुर सप्रू के कुछ शब्दों से उस सभा के अध्यक्ष लॉर्ड सैंकी असहमत थे। प्रश्न भारतीय सेना के राष्ट्रीयकरण का था। उस समय सप्रू के बचाव के लिए मालवीय जी उठ खड़े हुए और उन्होंने कहा कि सप्रू की अनेक बातों से वे सहमत हैं किन्तु कुछ ऐसी बातें भी हैं जिनसे वे असहमत हैं। फिर उन्होंने मुख्य विषय पर अपना राष्ट्रीय दृष्टिकोण प्रस्तुत किया। सैंकी बीच में उनको टोकता जा रहा था और मालवीय जी उसको मुंहतोड़ उत्तर देते जाते। अन्त में लॉर्ड सैंकी ने कहा, "पण्डित मालवीय जी! आपको अनेक धन्यवाद! मैं आपकी हिन्दुस्तानी सेना की वीरता को भूला नहीं हूं और मैं आपके इस व्याख्यान को भी जल्दी नहीं भूलूंगा। यद्यपि मैं आपके भाषण से शब्दशः सहमत हूं। परन्तु मैं आपका बहुत ही आभारी हूं कि आप अपने इस भाषण को हृदय में ही रखकर भारत वापस नहीं लौट गए। जो बातें आपने कहीं हैं उनके लिए मैं आपका कृतज्ञ हूं।"

मालवीय जी बड़े निर्भीक थे। अपने असहयोग आन्दोलन के दिनों में गांधी ने स्कूल कॉलेज के छात्रों को स्कूल कॉलेजों का बहिष्कार करने का आह्वान किया तो मालवीय जी ने इसका विरोध किया। क्योंकि इससे सरकार की कोई हानि होने वाली नहीं थी। तब किसी गांधी भक्त ने मालवीय जी से कहा, "आप गांधी जी का साथ क्यों नहीं देते?" मालवीय जी ने कहा, "क्योंकि गांधी जी भी मनुष्य ही हैं। उनसे भी भूल हो सकती है। मेरी आत्मा कहती है कि अभी गांधी जी देश को गलत मार्ग दिखला रहे हैं। गांधी जी की आज्ञा मानने की अपेक्षा मैं अपनी आत्मा के आदेश का पालन करना श्रेष्ठ समझता हूं।"

अपने छात्र-छात्राओं की सभाओं में मालवीय जी उनसे सच्चरित्रता के गुणों की चर्चा करते थे और कहा करते थे उनके आचरण से माता की सफेद चादर पर धब्बा नहीं लगना चाहिए। ऐसी ही एक सभा में मालवीय जी भाषण कर रहे थे कि किसी शरारती छात्र ने छात्राओं की ओर एक फूल फेंक दिया। मालवीय जी ने गरजकर कहा, "यदि उस छात्र में साहस है तो वह स्वयं सामने

आ जाए। अन्यथा वह कायर है।" वह छात्र सम्मुख आया और उसने अपनी भूल के लिए क्षमा याचना की, मालवीय जी ने उसको क्षमा कर दिया।

84 वर्ष की अवस्था में एक दिन मालवीय जी अपनी चारपाई पर पड़े पत्रों का उत्तर लिखवा रहे थे कि च्यवन आश्रम के सेवक ने आकर सूचना दी कि चारे के अभाव के कारण गायें भूखी मर रही हैं। मालवीय जी ने दो-तीन स्थानों पर फोन से धन संग्रह का यत्न किया तो सफलता नहीं मिली। अब मालवीय जी ने अपने वृद्ध नौकर को बुलाकर कहा कि उनके छोटे पुत्र गोविन्द ने जो रुपए उसको दिए हैं वह लाकर दे दे। उसने पूछा किस काम के लिए चाहिए तो मालवीय जी ने बताया कि गायें भूखी मर रही हैं। वृद्ध बेचारा कहने लगा वह रुपए मैं नहीं दूंगा। वे रुपए मालवीय जी के फल और वस्त्रों के लिए दिए गए हैं। मालवीय जी ने कहा, "न मैं फल खाऊंगा और न ही खद्दर पहनूंगा। तुम रुपया दे दो।" विवश होकर नौकर को रुपए लाकर देने पड़े।

हरिजनों की दशा पर दु:ख प्रकट करते हुए एक स्थान पर मालवीय जी ने कहा था-"मानव नामधारी ये करोड़ों प्राणी कितनी दयनीय दशा में जीवन जी रहे हैं। इन्हें एक समय का अन्न जुटाने के लिए असंख्य यंत्रणाओं का सामना करना पड़ता है, फिर भी उनके भाग्य में भोजन नहीं होता। मैंने उन सैकड़ों हरिजन बालक-बालिकाओं को अपनी आंखों से देखा है जो गोबर में से अन्न के दाने बीनते हैं और उससे वे अपनी क्षुधा का निवारण करते हैं।"

एक बार मालवीय जी ने अपने कनिष्ठ पुत्र गोविन्द मालवीय और शिवराम सेवक के साथ लाहौर में ऋषि भवन में ठहरे हुए थे कि अचानक उनको अस्पताल का शिलान्यास करने के लिए प्रयाग जाना पड़ गया। मालवीय जी उन दोनों के साथ प्रयाग के लिए चल दिए। मार्ग में स्थान-स्थान पर स्वागत हुआ और प्रयाग पहुंचने पर भव्य स्वागत हुआ था फिर शिलान्यास का कार्यक्रम जब सम्पन्न हो गया तो शिवराम और गोविन्द मालवीय हिसाब करने बैठे तो पता चला कि लाहौर से प्रयाग तक का टिकट तो लिया ही नहीं गया। मालवीय जी ने जब सुना तो उन्हें दु:ख हुआ और वे उन पर रुष्ट भी हुए। उन्होंने तुरन्त 236 रुपए का मनिऑर्डर रेलवे विभाग को करवा दिया। टिकट न ले पाने के लिए उन्होंने क्षमा याचना का पत्र भी लिखा।

एक बार मालवीय जी सड़क पर जा रहे थे कि मार्ग में एक कुत्ते को व्याकुल बिलबिलाते देखा तो उसके पास गए। कुत्ते के कान के पास एक बहुत बड़ा घाव था। वे दौड़े किसी डॉक्टर के पास गए उससे दवा ली और लकड़ी में कपड़ा लपेट कर अपने कुछ साथियों की सहायता से उसके कान पर दवा

लगाने लगे। कुत्ता पीड़ा से और अधिक भौंकने लगा। मालवीय जी ने उसके भौंकने और चिल्लाने की परवाह नहीं की। दवा लगने पर कुछ देर बाद कुत्ता शान्त हो गया। ऐसे में यदि कुत्ता पागल होकर मालवीय जी को काट लेता तो? किन्तु उन्होंने इसका विचार ही नहीं किया।

मालवीय जी का बाल्यकाल से ही यह स्वभाव बन गया था कि जिस बात को वे उचित समझते थे उससे उनको कोई डिगा नहीं सकता था। एक बार प्रयाग के रायबहादुर लाला रामचरणदास के साथ एक दिन किसी बात पर मालवीय जी के प्रश्नोत्तर हो गए तो रायबहादुर ने क्रोध में कह दिया "तुम नहीं जानते कि तुम कौन हो।" मालवीय जी बोले, "मैं खूब जानता हूं कि आप बहुत बड़े आदमी हैं और मैं छोटा हूं। किन्तु जो मैं कह रहा हूं वह सही है तथा इस योग्य नहीं कि उसको काटा जाए।" कालान्तर में रायबहादुर को ही बदलना पड़ा, मालवीय जी अपनी बात पर दृढ़ रहे।

नेहरू ने मालवीय जी के सम्बन्ध में लिखा है, "जहां तक भारतीय राजनीति का सम्बन्ध है, मेरे बचपन की अत्यन्त प्रारम्भिक स्मृतियां पण्डित मदनमोहन मालवीय के साथ सम्बद्ध है। मालवीय जी महामानव थे। वे उन लोगों में से थे जिन्होंने आधुनिक भारतीय राष्ट्रीयता की नींव रखी।"

प्रथम विश्व युद्ध में भारतीय सेनाओं ने ब्रिटिश सरकार को जो विजय दिलाई थी उसके विषय में सारा विश्व जानता था। किन्तु कुछ अंग्रेज अधिकारी थे कि वे स्वीकार करने को तैयार नहीं होते थे। पंजाब का गवर्नर सर ओ डायर भी उनमें से एक था। उसका कहना था कि भारतीय सेना की ये सफलताएं ब्रिटिश सैनिक पदाधिकारियों के प्रभाव के कारण थीं। इसमें भारत के राष्ट्रीय नेताओं के प्रयास का कोई प्रभाव नहीं था। यह बात उसने एक सभा में कही, मालवीय जी वहां पर विद्यमान थे। जब मालवीय जी भाषण करने लगे तो ओ डायर उनको बार-बार टोकता जाता था। मालवीय जी ने उससे कहा भी कि वह उन्हें न टोके किन्तु वह अपने स्वभाव से विवश था और उसने तो मालवीय जी को बैठने के लिए ही कह दिया। तब मालवीय जी ने कहा, "मैं अब अपने देशवासियों के समक्ष ही अपनी बात रखूंगा और एक सप्ताह के भीतर-भीतर प्रत्येक भारतीय सैनिक, चाहे वह किसी भी मोर्चे पर लड़ रहा हो, यूरोप के मोर्चे पर, मध्य पूर्व में, या कहीं और, या वह भारत की सीमा की सुरक्षा पर ही हो, अस्त्र-शस्त्र त्याग कर घर लौट आएगा। ब्रिटिश पदाधिकारी तो क्या, ब्रिटिश सरकार भी उन्हें रोक सके तो रोककर देख ले।"

यह कहकर उन्होंने सदन त्याग दिया। उनके जाते ही मि. जिन्ना और श्री

निवास शास्त्री आदि अनेक अन्य नेता भी उस भवन का बहिष्कार करके चल दिए। इससे ब्रिटिश सरकार घबरा गई और उसने मालवीय जी को मनाने का यत्न किया।

जलियांवाला बाग के हत्याकाण्ड की जांच के लिए मालवीय जी और गांधी जी अमृतसर जा रहे थे। मालवीय जी दिल्ली से जा रहे थे और गांधी जी अहमदाबाद से। गांधी जी को दिल्ली स्टेशन पर पंजाब सरकार की आज्ञा सुनाई गई कि उनका पंजाब में जाना निषिद्ध कर दिया गया है। गांधी जी गाड़ी से उतरे और अपने साबरमती आश्रम चले गए। किन्तु जब अम्बाला स्टेशन पर मालवीय जी को भी वैसी ही आज्ञा सुनाई तो मालवीय जी ने कहा "जब तक मुझे बन्दी बनाकर गाड़ी से न उतारा जाएगा, मैं न तो गाड़ी से उतरूंगा और न वापस लौटूंगा।" किन्तु सरकार का साहस नहीं हुआ कि वह उन्हें बन्दी बना सके। मालवीय जी अमृतसर पहुंच गए और अपना कार्य सम्पन्न करके ही लौटे।

मालवीय जी पूजा आदि मंगल कार्यों के अवसर पर रेशमी वस्त्र धारण करते थे। एक बार मालवीय जी गुजरांवाला गए हुए थे। एक दिन उनके एक परिचित पण्डित मन्दिर से पूजा करके लौट रहे थे। मालवीय जी ने उनको साधारण वस्त्रों में देख कर पूजा के समय रेशमी वस्त्र धारण करने का परामर्श दिया तो उस व्यक्ति ने उनसे कहा "एक रेशमी धोती कुर्ता बनाने के लिए कम-से-कम एक लाख रेशमी कीड़ों की हत्या होती है। मैं यह पाप नहीं कर सकता।" मालवीय जी गद्‌गद हो गए और उन्होंने उस साधारण से व्यक्ति को गले से लगाया और स्वयं उसी समय रेशमी वस्त्रों का त्याग कर दिया। तब से वे भी साधारण खादी के वस्त्र पहन कर पूजा पाठ करने लगे।

मालवीय जी बड़े ही हरिजन प्रेमी थे। ब्रिटिश सरकार की नीति रही थी कि फूट डालो और राज्य करो। हिन्दू-मुसलमानों में वैमनस्य फैलाने के लिए उन्होंने सर सैयद, सर शराफत और अन्त में जिन्ना को अपना उपकरण बनाया तो हरिजनों को पृथक करने के लिए उन्होंने डॉ. अम्बेडकर को अपना उपकरण बनाया। मालवीय जी स्थिति को भांप गए और उन्होंने हरिजनों के मन्दिर प्रवेश को सार्वजनिक रूप से घोषणा कर दी। ईसाई मिशनरी हरिजनों को ईसाई और मौलाना लोग उन्हें मुसलमान बना रहे थे। स्वामी श्रद्धानन्द जी ने ऐसे में शुद्धि आन्दोलन चलाया जिसे मालवीय जी ने स्वीकार कर लिया और वे कई दिनों तक प्रातः से सायं तक हरिजनों को केवल 'ओं नमो नारायणाय' का मन्त्र देकर शुद्ध करते और उन्हें मन्दिर में प्रविष्ट करा देते। इतने उदार हृदय थे मालवीय जी।

मालवीय जी एक बार रेल द्वारा यात्रा कर रहे थे। यात्रा लम्बी थी। यात्रा करते हुए उनके साथ बहुत सामान रहा करता था। वस्त्र और बिस्तर के अतिरिक्त, अनेक प्रकार के कागजात, पुस्तकें तथा खाद्य-सामग्री एवं भोजन बनाने के बर्तन आदि। सामान्यतया वे द्वितीय श्रेणी में यात्रा करते थे। उस काल की द्वितीय श्रेणी आज की प्रथम श्रेणी से कहीं अधिक सुखकर होती थी। उन्हें इस प्रकार द्वितीय श्रेणी में इतने साजो-सामान के साथ यात्रा करते देखकर चोरों ने सोचा कि कोई रईस यात्रा कर रहा है। अवसर पाकर चोर ने उनका अटैची-केस चुरा लिया। उस अटैची में आवश्यक कागज-पत्र तथा कुछ रुपए भी थे। तुरन्त रेलवे पुलिस को रिपोर्ट कर दी गई।

पुलिस ने अपनी ओर से चोर का पता लगाने का यत्न किया किन्तु कुछ मिला नहीं। मालवीय जी ने अपनी यात्रा स्थगित नहीं की और अपना कार्य पूर्ण कर वे अपने घर वापस आ गए। कुछ दिनों बाद मालवीय जी को एक पत्र मिला। उसमें रेलवे पार्सल की रसीद थी। पत्र में मालवीय जी से प्रार्थना की गई थी कि वे स्टेशन जाकर उक्त रसीद द्वारा अपना वह अटैची-केस छुड़ा लें जो यात्रा करते समय चोरी हो गया था।

पत्र में लिखा था-"आपके अटैची-केस को मैंने चुराया था। किन्तु मुझे क्या पता था कि मैं आप जैसे देशसेवक पूजनीय व्यक्ति का सामान चुरा रहा हूं। जब मुझे पता चला कि यह अटैची आपकी है तो मैं लज्जा और अपराध बोध के कारण दबा जा रहा था। किन्तु पुलिस की सरगर्मी के कारण आज तक आपको वापस करने में असमर्थ रहा। आज मैं इसे वापस भेज रहा हूं। मेरे इस अपराध के कारण आपको जो कष्ट हुआ है उसके लिए मैं आपसे बार-बार क्षमा प्रार्थी हूं। कृपया मुझे क्षमा कर दें।

ऐसे थे मालवीय जी, जो चोरों के हृदय तक को स्पर्श कर देते थे।

हम पिछले पृष्ठों में लिख आए हैं कि मालवीय जी का हरिजनों के प्रति वह दृष्टिकोण नहीं था जो कि सामान्य सनातनधर्मी का होता है।

मालवीय जी एक बार अपने कुछ मित्रों एवं रिश्तेदारों के साथ बैठे किसी मन्दिर के विषय पर ही चर्चा कर रहे थे कि तभी एक बहुत ही साधारण अवस्था का व्यक्ति अपने पांच वर्ष के पुत्र को लेकर उपस्थित हुआ। मालवीय जी ने उस व्यक्ति का नाम सुना और भीतर बुला लिया। भीतर आकर उसने मालवीय जी के चरणस्पर्श किए और पुत्र को भी उनके चरणों में डाल दिया। मालवीय जी ने पुत्र को उठा कर खूब लाड़-प्यार किया, उसको पुचकारा और फिर उसके पिता से उसके आने का कारण पूछा तो पता चला कि वह अपने

गांव के अधूरे पड़े वाल्मीकि मन्दिर की पूर्णता के लिए बिरला जी से सहायता दिलवाने के विषय में कहने आया है। मालवीय जी ने आश्वासन दिया और वह चला गया। उसके जाने के बाद मथुरा के चौबे जी ने पूछा कि यह कौन था और किस लिए आया था। मालवीय जी ने पहले तो टालने के लिए कह दिया "क्या करोगे पूछकर।" मालवीय जी जानते थे कि उस व्यक्ति के विषय में बताने पर कदाचित चौबे जी समझें कि उनका धर्म भ्रष्ट हो गया है। तब चौबे जी ने कहा, "महाराज! वाल्मीकि मन्दिर कब से बनने लगे?" मालवीय जी ने कहा, "जब से मैं स्वयं को वाल्मीकि का पुत्र समझने लगा हूं।" चौबे जी बोले, "तो महाराज वह कौन था?" मालवीय जी ने कहा, "मेहतर था।"

चौबे जी को मानो बिच्छू ने काटा हो। कहने लगे, "बुरी भयी महाराज! बुरौ भयो। नहानो पड़ैगो, कपड़ा धोना पड़ैगो, रात भर जाड़ो खाऊंगो।" मालवीय जी तो सुन-सुन कर हंसते रहे।

मालवीय जी के सम्पर्क में जो भी व्यक्ति आता था उसको उनके गुणों की झलक दिखाई पड़ती थी। दीन-दुखियों के प्रति उमड़ती उनकी करुणा, उनका कष्ट दूर करने के लिए कुछ भी उठा न रखना। कभी किसी भी बात पर क्रोध न करना, उनकी देशभक्ति, उनकी धर्म के प्रति आस्था, धर्म रक्षा के लिए कुछ भी करने के लिए तत्परता। वह तो वास्तव में अवतारी पुरुष थे। सात्विकता, पवित्रता, देशभक्ति, धर्मनिष्ठा, आत्मत्याग आदि सद्‌गुणों के तो वे साक्षात् अवतार ही थे। ऐसे महापुरुष शताब्दियों के पुण्यों के फलस्वरूप ही किसी देश एवं राष्ट्र को प्राप्त होते हैं। मालवीय जी भारतीय जीवन के सब पक्षों को अपनी सेवा, साधना, लगन और निष्ठा से पुष्ट और तुष्ट करके चौरासी वर्ष, दस मास और सत्रह दिन की आयु में बारह नवम्बर उन्नीस सौ छियालीस में गोलोक को प्रयाण कर गए।

मालवीय जी का पार्थिव शरीर यद्यपि आज विद्यमान नहीं है, किन्तु उनके द्वारा रोपित पादप, काशी हिन्दू विश्वविद्यालय, आज वट वृक्ष का रूप धारण कर समस्त संसार में शिक्षा के केन्द्र के रूप में प्रख्यात है। राजनीतिज्ञ उनके जीवन से प्रेरणा प्राप्त करते हैं, धर्मध्वजी उनके प्रति कृतज्ञता ज्ञापन करते हुए उनको अपना आदर्श मानते हैं और जन-सामान्य अनेक पद चिह्नों पर चलने की कामना करता है।

इस प्रकार मालवीय जी भारतीयों के मन-मस्तिष्क में सदा जीवित रहेंगे।

नए प्रकाशन

बिस्वरूप राय चौधरी
डायनैमिक मेमोरी कंप्यूटर कोर्स
(परिवर्द्धित व संशोधित)...325.00

डॉ. उज्जवल पाटनी
पॉवर थिंकिंग...190.00

तरुण इन्जीनियर
पावर ऑफ पाजिटिव थिंकिंग
150.00

रेनू सरन
भारत के राष्ट्रपति....100.00

रेनू सरन
भारत के प्रधानमंत्री....100.00

डॉ. कुमार विश्वास
कोई दीवाना कहता है
99.00

सुदर्शन भाटिया
प्रणव मुखर्जी
125.00

वैद्य राजश्री कुलकर्णी, अभय कुलकर्णी
आयुर्वेदीय गर्भसंस्कार
250.00

जौली अंकल
कहानियां जो राह दिखाएं
125.00

राजेश चेतन
सीधी सादी बातें....100.00

सूर्या सिन्हा
सकारात्मक विचारों का जादू....110.00

दीपक बहल
सफलता की ओर
10 कदम....170.00

जोगिन्दर सिंह
माइंड पॉज़िटिव लाइफ पॉज़िटिव
125.00

शिशिर श्रीवास्तव
सफलता पाने की 8 शक्तियां....125.00

नमिता जैन
4 सप्ताह में वजन घटाएं
125.00

नमिता जैन
टीन फिटनेस गाइड
125.00

नमिता जैन
आखिरी 5 किलो कैसे घटाएं
125.00

राजेन्द्र अवस्थी
काल-चिन्तन (6 भाग)
प्रत्येग भाग....150.00

अमित कुमार
सफलतम कप्तान धोनी
100.00

ओ.पी.झा
मैनेजमेंट गुरु भगवान श्रीकृष्ण
125.00